DAMASCIUS ET L'INEFFABLE

DERNIERS OUVRAGES
PARUS DANS LA MÊME COLLECTION

BERMON E., *Le cogito dans la pensée de saint Augustin*, 2001, 432 p.
ZAMBON M., *Porphyre et le Moyen-Platonisme*, 2002, 400 p.
SAFFREY H. D., *L'Héritage des Anciens au Moyen Âge et à la Renaissance*, 2002, 318 p.
PLOTIN, *Sur le ciel* [*Ennéade* II, 1 (40)], introduction, texte grec, traduction et commentaire par R. Dufour, 2003, 190 p.
PRADEAU J.-F., *L'imitation du principe. Plotin et la participation*, 2003, 188 p.
SCHNIEWIND A., *L'éthique du sage chez Plotin, Le paradigme du spoudaios*, 2003, 238 p.
L'alchimie et ses racines philosophiques. La tradition grecque et la tradition arabe, VIANO C. (dir.), 2005, 242 p.
PORPHYRE, *Sentences*, édition sous la direction de L. Brisson, 2005, 2 tomes, 874 p.
PONTIER P., *Trouble et ordre chez Platon et Xénophon*, 2006, 528 p.
BÉNATOUÏL Th., *Faire usage : la pratique du stoïcisme*, 2006, 364 p.
COLLETTE-DUČIĆ B., *Plotin et l'ordonnancement de l'être*, 2007, 288 p.
L'Embryon : formation et animation. Antiquité grecque et latine, traditions hébraïque, chrétienne et islamique, éd. L. BRISSON, M.-H. CONGOURDEAU et J.-L. SOLÈRE, 2008, 288 p.
KÜHN W., *Quel savoir après le scepticisme ? Plotin et ses prédécesseurs sur la connaissance de soi*, 2009, 480 p.
Le Livre des XXIV philosophes. Résurgence d'un texte du IVe *siècle*, introduction, texte latin, traduction et annotations par F. HUDRY, 2009, 226 p.
PRISCIEN, *Grammaire*. Livre XVII – Syntaxe, 1, texte latin, traduction introduite et annotée par le Groupe *Ars Grammatica*, 2010, 352 p.
– *Grammaire*. Livres XIV, XV, XVI – Les invariables, texte latin, traduction introduite et annotée par le Groupe *Ars Grammatica*, 2013, 330 p.
HUSSON S., *La* République *de Diogène. Une cité en quête de la nature*, 2011, 236 p.
RENAUT O., *Platon, la médiation des émotions. L'éducation du θυμός dans les dialogues*, 2014, 376 p.
BONAZZI M., *À la recherche des idées. Platonisme et philosophie hellénistique d'Antiochus à Plotin*, 2015, 100 p.
MIKEŠ V., *Le paradoxe stoïcien. Liberté de l'action déterminée*, 2016, 182 p.
ROUX S., *L'être et le substrat*, 2017, 296 p.
VELOSO C. W., *Pourquoi la* Poétique *d'Aristote ?* Diagoge, 2018, 432 p.
ARISTOTE, *Les réfutations sophistiques*, introduction, édition du texte, traduction et commentaire par M. HECQUET, 2019, 376 p.
PORPHYRE, *L'antre des nymphes dans* l'Odyssée, introduction, édition du texte, traduction et commentaire sous la dir. de T.DORANDI, 2019, 280 p.

HISTOIRE DES DOCTRINES DE L'ANTIQUITÉ CLASSIQUE
Fondateur : Jean Pépin — Directeur : Luc Brisson
LIII

DAMASCIUS ET L'INEFFABLE

RÉCIT DE L'IMPOSSIBLE DISCOURS

par
Marilena VLAD

Ouvrage publié dans le cadre du projet « Self-Constitution and Discursive Mediation in Late Neoplatonism » (PN-II-RU-TE-2014-4-0569)

PARIS
LIBRAIRIE PHILOSOPHIQUE J. VRIN
6, Place de la Sorbonne, V[e]

2019

Imprimé en France

ISSN 0153-0828

ISBN 978-2-7116-2873-5

www.vrin.fr

INTRODUCTION

Est-il possible de penser quelque chose jusqu'au bout ? En effet, penser c'est regarder au-delà du sujet de la pensée, vers ce qui en rend compte, vers ce qui l'explique et qui l'établit en tant que tel. C'est pourquoi la pensée qui cherche à comprendre pleinement quelque chose renvoie toujours plus loin, vers une origine toujours plus profonde et plus éloignée du point de départ. Même après avoir *tout* parcouru, en quête d'une explication, il reste encore à s'enquérir de la cause de ce *tout*, cause qui se trouve non pas dans le tout lui-même, mais au-delà de lui et, donc, au-delà de tout ce que nous pouvons concevoir. Ainsi, la pensée totale, qui veut penser jusqu'au bout, est vouée à se confronter, à un certain moment, avec ce qui n'est plus de l'ordre de la pensée, avec ce qui ne peut plus être pensé, mais qui dépasse la pensée et l'explique par ce dépassement même. Par conséquent, de l'impossibilité même de la pensée surgirait sa possibilité ultime. Notre pensée éprouve une insuffisance fondamentale : elle cherche impatiemment quelque chose qu'elle ne détient pas, quelque chose qui lui fait toujours défaut. Penser, c'est vouloir connaître ce que l'on ne connaît pas, c'est-à-dire ce qui nous échappe absolument. Contrairement au paradoxe du *Ménon* – qui montre que l'on ne saurait connaître ce que l'on ignore et que l'on peut seulement connaître ce que nous connaissons déjà – la pensée veut connaître précisément ce qu'elle ne connaît absolument pas, ce qui la fuit complètement et constamment.

La pensée philosophique, dans ce qu'elle a de plus spéculatif, s'est toujours confrontée avec cette sorte de questions qui sont parmi les plus inquiétantes. Car il s'agit pour la pensée non seulement de regarder depuis l'intérieur de ses limites, mais de surmonter effectivement l'impossible. Il est question de percer ses contours propres et de toucher ce qu'elle ne peut jamais saisir. Ce livre veut examiner ce cas limite de la pensée philosophique, où une réflexion radicale veut connaître le tout et encore plus que tout, coûte que coûte. À la fin de l'Antiquité, l'œuvre de Damascius nous propose un exercice philosophique inhabituel : lire dans les limites de la pensée (et dans ses impossibilités), comme dans un miroir, le signe de ce qui la dépasse. Mais, bien plus, Damascius esquisse l'impossible geste par lequel il traverse ce miroir.

Il s'emploie à penser dans les termes mêmes de ce qui dépasse la pensée, tout en conservant une pensée qui se renverse elle-même. Sa philosophie relève d'une pensée qui apprivoise ses frontières, parce que c'est exclusivement à partir de ses limites qu'elle peut trouver la trace ineffable de l'au-delà.

Notre recherche va principalement porter sur le *Traité des premiers principes* (*De principiis*)[1], œuvre qui révèle avec force ce mouvement spéculatif si singulier de la pensée, témoignant d'une radicalité réflexive jamais rencontrée auparavant. Ici, la pensée cherche infatigablement à s'auto-déconstruire, afin d'entrevoir sa source primordiale, son principe. Il s'agit d'une formidable tentative pour découvrir le principe absolu du tout, non pas directement, mais au moyen d'une pensée qui se supprime elle-même, par une contre-pensée qui s'aperçoit à chaque pas qu'elle est en effet impossible, qu'elle ne parvient jamais vraiment à connaître son principe. Pourtant, inaccessible en lui-même, le principe reste le repère absolu, le centre de la pensée. Nous nous focaliserons spécialement sur la première partie du traité *De principiis*[2], qui concentre la pensée de Damascius, notamment en ce qui concerne le principe absolu : l'ineffable (τὸ ἀπόρρητον). Chaque niveau principiel ultérieur porte l'écho de l'interrogation sur l'ineffable, de sorte qu'aucune étude de sa pensée en général ne saurait se passer d'une analyse minutieuse de sa conception du principe ineffable. Dans ce corpus, la pensée fort aporétique de Damascius semble s'arrêter à chaque pas, avant même de commencer, avant même d'énoncer quoi que ce soit. C'est une pensée qui identifie en elle-même le renversement opéré par la confrontation avec son propre principe, de sorte qu'elle avance à proportion de son renversement. On a affaire à un anti-discours, c'est-à-dire à un discours qui se constitue par le constat de l'impossibilité de tout discours. Dans le néoplatonisme antérieur, on estimait que le principe ne pouvait être exprimé dans un discours à proprement parler. Cependant, dans les premières pages du traité, le pari de Damascius consiste précisément à *construire* cet impossible discours, par la *déconstruction* des modalités traditionnelles avec lesquelles on suggérait jusqu'alors le principe. En même temps, sa philosophie est un effort pour reconstituer toute la réalité dans le cadre atopique de l'ineffable, sans perdre de vue l'inaccessibilité du principe de toute la réalité.

1. Damascius, *Traité des premiers principes* [désormais *De principiis*], éd. L. G. Westerink, trad. fr. J. Combès, Paris, Les Belles Lettres, vol. I : *De l'ineffable et de l'un*, 1986 [désormais W. I] ; vol. II : *De la triade et de l'unifié*, 1989 [désormais W. II] ; vol. III : *De la procession*, 1991 [désormais W. III]. Nous reproduisons l'édition Westerink, en la faisant suivre des références de l'édition Ch.-É. Ruelle (*Damascii successoris Dubitationes et solutiones de primis principiis, In Platonis Parmenidem*, vol. I et II, Paris, 1889 et 1899) ; nous utilisons la traduction de J. Combès, que nous modifions parfois selon les exigences de notre analyse.

2. Damascius, *De principiis*, W. I, 1-26 ; R. I, 1-18.

La figure de Damascius a été récupérée assez tardivement par l'exégèse contemporaine. L'intérêt pour son œuvre majeure surgit au XIXe siècle[1] ; pourtant, ce n'est qu'avec les traductions et les éditions plus récentes[2] qu'elle est valorisée, comme le montre Philippe Hoffmann, dans une mise au point générale sur le sujet[3]. En ce qui concerne plus spécialement le problème de l'ineffable, trois questions ont essentiellement retenu l'attention des exégètes jusqu'à présent. Première question : pourquoi Damascius parle-t-il d'un principe ineffable, qui va encore au-delà de l'un de la tradition, se distinguant ainsi de la hiérarchie principielle déjà solidement établie par Plotin et Proclus ? Émile Bréhier[4] suggère que, chez Damascius, le principe premier est dédoublé en l'un et en l'ineffable. Cette hypothèse herméneutique implique de situer précisément Damascius par rapport à ses prédécesseurs, en particulier Jamblique et Proclus. Ainsi, John Dillon et Daniela Taormina soutiennent l'idée d'une influence directe de Jamblique sur Damascius, puisque le premier admettait déjà l'existence de deux principes antérieurs à la triade intelligible[5] : l'un et l'absolument indicible. Joseph Combès montre que la perspective de Damascius sur l'ineffable est le fruit du rapport critique que celui-ci entretient envers Proclus[6]. La même idée est soutenue par Gerd Van Riel[7], qui identifie les raisons pour lesquelles Damascius dépasse l'un de Proclus, cette cause de tout, qui transcende tout. Seconde question : comment Damascius interprète la deuxième partie du dialogue *Parménide*, celle qui expose les apories de l'un et qui constitue pour les néoplatoniciens une indication des niveaux de réalité, à partir du principe premier. L'analyse détaillée de J. Combès sur ce sujet

1. Après les fragments édités par J. Ch. Wolf (*Anecdota Graeca, sacra et profana*, Hamburg, T. C. Felginer, 1722-1724, vol. IV, p. 195-262), J. Kopp a établi une première édition complète du *De principiis* (*Damascii philosophi platonici quaestiones de primis principiis*, Frankfurt am Main, H. L. Brœnner, 1826), édition qui a été suivie par celle de Ch.-É. Ruelle (Paris, 1889-1899). La première traduction française du traité appartient à A.-É. Chaignet : *Damascius le Diadoque. Problèmes et solutions touchant les premiers principes avec le tableau sommaire des doctrines des Chaldéens de Michel Psellus*, 3 vol., Paris, Ernest Leroux, 1898.

2. La traduction de M.-C. Galpérine (*Des premiers principes. Apories et résolutions*, Lagrasse, Verdier, 1987) s'accompagne d'une vaste introduction concernant la pensée de Damascius et d'un index final.

3. Ph. Hoffmann, « Damascius », *in* R. Goulet (éd.), *Dictionnaire des Philosophes Antiques*, Paris, CNRS, 1994, vol. II, D 3, p. 541-593.

4. É. Bréhier, « L'idée du néant et le problème de l'origine radicale dans le néoplatonisme grec », in *Études de philosophie antique*, Paris, P.U.F., 1955, p. 248-283.

5. *Cf.* J. Dillon, « Damascius on the Ineffable », *Archiv für Geschichte der Philosophie*, 78, 1996, p. 123 et D. P. Taormina, *Jamblique critique de Plotin et de Porphyre* [désormais *Jamblique critique de Plotin*], Paris, Vrin, 1999, p. 8-9.

6 . J. Combès, *Études néoplatoniciennes* [désormais *Études*], Grenoble, Millon, 1989, p. 245-271.

7. G. Van Riel, « Damascius », *in* L. P. Gerson (ed.), *The Cambridge History of Philosophy in Late Antiquity*, vol. II, Cambridge, CUP, 2010, p. 667-696, notamment p. 676.

montre comment se structure la réalité en fonction de l'ineffable, mais respectant le schéma des apories platoniciennes sur l'un[1]. Troisième question : comment comprendre la manière aporétique dont Damascius expose sa pensée et impose le principe ineffable, au-delà de l'un de la tradition? Selon J. Combès, l'aporétique damascienne radicalise l'apophatisme, sans aboutir au nihilisme ou au scepticisme[2]. L'aporie empêche de prêter à l'ineffable une forme discursive quelconque. Dominic O'Meara, en outre, remarque que c'est précisément la contradiction qui pousse la pensée à corriger sa perspective et à s'approcher encore plus du principe, de sorte que le travail aporétique mène à la présence de l'absolu au-delà de la pensée[3].

Ce même travail aporétique a donné lieu à d'autres interprétations. Ainsi, Laurent Lavaud montre que le discours aporétique n'a pas pour rôle de décrire l'ineffable, mais de « mesurer la distance qui nous en sépare », tout en « soulignant sa propre défaillance à l'exprimer »[4]. L. Lavaud met en évidence la dimension déconstructiviste du discours damascien, qui aurait pour but de provoquer un renversement constant, afin d'« éviter de donner à l'ineffable un "contenu consistant" »[5]. Philippe Hoffmann[6] souligne aussi le rôle essentiel du renversement chez Damascius; renversée, notre pensée est obligée d'avancer dans le vide et, dans l'absence du contact unitif plotinien, elle ne peut regarder le principe que de loin. D'autres, telle Sara Rappe[7], ne manquent pas de souligner certaines affinités sceptiques de l'aporétique damascienne. D'autres encore, comme J.-M. Narbonne[8], considèrent que la démarche de Damascius est tout simplement contradictoire et incapable de proposer une perspective cohérente sur l'au-delà de la transcendance. En revanche, Valerio Napoli[9] analyse la manière dont Damascius impose l'ineffable par une série d'arguments dialectiques, s'opposant à Proclus, pour lequel il est impossible

1. J. Combès, *Études*, *op. cit.*, p. 63-99.

2. *Ibid.*, p. 210.

3. D. O'Meara, « Notes on the Aporetics of the One in Greek Neoplatonism », *in* J.-M. Narbonne et A. Reckermann (éd.), *Pensées de l'« un » dans l'histoire de la philosophie, Études en hommage au professeur Werner Beierwaltes*, Paris, Vrin/PUL, 2004, p. 105-106.

4. L. Lavaud, « L'ineffable et l'impossible : Damascius au regard de la déconstruction », *Philosophie*, 96, 2007, p. 46-66, ici p. 52-53.

5. *Ibid.*, p. 55.

6. Ph. Hoffmann, « L'expression de l'indicible dans le néoplatonisme grec de Plotin à Damascius », *in* C. Lévy et L. Pernot (éd.), *Dire l'évidence*, Paris, L'Harmattan, 1997, p. 335-390, notamment p. 345.

7. S. Rappe, « Scepticism in the Sixth Century? Damascius' *Doubts and Solutions Concerning First Principles* », *Journal of the History of Philosophy*, 36, 1998, p. 337-363.

8. J.-M. Narbonne, *Plotin. Les deux matières* [*Ennéade II, 4* (*12*)] [désormais *Plotin*], Paris, Vrin, 1993, p. 39.

9. V. Napoli, *Ἐπέκεινα τοῦ ἑνός. Il principio totalmente ineffabile tra dialettica ed esegesi in Damascio* [désormais *Ἐπέκεινα τοῦ ἑνός*], « Studi e testi di filosofia antica e medievale » 33, Catania/Palermo, CUECM/Officina di studi Medievali, 2008.

d'admettre un principe au-delà de l'un. Damascius arrive à l'ineffable précisément par la critique de l'un qui, en tant que principe du tout, garde une certaine relation avec les choses dont il est principe. La transcendance de l'ineffable est paradoxalement renforcée par le fait qu'elle semble se dissoudre lorsque l'on essaye de l'exprimer. Plus récemment, la dimension aporétique du *De principiis* a suscité une vaste analyse conduite par Carolle Metry-Tresson[1]. Les principes sont vus comme des « réalités » inaccessibles à la pensée. Analysant la source des apories, elle dénonce la dualité qui s'insère dans la connaissance humaine, nous empêchant de concevoir à la fois le tout et le principe. Si les apories nous font renoncer à toute illusion concernant la connaissance des principes, pourtant, en nous éveillant à la conscience de notre propre dualité, elles ont aussi une vertu pédagogique. Elles purifient la pensée et procurent une sorte de connaissance de soi, d'introspection et de reconnaissance de notre distance par rapport aux principes inexprimables. Cette même impossibilité d'exprimer le principe constitue le sujet de l'article de Victor Béguin[2], qui montre que l'ineffable ne marque pas seulement le côté indicible du principe, mais aussi sa totale fuite hors de tout discours qui tenterait de le dire. En ce sens, il faut distinguer l'ineffable de Damascius de l'indicible propre au principe premier de la tradition. Concernant le sens et le rôle de l'ineffable dans le discours et dans la pensée humaine en général, H. D. Saffrey[3] suggère que l'ineffable résulte de l'entrée dans la philosophie d'éléments extrarationnels, magico-religieux. Cette perspective est critiquée par J. Dillon[4] et F. Trabattoni[5], qui insistent au contraire sur la démarche rationnelle de Damascius. Dillon considère que l'ineffable est un postulat de la pensée, un concept liminaire, qui nous permet de comprendre le monde en son entier. En ce sens, l'ineffable est comparé à l'*Ereignis* heideggérien, cette dernière approche interprétative étant aussi soutenue par J.-M. Narbonne[6].

Pourtant, dans ce tableau exégétique manque encore une analyse détaillée des modalités par lesquelles les apories conduisent à la découverte de l'ineffable et à l'expérience philosophique de sa présence dans la pensée. L'exégèse

1. C. Metry-Tresson, *L'aporie ou l'expérience des limites de la pensée dans le* Péri Archôn *de Damaskios* [désormais *L'aporie*], Leiden-Boston, Brill, 2012.

2. V. Béguin, « Ineffable et indicible chez Damascius », *Les Études Philosophiques*, 4, 2013, p. 553-569.

3. *Cf.* H. D. Saffrey, *Recherches sur le Néoplatonisme après Plotin* [désormais *Recherches*], Paris, Vrin, 1990, p. 33-49.

4. J. Dillon, « Damascius on the Ineffable », art. cit.

5. F. Trabattoni, « Filosofia e dialettica in Damascio », *in* M. Barbanti et G. Giardina (a cura di), *Unione e amicizia. Omaggio a Francesco Romano*, Catania, CUECM, 2002, p. 477-494.

6. J.-M. Narbonne, *La métaphysique de Plotin*, suivi de *Henosis et Ereignis : remarques sur une interprétation heideggérienne de l'Un plotinien* [désormais *La métaphysique de Plotin*], Paris, Vrin, 2001.

actuelle a négligé un aspect essentiel : Damascius aboutit à l'ineffable précisément *par* l'aporie, *à partir de* l'impossibilité radicale d'admettre le principe absolu du tout. Sa pensée sur l'ineffable est irréductible à une simple polémique avec Proclus et n'est pas non plus qu'un jeu d'interprétation doctrinaire néoplatonicienne. En effet, il impose l'ineffable non seulement à partir de la critique de l'un, mais surtout à partir de la critique du concept même de « principe unique du tout », donc à partir de la critique de tout principe possible. Sa démarche se veut radicale, parce qu'il impose son principe absolu sans s'appuyer sur des données doctrinales préalables, l'intérêt de son expérience aporétique allant donc au-delà des oppositions des perspectives néoplatoniciennes et des contradictions inhérentes à cette tradition.

Un double écueil menace toute exégèse de l'ineffable : d'un côté, on risque de garder seulement l'aspect négatif du principe, le vide qu'il laisse dans notre discours, vide tracé par les apories. Et alors on perd de vue l'expérience effective de sa présence, le fait que l'ineffable soit découvert en tant qu'inexprimable, et qu'il soit nécessaire à la pensée. Le second écueil serait de croire que les apories nous indiquent l'existence des principes comme des *objets* en soi, inaccessibles, ce qui est une contradiction évidente : car comment les apories pourront-elles découvrir l'existence de tels objets, si elles nous montrent en même temps qu'il est impossible de les découvrir ? La solution pour échapper à ce double piège consiste à dire que l'ineffable n'est ni objet inaccessible, ni pure négativité ou vide de pensée. Malgré la négativité de l'ineffable, il est bien présent en tant que tel dans la pensée et dans tout ce que l'on conçoit, et Damascius nous propose une expérience concrète de cette présence.

Mais alors d'où vient la nécessité de l'ineffable ? Comment Damascius réussit-il à pousser cette science des principes encore au-delà de l'un, vers un principe tellement inaccessible qu'il est même contradictoire, voire impossible, d'en parler ? Notre analyse se donne pour tâche de reconstituer le problème du principe, non seulement en tant qu'exercice philosophique positif, mais aussi comme démonstration indirecte et paradoxale de l'inaccessible, tout en distinguant les impossibilités et les difficultés langagières pour dire la présence et la nécessité de l'ineffable. Il faut saisir comment l'ineffable franchit la limite des impossibilités logiques, pour devenir une expérience philosophique proprement dite, et comment la pensée retrouve son principe, bien qu'elle avoue être incapable de l'exprimer directement. Avec Damascius, le néoplatonisme prend une nouvelle tournure. L'accent n'est plus mis sur le principe absolu de toute la *réalité*, désormais il porte sur le principe de la *pensée*. Il s'agit du principe du *tout*, en tant que totalité de ce que l'on conçoit. Et Damascius retrouve ce principe (l'ineffable) non pas en analysant la structure de la réalité, mais en suivant l'exigence de la pensée, celle d'avoir une unité non-contradictoire qu'elle puisse saisir adéquatement, sans la diviser par des concepts.

Si, chez les néoplatoniciens antérieurs, le principe est le transcendant par excellence, l'au-delà en soi, qui n'entre pas dans l'ordre des choses connues et dont la nature reste inaccessible à la pensée, en revanche, chez Damascius, le principe est la conséquence paradoxale d'une pensée qui veut saisir la totalité unitaire, limitée et ordonnée, de ce qui peut être conçu. Le problème du principe évolue comme problème de la *pensée* qui cherche son principe, bien qu'elle ne puisse pas le conceptualiser.

Ainsi, l'analyse de la dimension méthodologique de l'aporie damascienne s'impose : quel rôle privilégié l'aporie joue-t-elle pour assurer la cohérence et la nécessité de l'ineffable ? Damascius est aporétique en un sens bien plus fondamental que ses prédécesseurs ; il déploie sa pensée à rebours, tout en exposant les difficultés et les impossibilités de penser le principe. Pourtant, signe de l'inconnaissance du principe, l'aporie indique aussi, en creux, comment la pensée doit se situer par rapport à son propre principe. L'analyse de Damascius n'est pas un pur exercice de virtuosité argumentative, ni un enchaînement de paradoxes, dans l'unique but de nous démontrer notre incapacité à connaître le principe. Au contraire, son discours se réalise en tant que véritable expérience méta-discursive de la présence du principe. Bien que – en bonne tradition néoplatonicienne – il renforce l'inconnaissance, le principe se révèle précisément par cette impuissance à l'exprimer, dans l'inlassable exercice de conserver la conscience de l'inexprimable en tant que tel. Si le principe est inaccessible comme objet de pensée et de connaissance directe, en revanche, le principe se manifeste sous la forme d'une présence discrète et inapparente, qui traverse tout l'espace de notre pensée, bien que celle-ci ne puisse ni l'identifier ni le décrire. Or, ce n'est pas *en dépit* des apories, mais *par* les apories et par l'interprétation de leur avertissement qu'apparaît l'ineffable.

Chez Damascius, l'inconnaissance du principe se superpose à la présence du principe, tandis que la découverte aporétique de l'inconnaissance se convertit en conscience du principe inconnaissable. Il faut démêler la double facette du discours de Damascius : d'un côté, ce discours affirme l'inconnaissance – risquant de tomber dans la contradiction et d'être pris pour un simple échec de la pensée – et, d'un autre côté, il avance vers le principe par l'aporie. Nous montrerons comment Damascius convertit l'inaccessibilité en trace du principe, grâce à une « conscience indicible », par une pensée qui est ultimement amenée à tout suspendre, à tout supprimer. Dans ces conditions, comment Damascius retrouve-t-il l'ineffable et comment ce principe se tisse-t-il à partir non pas d'une expérience extra-rationnelle privilégiée, mais du constat insolite de l'inconsistance du concept même de principe ? Nous nous proposons d'élucider comment – à partir de ce paradoxe, qui incite plutôt à renoncer complètement à l'appréhension du principe –, Damascius dégage la nécessité d'un rapport non-conceptuel au principe. Nous montrerons comment il déjoue les mécanismes par lesquels la pensée transforme toute chose en concept et, de la sorte, réussit à redécouvrir le principe premier, non pas en tant que thème ou sujet du discours, ni comme partie de la réalité irrémédiablement inaccessible, mais en tant que fondement non conceptuel sur lequel la pensée s'appuie à chaque fois, bien qu'elle risque de le perdre de vue, lorsqu'elle tente de le transformer en concept. De la sorte, Damascius convertit la pensée purement descriptive et démonstrative en une pensée suggestive, qui se fait le signe de ce qui la dépasse. C'est une pensée qui découvre que le sens ultime qu'elle a à transmettre ne réside pas dans la totalité de ce que l'on peut dire, mais dans ce que l'on ne peut plus dire, dans ce que la pensée porte en elle-même à l'encontre de tout ce qu'elle possède et dit.

Avant de commencer notre recherche, quelques éclaircissements sur notre titre s'imposent. Nonobstant l'impossibilité de tout discours direct sur l'ineffable, Damascius est parvenu à forger une herméneutique capable d'appréhender l'ineffable dans sa soustraction au discours. Il est ainsi l'auteur d'un certain récit de cette présence nécessaire de l'ineffable. Il s'agit toujours d'un discours, mais à rebours de la discursivité. Dans ces pages, nous essayerons de détisser la trame de ce récit. La première partie, concernant l'aporie, détermine l'intrigue, la deuxième partie développe les tentatives damasciennes pour saisir indirectement le principe, enfin, la dernière partie apporte un dénouement avec une solution, qui consiste, contre toute attente, dans le renversement du discours, et qui nous met dans la situation paradoxale de dire combien il est impossible de dire l'ineffable et combien il est aussi impérieux d'essayer de le dire.

Finalement, ce fil narratif est tissé en marge de ce principe qui ne se donne jamais en tant que tel, mais qui ne cesse de stimuler la pensée et la discursivité. Tout l'espace exprimable repose sur le récit de cet impossible discours qui tente d'approcher l'ineffable. Celui-ci se dérobe constamment et, par là même, reconduit sans cesse le besoin de l'approcher, de le suggérer, de le symboliser. Loin d'être l'*objet* direct du discours qui cherche à définir et à déterminer, l'ineffable est le *sujet* de notre pensée, qui cherche sa source et force ses limites. La preuve de l'ineffable lui-même consiste dans l'expérience du renversement total de notre discours, lorsque l'on tente de l'appréhender. Néanmoins, cette expérience exige de dire ce principe et d'éprouver constamment l'impossibilité de le dire ; il faut un récit, non pas de l'ineffable, mais du discours impossible qui nous lie à lui, qui en atteste l'existence et qui éveille notre conscience à ce principe.

Ce livre est la version remaniée et condensée d'une thèse de doctorat soutenue en décembre 2011 à l'École Pratique des Hautes Études. Je remercie chaleureusement mon directeur de thèse, M. Philippe Hoffmann, qui a déterminé radicalement la trajectoire de mes recherches. Tous mes remerciements vont aussi aux membres de mon jury de soutenance, M. Olivier Boulnois, M. Filip Karfík, M. Laurent Lavaud, M. Gerd Van Riel et Mme Anca Vasiliu, dont les remarques m'ont aidé à améliorer certaines parties de cet ouvrage. M. Luc Brisson a toute ma gratitude pour l'accueil de ce livre dans sa collection. Je remercie également Aurélien Demars pour sa relecture. Ce travail n'aurait pu être mené à bien sans le soutien de l'Agence Universitaire de la Francophonie et de la Fondation Hardt pour l'étude de l'Antiquité classique.

PREMIÈRE PARTIE

MISE EN SCÈNE APORÉTIQUE

Damascius est le dernier des philosophes néoplatoniciens qui a essayé de donner une expression philosophique du principe au-delà de l'être, sans faire aucune concession à la manière duale avec laquelle nous pensons. Son effort philosophique consiste à reculer vers l'unité absolue, sans la dédoubler par le discours. Sa démarche identifie et déjoue tous les procédés intellectuels réintroduisant la dualité. Dans sa quête du principe premier, il fouille dans la seule matière à sa disposition, à savoir la pensée elle-même, qu'il s'agisse de la pensée de la tradition néoplatonicienne, ou bien de son propre discours, qui cherche à découvrir le principe, mais qui se voit incapable de l'exprimer. Damascius emploie un discours dénué de données incontestables, admises une fois pour toutes. Au contraire, chaque affirmation concernant le principe absolu est mise à l'épreuve et finalement renversée par une affirmation contraire. Pour découvrir les raisons qui empêchent la découverte du principe, il force les limites de l'exprimable, tout en identifiant à chaque fois la distance qui s'instaure entre chaque affirmation sur le principe et ce principe lui-même. Finalement, c'est par ce type d'analyse de l'impuissance de la pensée, que Damascius arrive à offrir une perspective dernière sur le principe absolu. Il ne s'agit pas d'une description du principe, mais plutôt d'une sorte d'expérience intellectuelle, dans laquelle il fait fusionner la nécessité du principe et l'impuissance constante de l'exprimer. Cette impuissance devient l'instrument par lequel il surprend le principe et l'institue dans sa centralité fondatrice pour la pensée et pour toute la réalité.

À rebours des sentiers battus de la pensée commune, Damascius interroge pas à pas les affirmations toutes faites véhiculées par la tradition. C'est pourquoi sa pensée est essentiellement critique. Il ne suit pas la stricte ligne de ses prédécesseurs néoplatoniciens, et éprouve les données fondamentales de la tradition[1]. Il est singulièrement critique envers les autres néoplatoniciens, parce qu'il est d'abord critique envers lui-même. Sa propre pensée se soumet elle-même à l'épreuve critique. Damascius réévalue, point par point, la validité de chaque concept par lequel la tradition néoplatonicienne a essayé de suggérer le principe premier. Le criticisme n'est donc pas tourné contre la tradition pour la déstructurer. Au contraire, Damascius s'efforce de s'introduire dans cette tradition, jusqu'à la source platonicienne. Sa critique ne concerne la tradition qu'indirectement, tandis que, directement, elle vise plutôt les fondements mêmes de toute pensée.

L'étude de Damascius revêt un double intérêt. D'une part, d'un point de vue historique, la pensée néoplatonicienne du premier principe s'achève avec cette critique générale qui radicalise et dépasse la tradition. D'autre part, la pensée de Damascius trouve une actualité[2] dans la mesure où son discours autoréférentiel analyse dans les plus fins détails ses propres suppositions et conclusions. En ce sens, il dépasse le cadre des disputes sur des sujets purement néoplatoniciens. Nous assistons à un exercice très nuancé de dédoublement en langage et métalangage, en discours et métadiscours. Il met à chaque fois en évidence le fait que, dans cette tentative de découvrir en lui-même le fondement de la pensée, le discours introduit une série d'alluvions étrangères au principe. À cause de ces alluvions, la pensée reste toujours ultérieure, incapable de faire le pas en amont vers sa source première, vers le point absolu de son jaillissement. En conséquence, sa pensée se constitue à partir non pas de suppositions admises de manière non critique, mais de la saisie de l'aporie fondamentale de la pensée : l'aporie concernant la totalité de la pensée et le principe qui donnerait à cette totalité ordre, structure et unité.

1. En ce sens, *cf.* L. G. Westerink, « Damascius, commentateur de Platon », in *Le Néoplatonisme*, Paris, CNRS, 1971, p. 253-260, qui montre que, dans ses commentaires sur les dialogues de Platon, la méthode de Damascius consiste explicitement à analyser et à critiquer les commentaires de Proclus. *Cf.* S. Breton, « Actualité du néoplatonisme », *Revue de Théologie et de Philosophie* 23, 1973, p. 184-200, qui montre que, par l'aporétique qu'il développe, Damascius représente la conscience autocritique du néoplatonisme.

2. Sur l'actualité du néoplatonisme, *cf.* W. Beierwaltes, « Image and Counterimage. Reflections on Neoplatonic Thought with Respect to its Place Today », *in* H. J. Blumenthal et R. A. Markus (eds.), *Neoplatonism and Early Christian Thought : Essays in Honour of A. H. Armstrong*, London, Variorum Publications, 1981, p. 236-248. *Cf.* aussi W. Franke, « Of the Ineffable : Aporetics of the Notion of an Absolute Principle », *Arion* III, 12, 1, 2004, p. 19-39, qui insiste sur l'actualité de Damascius.

En clarifiant cette aporie – qui ouvre le traité *De principiis* – nous voulons montrer comment Damascius réussit à accorder l'idée d'un principe absolument inaccessible, avec la pratique d'une pensée qui se rapporte incessamment à un tel principe. Il s'agit d'un type de pensée que l'on peut qualifier d'*aporétique*. L'aporie du principe n'est pas vouée à arrêter toute avancée de la pensée et à la jeter dans un scepticisme sans issue[1]. Au contraire, Damascius arrive à imposer l'aporie comme un mode de pensée, encore plus suggestive et féconde que le cours habituel – indicatif et descriptif – de l'esprit. Pour Damascius, si le principe ne peut être pensé en soi, pour autant cela ne signifie pas qu'il n'existe pas ou que l'on doive renoncer à le chercher. Comme nous le verrons, c'est la pensée elle-même qui, par son exercice soutenu, met en évidence la présence indicible du principe ; de plus, la présence du principe et le questionnement constant qu'il suscite stimulent cette pensée extrêmement lucide, qui ne travaille plus avec des suppositions admises sans critique. Désormais, cette pensée ultime a toujours en vue son propre fonctionnement, selon une modalité autoréflexive. Si, dans la philosophie traditionnelle, l'être délimitait l'espace prépondérant de la pensée, on pourrait dire que, pour Damascius, cet *au-delà* du principe absolu devient l'espace prépondérant d'une pensée particulière, qui ne décrit et n'affirme plus, mais qui met ses propres limites constamment à l'épreuve.

1. *Cf.* J. Combès, *Études*, *op. cit.*, p. 126.

CHAPITRE PREMIER

L'APORIE DU PRINCIPE UNIQUE

À la fin d'une tradition de méditations nuancées qui essayent de saisir le principe premier, Damascius est tout à fait conscient que la difficulté une fois résolue revient sous une autre forme, avec des subtilités encore plus complexes et plus problématiques. Toutefois, en se lançant à son tour dans cette dispute, il va en repousser les limites encore plus loin, pour montrer qu'elle est insoluble dans les termes habituels de la pensée humaine. Il regarde d'un œil méfiant toute tentative de la pensée de sortir de l'aporie, d'en couper le nœud gordien et de donner au principe une expression ultime. Dans son traité *De principiis*, Damascius ouvre le débat avec le double problème du principe et du tout[1]. Il s'agit de deux dilemmes, disposés en miroir : l'une concernant la relation entre le principe et le tout et l'autre concernant la subordination du tout par rapport au principe.

PENSER EN APORIES

Avant d'entrer dans l'analyse de cette aporie, il faut dire quelques mots sur la modalité aporétique du discours, pour voir ensuite ce qu'elle a de spécifique chez Damascius. D'ordinaire, l'aporie est la formulation d'un problème philosophique fondamental, dont la solution est soit complexe, soit impossible[2].

1. Le problème du *début* des écrits néoplatoniciens n'est pas sans intérêt. Proclus commence la *Théologie platonicienne* (I, p. 5-6), en exprimant sa reconnaissance envers la tradition : il évoque les dieux dépositaires de la vérité, puis fait référence à la philosophie de Platon et à la manière dont celle-ci est parvenue jusqu'à son maître, Syrianus. Damascius, sans faire appel à aucune tradition antérieure, pose directement le problème épineux du principe premier et remarque que ce problème est en soi-même insoluble, impossible à trancher d'un côté ou d'un autre.

2. Pour un rappel des hypostases de l'aporie avant Damascius, *cf.* C. Metry-Tresson, *L'aporie*, *op. cit.*, p. 29-32.

L'exemple fondamental en matière d'aporie se trouve dans la deuxième partie du dialogue *Parménide*[1]. Dans ce contexte, les apories formulées sont des hypothèses concernant l'un, qui est la condition sans laquelle la pensée ne peut fonctionner, puisque, sans unité, nulle chose ne peut garder son sens propre[2]. L'analyse platonicienne tente d'évaluer l'hypothèse de l'un. On se demande ce qui se passe si l'un est, ou s'il n'est pas, afin de voir la place occupée par l'un par rapport à l'être. Les hypothèses analysées ne sont pas formulées de manière disjonctive (en vue de supprimer les hypothèses inadéquates), mais chacune est suivie distinctement. Le caractère aporétique provient de la contradiction entre la conclusion de l'analyse et l'hypothèse même qui la rend possible. À chaque fois, la conclusion montre soit que l'on ne peut rien dire du sujet de l'hypothèse, soit que l'on peut tout dire, même des prédicats contradictoires[3]. Ainsi, dans la première hypothèse, si l'un est, la conclusion dit que l'un n'est pas, qu'il n'est même pas un et que l'on ne peut même pas lui donner un nom et parler de lui. Mais alors, comment a-t-on pu parler de l'un dans l'hypothèse et comment a-t-on pu aboutir à cette conclusion, qui dit qu'il est impossible de tirer une telle conclusion ? Il est étrange de discourir sur quelque chose qui, au fil du discours, se montre contraire au sens primordial qu'on lui accorde. La difficulté est encore plus grande lorsqu'il est question de choses nécessaires à notre pensée, de choses sans lesquelles on ne peut penser rien d'autre, comme c'est le cas de l'un.

Ce sont donc des cas limites, où la pensée prend comme objet ses propres fondements. C'est pourquoi les apories instituent une sorte de pensée de l'origine, parce qu'elle ne se réfère plus à autre chose, mais elle entreprend de découvrir les conditions fondamentales de son propre fonctionnement. C'est une pensée qui se constitue en pensant ce qui la rend possible, en suivant les traces de son propre jaillissement. Elle *est* (en tant que pensée) et elle *pense* ce qu'elle est (en tant que condition absolue de possibilité), elle consiste à connaître et à théoriser ce qu'elle est essentiellement. S'identifiant à ses propres

1. Platon, *Parménide*, 137c-166c. Pour une analyse plus détaillée, *cf.* A. Motte et C. Rutten (éd.) *Aporia dans la philosophie grecque des origines à Aristote* [désormais *Aporia*], Leuven, Peeters, 2001. *Cf.* A. Seguy-Duclot, *Le* Parménide *de Platon ou le jeu des hypothèses* [désormais *Le* Parménide *de Platon*], Paris, Belin, 1998.

2. Voir l'argument présenté par Zénon au début du *Parménide*, en faveur de l'existence de l'un. Proclus (*Commentaire sur le Parménide de Platon*, 721. 19-729. 38 et *Théologie platonicienne*, II, 6. 3-18) ajoute d'autres arguments dans le même sens. Il montre que, dans l'hypothèse de l'existence d'une pluralité pure et dépourvue d'unité, les choses sont semblables à cause du fait qu'elles possèdent toutes la caractéristique de la pluralité, mais elles sont aussi dissemblables, parce que, étant plurielles, elles sont distinctes entre elles. *Cf.* A. Séguy-Duclot, *Le* Parménide *de Platon*, *op. cit.*, p. 14.

3. *Cf.* F. Karfík, « Par rapport à soi-même et par rapport aux autres. Une distinction clef dans le *Parménide* de Platon », *in* F. Karfík et A. Havlícek (eds.), *Plato's* Parmenides. *Proceedings of the Fourth Symposium Platonicum Pragense*, Prague, Oikumene, 2005, p. 141-164, notamment p. 162-163.

fondements, elle apparaît comme pour la première fois, dans sa posture fondamentale. Parce qu'il s'agit des fondements de la pensée, sans lesquels elle est impossible, on ne peut en avoir une perspective directe et descriptive, puisqu'ils précèdent le moindre exercice de la pensée. Ils restent toujours antérieurs et donc inaccessibles à la tentative de les identifier et de les comprendre en tant que tels. C'est la raison pour laquelle la pensée qui s'y intéresse est aporétique ; en effet, on ne peut pas passer au-delà de ces fondements, et on ne saurait en trouver une expression concrète. L'aporie résulte du fait que l'on essaye de dire ce que l'un est, tout en appliquant à l'un sa propre condition : l'unité, mais sans quitter définitivement la pluralité. On assiste ainsi à une pensée qui génère ses propres conditions de possibilité et s'enfante elle-même, tout en donnant également naissance au cadre général dans lequel toute expérience peut être éprouvée, comprise et exprimée. Chez Platon, les apories du *Parménide* constituent une tentative de questionner les fondements de la pensée, afin d'aboutir à un point primordial, à partir duquel celle-ci peut se déployer affranchie des préjugés et des suppositions non-vérifiées.

De même, dans le traité *De principiis*, la pensée essaye de questionner le principe unique du tout, c'est-à-dire le principe de toute réalité et de tout ce qui est concevable. La pensée se retrouve alors dans une situation particulièrement inhabituelle, puisqu'elle ne se réfère plus à autre chose, mais elle se tourne vers son propre principe. Toutefois, chez Damascius, le positionnement aporétique de la pensée atteint un degré de radicalité supérieur à celui de Platon. Car l'aporie initiale est formulée sous une forme disjonctive et les deux côtés de l'aporie sont exclusifs l'un de l'autre. Damascius met la pensée face à un choix fondamental concernant la relation entre le tout et son principe : soit le principe est dans le tout, soit il est au-delà. On ne peut pas – comme chez Platon – accepter les deux parties de l'alternative et voir, tour à tour, ce qui découle de chacune d'elles. Il faut, au contraire, choisir une certaine direction de l'alternative. En outre, aucune des variantes n'est acceptable, parce que chacune aboutit à des impossibilités insurmontables, nous le verrons. Finalement, l'on ne saurait ni choisir l'une des alternatives de l'aporie, ni renoncer tout court à l'aporie.

Il est significatif que Damascius place l'aporie tout au début de son analyse. Il n'aboutit pas à l'aporie après un discours qui aurait déjà dépouillé les principes de la pensée. Ce n'est pas une aporie finale, mais l'aporie est énoncée par un geste tranchant, comme pour suspendre la pensée philosophique et la mettre en difficulté. Alors, en ce sens-là aussi, cette aporie initiale est plus radicale que les apories platoniciennes de la deuxième partie du *Parménide*. En effet, pour Damascius, l'aporie est l'impossibilité non pas d'aller plus loin, mais, plus essentiellement, de démarrer tout exercice de pensée[1]. La question aporétique, qui donnera sa direction au traité *De principiis*, est celle de savoir quelle relation peut exister entre le tout et son principe :

> Ce que l'on appelle le principe unique du tout est-il au-delà du tout, ou bien est-ce quelque chose qui fait partie du tout, comme le sommet des êtres qui procèdent de lui ? Et le tout, disons-nous qu'il est avec le principe, ou bien qu'il est après lui et procède de lui[2] ?

La question semble être assez simple et claire dans le contexte néoplatonicien de Damascius : comment situer le tout et le principe, l'un par rapport à l'autre ? Il ne s'agit pas ici du principe auquel Damascius aboutira plus tard dans son analyse ; il ne se réfère pas à l'ineffable, qui intervient plutôt sur le fond de cette impossibilité fondamentale de mettre en relation le principe et le tout. La première aporie concerne le sens le plus commun qu'ont le tout et le principe dans notre pensée. Cette aporie cristallise la question fondamentale de la tradition néoplatonicienne. L'analyse qu'en donne Damascius met en évidence les deux directions possibles pour attaquer cette question, correspondant aux deux aspects nécessaires du principe : d'une part, la *transcendance* du principe impose qu'il soit au-delà du tout, et d'autre part la *causalité* du principe implique un rapport plus proche avec le tout[3].

Damascius ne parle pas directement du principe pris en lui-même. Il ne se demande pas si le principe est au-delà du tout ou dans le tout. Mais il parle de « ce que l'on appelle » (ἡ λεγομένη) le principe unique du tout[4]. Le problème se joue, par conséquent, sur un plan second, celui de la *pensée* du principe[5].

1. C. Metry-Tresson, *L'aporie*, *op. cit.*, tient cette première aporie du *De principiis* pour une « aporie métadialectique » (à savoir sans solution et portant sur le principe absolu : *cf.* p. 67 et p. 445).

2. *De principiis*, W. I, 1. 4-7 ; R. I, 1. 4-6 : Πότερον ἐπέκεινα τῶν πάντων ἐστὶν ἡ μία τῶν πάντων ἀρχὴ λεγομένη, ἤ τι τῶν πάντων, οἷον κορυφὴ τῶν ἀπ' αὐτῆς προϊόντων ; καὶ τὰ πάντα σὺν αὐτῇ λέγομεν εἶναι, ἢ μετ' αὐτὴν καὶ ἀπ' αὐτῆς ; Εἰ μὲν γὰρ τοῦτο φαίη τις, πῶς ἂν εἴη τι τῶν πάντων ἐκτός ;

3. D. O'Meara (« Notes on the Aporetics », art. cit., p. 103) estime que Damascius a développé cette grille aporétique à partir de la suggestion des deux conclusions contradictoires qui découlent de l'hypothèse « que l'un est », qui se trouve dans la deuxième partie du *Parménide*. *Cf.* aussi D. O'Meara, « Les apories de l'un dans la philosophie néoplatonicienne », *in* P. Gisel et G. Emery (éd.), *Le christianisme est-il un monothéisme ?*, Genève, Labor et Fides, 2001, p. 190.

4. Par ailleurs, la même précaution est reprise concernant le tout. Damascius se demande « si l'on dit » que le tout est avec le principe ou bien après le principe (*De principiis*, W. I, 1. 6-7 ; R. I, 1. 5-6).

5. Les concepts que nous utilisons ne s'appliquent pas directement au principe. Comme le montre D. O'Meara (« Intentional Objects in Later Neoplatonism », *in* D. Perler (ed.), *Ancient and Medieval Theories of Intentionality*, Leiden, Brill, 2001, p. 115-125), les concepts ont ici une fonction médiatique : « What requires the mediation function of concepts in the case of transcendent objects is the claim that such objects are not such as to be thinkable directly by discursive reason. » (p. 117).

La question du principe ne peut se discuter qu'en tenant compte de l'implication de la pensée dans ce sujet. La question du principe commence donc par être la question de la *pensée* qui pose cette question, et cela en deux sens. D'une part, le problème ne peut jamais quitter le cadre de la pensée et de ses conditions, comme la discursivité, par exemple. En effet, le seul aspect du principe qui nous est accessible est l'image du principe en nous, à savoir ce que l'on dit de lui. D'autre part, à chaque niveau de l'analyse, c'est toujours cette implication de la pensée qui apporte et renouvelle les difficultés et les impossibilités d'accéder au principe. Cette double implication de la pensée explique la précaution de Damascius de ne pas parler du principe directement, mais seulement de « ce que l'on appelle principe ». La subjectivité du discours est donc ici prise en considération, car on ne peut que *parler* du principe, et pourtant, il ne faut pas confondre le principe avec *ce que l'on dit* de lui. Le principe n'est pas décrit par ce que l'on dit de lui, mais, pour que l'on obtienne un certain accès au principe – à sa vraie nature – le discours même devra passer par un processus de dépassement de sa propre subjectivité. Le discours a donc une double valeur : d'une part, il s'attache à tout objet possible, il lui impose sa propre marque et, ainsi, il l'obscurcit et le cache à la pensée, laquelle doit distinguer la vérité de l'objet, de ce que l'on dit de cet objet ; d'autre part, tout renversé par les apories, le discours sera le miroir imparfait dans lequel se reflète le principe.

Voyons de plus près d'où surgit l'aporie du principe, pourquoi la pensée qui a l'audace de *dire* le principe unique – et qui sait que ce n'est qu'une manière de le dire – tombe dans l'aporie. La difficulté porte sur ce que l'on appelle « le principe unique du tout ». Cette expression repose sur une histoire complexe. Elle apparaît chez Platon[1], qui montre qu'au-delà des choses intelligibles se trouve « le principe du tout »[2], vers lequel s'avance la dialectique, en s'appuyant sur les objets intelligibles comme sur des hypothèses. Celui-ci est le principe anhypothétique, car il ne peut plus être posé comme une hypothèse, pour aller encore au-delà de lui, vers autre chose. Par contre, c'est par rapport à lui que l'on peut penser tous les objets intelligibles, dans leur déroulement ordonné. Toutefois, si pour Platon le principe du tout constitue la *fin* et le *sommet* de la démarche dialectique, Damascius *commence* son traité directement avec ce principe, sans montrer comment il l'a obtenu et pourquoi il est nécessaire d'en parler. En effet, Damascius se situe à la fin d'une tradition qui n'a pas cessé de parler du principe unique. Et ici nous pouvons déduire un second sens de la précaution dont nous avons parlé auparavant. Lorsqu'il précise qu'il s'agit de « ce que l'on appelle le principe unique », nous pouvons

1. Platon, *République*, 511b.

2. Si chez Platon il s'agit du principe du tout, au singulier (ἡ τοῦ παντὸς ἀρχή), Damascius parle du principe de toutes [les choses] (ἡ μία τῶν πάντων ἀρχή), donc le tout apparaît au pluriel, il comprend déjà la pluralité.

lire une fine allusion à la tradition, qui a déjà traité le principe, faisant de lui un objet philosophique (avec des données doctrinales, avec un engrenage de déterminations et d'implications) que l'on serait tenté de reprendre tel quel, mais que Damascius remet radicalement en question. Autrement dit, notre auteur se demande implicitement si « ce que l'on appelle » principe dans la tradition est vraiment tel qu'on l'appelle. Il n'est pas disposé à traiter du principe comme on en parle d'habitude, mais il reprend ce sujet, tellement débattu dans la tradition néoplatonicienne, pour en donner une autre perspective. Il ne se donne plus la peine de montrer comment il est arrivé à ce principe, puisque le principe n'est plus une chose nouvelle dans la tradition dont il se réclame. Toutefois, il ne s'inscrit pas aisément dans cette tradition, mais l'interroge elle-même, comme pour provoquer une tension, une crise dans cette tradition[1].

Mais quelle question Damascius se pose-t-il à propos de ce que l'on appelle principe ? Et pourquoi sa question est-elle vouée à suspendre la manière traditionnelle de parler du principe du tout ? C'est la question fondamentale du néoplatonisme antérieur, concernant la relation du principe aux choses qui en dérivent : le principe est-il totalement séparé de la réalité, dans un *au-delà* absolu, sans relation au tout, ou bien est-il le sommet à partir duquel se constitue le tout, mais qui, en tant que tel, garde une relation concrète au tout et joue un rôle précis dans la structure que l'on appelle le tout ? Il semblerait que la question se contenterait de reprendre des problèmes déjà posés, débattus et résolus dans la tradition[2]. On pourrait même croire qu'il ne s'agit que d'une question rhétorique et l'on risquerait de donner une réponse précipitée, en se souvenant de l'analyse plotinienne de ce problème. Effectivement, Plotin montre que le principe ne peut être ni le tout, ni quelque chose inclus dans le tout[3] ; de fait, pour Plotin, l'intellect divin est tout, mais, en tant que tel, il doit venir d'un principe antérieur au tout. En conséquence, pour Plotin, le principe premier n'est pas « quelque chose du tout » (οὔτε τι τῶν πάντων)[4], mais il est « au-delà du tout » (ἐπέκεινα πάντων)[5]. La réponse que donnerait Plotin à cette question devient donc évidente[6]. Porphyre suit la ligne de son maître, lorsqu'il

1. M.-Cl. Galpérine (« Damascius entre Porphyre et Jamblique », *Philosophie*, 26, 1990, p. 41-58, notamment p. 53-54) considère que la source des apories avec lesquelles débute le traité *De principiis* serait Porphyre, *Commentaire sur le Parménide*, IV, 15-19, où l'on oppose aussi l'un et « les choses qui sont après lui ».

2. Aristote (*Métaphysique*, 1075a 11-13) se pose le problème du principe – qu'il nomme bien – à partir d'une dichotomie similaire.

3. Plotin, *Ennéades*, III, 8, 9. 40-41 ; V, 3, 11. 19 et V, 5, 13. 20-21.

4. *Ibid.*, V, 3, 13. 4.

5. *Ibid.*, V, 4, 2. 39.

6. Plotin (*ibid.*, V, 4, 2. 39-41 ; VI, 7, 23. 4-6) opère une distinction très claire entre le principe et le *tout*, qui désigne la réalité produite par le principe et plus précisément la réalité ou l'être

dit que le principe de toutes choses est au-delà de toutes choses[1]. Proclus se pose la même question lorsqu'il se demande si ce qui donne l'unité au tout c'est le tout lui-même, ou bien une partie du tout, ou bien quelque chose d'antérieur au tout. Proclus argumente que le principe des êtres n'est pas le tout, mais antérieur au tout et aux parties, étant indivisible, inétendu et incorporel[2].

Reprenant cette question[3], Damascius essaie de mettre en évidence l'aporie ou la difficulté qui se cache derrière et, à la limite, l'impossibilité de résoudre ce problème et de sortir de son cadre. À cette fin, il analyse les sens possibles de l'expression « au-delà du tout » (ἐπέκεινα πάντων), en éliminant les significations inadéquates. Finalement, il supprimera complètement l'expression « au-delà du tout », en montrant qu'il n'est même pas possible de qualifier ainsi le principe unique et absolu. Damascius met face à face deux concepts fondamentaux de la pensée néoplatonicienne – *le tout* (τὰ πάντα, dont rien ne peut échapper) et *le principe du tout* (ἡ τῶν πάντων ἀρχή, par rapport auquel rien ne peut être supérieur, mais qui prétend avoir une antériorité absolue) – et se demande comment les rapporter l'un à l'autre. Il propose quatre alternatives qui forment un chiasme :

a) Le principe est au-delà du tout (ἐπέκεινα τῶν πάντων) ;

b) Le principe est quelque chose dans le tout, comme le sommet du tout (τι τῶν πάντων, οἷον κορυφή) ;

b') Le tout est avec le principe (τὰ πάντα σὺν αὐτῇ) ;

a') Le tout est après le principe et procède de lui (τὰ πάντα [...] μετ' αὐτὴν καὶ ἀπ' αὐτῆς).

Damascius découvre qu'il est impossible de sortir de ce chiasme. Il analyse les deux côtés du problème – dont chacun peut être regardé du point de vue du principe ou du tout – et montre que chacun d'eux aboutit à un blocage, ne pouvant être accepté comme solution ultime du rapport entre le principe et le tout.

intelligible, qui contient *tout* d'une manière intelligible. Ainsi, si l'intellect divin est *tout*, en revanche, l'un est le pouvoir de toutes choses, étant « au-delà du tout ».

1. Porphyre, *Commentaire sur le Parménide*, XIII, 22.

2. Proclus, *Théologie platonicienne*, II, 17-18.

3. G. Van Riel (« Damascius », art. cit., p. 671) remarque que la méthode de Damascius consiste à reprendre la perspective standard de l'école, pour l'analyser et la renverser finalement.

LE PRINCIPE AU-DELÀ DU TOUT

La première analyse du problème est formée par les variantes (a) et (a') : si le principe est au-delà du tout et le tout après le principe. Damascius attaque ici le fondement de toute la pensée néoplatonicienne, à savoir l'antériorité absolue du principe par rapport au tout – fondement dont l'origine platonicienne est bien connue[1]. Plus précisément, il montre que le principe ne peut pas être au-delà du tout, mais l'expression même (« principe au-delà du tout ») porte en elle une contradiction tacite. À cette fin, il analyse ce que signifient *le tout* et *le principe*, et comment ces deux notions interfèrent dans la pensée.

Le tout comme ce dont rien ne fait défaut. Qu'est-ce que le tout ? Damascius précise progressivement le sens absolu du tout, en identifiant plusieurs caractéristiques : la complétude, la pluralité limitée et la coordination. La première définition consiste à dire que, dans un sens absolu, le tout est « ce à quoi absolument rien ne fait défaut »[2]. Avec cette définition, Damascius ne se distancie pas de la tradition platonico-aristotélicienne reprise par les néoplatoniciens. On retrouve ici une expression similaire à celle qui définit l'ensemble (τὸ ὅλον) chez Platon, comme ce dont aucune partie ne manque[3]. En revanche, le tout de Damascius exige qu'absolument rien ne lui fasse défaut. Il n'est donc pas défini par ce qui entre dans sa composition (par opposition à ce qui resterait au-dehors de lui et qui ne lui appartient pas), mais il est défini de manière exclusive, comme ce en dehors de quoi il ne peut rien y avoir. Il ne s'agit plus d'un sens sommatif, mais d'un sens exclusif : un tout auquel rien n'échappe, ni même le principe.

Le tout limité. Si rien ne reste hors du tout pour le limiter du dehors, cela ne signifie pas que ce tout soit illimité, infini et indéterminé. Au contraire. Et ici nous passons à une autre caractéristique du tout, à savoir la limitation : « le tout veut être une pluralité limitée ; car l'illimité ne saurait être exactement le tout. Par conséquent, rien ne se montrera hors du tout »[4]. Damascius s'appuie ici sur l'analyse classique du problème de l'infini. Pour Plotin[5],

1. Platon, *République*, 509b 9.

2. *De principiis*, W. I, 1. 9 ; R. I, 1. 7 : ὧν γὰρ μηδ' ὁτιοῦν ἄπεστι.

3. Platon, *Parménide*, 137c 7. Dans le *Théétète*, 205a 1-5, le tout (τὸ πᾶν) est défini comme « toutes les parties » (τὰ πάντα μέρη). *Cf.* Aristote, *Physique*, 207a 11-12 et *Métaphysique*, 1023b 26-1024a 10.

4. *De principiis*, W. I, 1. 11-13 ; R. I, 1. 10-11.

5. Pour Plotin, l'infini ou l'illimité (τὸ ἄπειρον) ne peut être admis ni dans le monde sensible, ni dans le monde intelligible ; l'illimité ne peut subsister comme tel, mais chaque chose, dans la mesure où elle existe, est déjà délimitée par un nombre ; *cf. Ennéades*, VI, 6, 3. 1-3. *Cf.* A. H. Armstrong, « Plotinus' Doctrine of the Infinite and its Significance for Christian Thought », *Downside Review*, 73, 1955, p. 47-58 ; J. Whittaker, « Philological Comments on the Neoplatonic Notion of Infinity », *in* R. Baine Harris (ed.), *The Significance of Neoplatonism*, Norfolk, International Society for Neoplatonic Studies, 1976, p. 155-172.

comme pour Aristote[1], l'infini n'existe jamais en acte, réalisé comme tel. L'infini signifierait uniquement un excédent qui s'ajouterait toujours à une chose. Or, de cette manière, la chose ne serait jamais achevée, parce qu'il y a toujours quelque chose qui lui fait défaut ; elle serait donc illimitée. C'est dans ce sens que Damascius affirme que « l'illimité ne saurait être exactement le tout »[2]. Car, s'il y avait toujours un élément qui reste hors du tout, alors le tout ne serait pas encore *tout*, mais il serait illimité, incomplet. Le tout absolu ne doit rien avoir hors de soi et rien ne saurait lui manquer[3]. Il doit être limité, non pas par quelque chose hors de lui, mais par le fait que rien ne puisse lui être ajouté, car rien ne s'y soustrait et rien ne sort hors de sa totalité[4] limitée. Dès lors, selon cette signification du tout, rien, pas même le principe, ne s'individualiserait, parce qu'alors le tout serait incomplet. Mais un tout auquel quelque chose manque est une absurdité[5]. Le principe ne peut pas être détaché du tout ; il ne peut occuper que la place la plus haute dans le tout, c'est à dire la place de la limite supérieure[6].

Le tout comme coordination unique. Non seulement le tout, mais le sens même du principe nous interdit de le soustraire au tout. En effet, le principe est conçu dans un certain rapport aux choses qui viennent après lui : « le principe est coordonné à ses dérivés, car c'est d'eux qu'on le dit principe et qu'il l'est

1. *Cf.* Aristote, *Physique*, III, 6 et *Métaphysique*, 1067a 20-23.

2. Aristote (*Physique*, III, 6) montre que l'infini est ce à quoi on ajoute à chaque fois quelque chose de nouveau (206a 28). Ainsi, l'infini est à chaque fois engendré comme neuf, sans jamais être complet, achevé. L'infini ressemble au tout, parce qu'il semble tout comprendre (207a 19-20) ; toutefois, l'infini ne comprend tout que de manière potentielle. En revanche, le tout est ce en dehors de quoi il n'y a rien (207a 10-12).

3. On peut rapprocher cette idée d'un passage de Parménide (fragment 8. 31-33), où l'on retrouve un argument similaire : l'être est limité car il ne manque de rien, or, s'il était infini, il manquerait de tout.

4. Le concept de totalité (παντότης) est forgé par Proclus (*Théologie platonicienne*, III, 95. 15 ; V, 138. 4 ; *Commentaire sur le Timée*, I, 390. 21 ; 426. 24).

5. Plotin (*Ennéades*, VI, 7, 42. 9-15) formulait un argument similaire concernant la relation entre le principe et le tout : pour que le tout ne perde pas sa complétude, il faut que le principe ne soit rien de ce tout, mais au-delà du tout. Damascius pousse l'argument de Plotin jusqu'à ses conséquences extrêmes, considérant que, si le principe était au dehors du tout, alors les choses après le principe ne seraient plus *le tout* véritablement. Sa conclusion est que rien ne peut être hors du tout, ni même le principe.

6. *De principiis*, W. I, 1. 13-16 ; R. I, 1. 12-2. 1. Cette perspective, d'un tout déterminé par des limites, se retrouve chez Proclus, qui démontre que la totalité des êtres doit avoir une limite supérieure, ainsi qu'une limite inférieure, la limite supérieure étant le principe du tout (*cf.* Proclus, *Théologie platonicienne*, II, 27-28). P. A. Meijer (« Proclus' Introduction of the One in his *Theologia Platonica* : Some Unorthodox Views on the Nature of the One », *Ancient Philosophy*, 23, 2003/2, p. 395-414), montre que Proclus applique un « principe d'ignorance » qui consiste en cela que, avant de découvrir que le principe est supérieur à l'être, le principe est nommé οὐσία ou ὄν. Damascius part de l'hypothèse du principe comme limite du tout, mais seulement pour la rejeter par la suite.

réellement ; et, de même, la cause est coordonnée aux effets »[1]. Lorsque nous parlons du principe, nous comprenons déjà qu'il est le principe *de* quelque chose, par conséquent une liaison est sous-entendue avec un *tout*. Du reste, même dans la formule initiale de l'aporie, le principe est appelé « principe unique du tout », son sens est lié à celui du tout, de sorte que la question du principe ne peut se formuler au sujet du principe pris en lui-même, mais elle est implicitement la question du *tout* gouverné par le principe. Pourtant, le principe est coordonné à ses dérivés non seulement du point de vue du discours – dans le sens où *l'on dit* qu'il est principe *du* tout – mais sa coordination prend aussi le sens d'une certaine structure et d'une hiérarchisation entre le principe et les choses subordonnées. C'est cette coordination même – introduite par la présence du principe – que l'on appelle « tout » : « la pluralité des choses dont il y a une unique coordination, voilà ce que nous appelons le tout, de sorte que dans le tout est aussi le principe »[2]. Il existe un double conditionnement entre le principe et le tout. D'une part, le principe est conçu en relation avec le tout qu'il gouverne ; d'autre part, le tout même est *le tout* proprement dit, précisément à cause de la présence du principe qui lui apporte unité et ordre. Le principe est une limite supérieure, à partir de laquelle le tout se développe dans sa structure propre. Par la présence du principe, le tout devient une coordination unique[3]. Mais, si nous pensons le tout comme une coordination unique, alors le principe – qui assure l'ordre de cette coordination – finit par être réintégré dans l'ordre qu'il produit, à savoir dans la coordination du tout. Avec chaque nouvel argument, Damascius précise ce qu'il appelle « le tout », et en détermine davantage la nature. Le tout est non pas seulement une pluralité complète et limitée, mais, en outre, une pluralité ordonnée, qui possède une structure déterminée, une certaine coordination des parties entre elles. Le sens du principe se précise également de plus en plus. En

1. *De principiis*, W. I, 1.16-2. 2 ; R. I, 2. 1-3. Discutant ce passage, S. Rappe (*Reading Neoplatonism : Non-Discursive Thinking in the Texts of Plotinus, Proclus and Damascius* [désormais *Reading Neoplatonism*], Cambridge, CUP, 2000, p. 206) affirme que la proposition 75 des *Éléments de théologie* (selon laquelle toute cause transcende ses effets) « is breached at the outset in Damascius' *Peri Archon*, when he suggests that the "cause must be ranked among the effects" ». Toutefois, il faut remarquer que Damascius ne dit pas que la cause doit être placée parmi ses effets ; le problème identifié par Damascius est que notre pensée met la cause en relation avec les effets, bien qu'elle les distingue préalablement.

2. *De principiis*, W. I, 2. 3-4 ; R. I, 2. 3-4.

3. L'expression « coordination unique » (μία σύνταξις) se retrouve chez Platon, *République*, 462c. L'idée d'une coordination unique de toutes choses apparaît aussi chez Aristote (*Métaphysique*, 1075a 16-19), qui affirme qu'il est impossible qu'un être n'ait aucune relation avec un autre, mais que tous sont coordonnés par rapport à l'un (πρὸς μὲν γὰρ ἓν ἅπαντα συντέτακται). L'expression est reprise par Plotin, pour indiquer l'unité et l'accord de toutes choses dans l'univers. *Cf.* Plotin, *Ennéades*, II, 3, 7. 14 ; III, 2, 2. 31 ; III, 3, 1. 11 ; V, 1, 9. 14. Chez Damascius, l'expression est récurrente (*De principiis*, W. I, 2. 3 ; R. I, 2. 3 ; W. I, 2. 11 ; R. I, 2. 9 ; W. I, 17. 7 ; R. I, 13. 1 ; W. I, 79. 17 ; R. I, 52. 29).

tant que limite supérieure, le principe détermine l'existence du tout, étant donné son antériorité et sa pré-ordination par rapport aux autres choses. Néanmoins, dans la deuxième partie de l'aporie, cette perspective sur le tout, sur le principe et sur leur relation, sera contestée. Il faut remarquer que Damascius précise à chaque fois qu'il s'agit de la manière dont nous parlons : « car c'est d'eux qu'on le dit principe » et « voilà ce que nous appelons le tout ». Ces précisions sont loin d'être négligeables; en effet, Damascius distingue toujours entre comment il faut penser le principe et comment on le pense et l'exprime communément. Ainsi, même s'il remarque que l'on pense le principe dans une certaine coordination, plus tard, il revient sur cette affirmation, pour montrer que le principe devrait être incoordonné. Or, l'incoordination du principe échappe à la pensée commune, qui coordonne le principe avec le tout, car c'est du tout qu'on le dit principe.

Le tout comme totalité de ce que l'on peut concevoir. Trois arguments successifs de Damascius contestent graduellement l'idée que le principe serait au-delà du tout. Premièrement, par rapport au tout absolu, on ne peut pas penser encore autre chose, hors du tout. Par conséquent, le principe ne se distingue pas du tout. Deuxièmement, le tout n'est pas seulement complet, mais, dans cette complétude qui le caractérise, il est limité et sa limite est constituée par le principe, de sorte que le principe est de nouveau inclus dans le tout, mais cette fois en tant que limite supérieure du tout. Troisièmement, le tout est conçu comme une coordination et le principe est inclus dans le tout dans la mesure où le principe impose cette coordination au tout, parce qu'il est une limite qui engendre le tout et l'ordonne.

Pourtant, ce qu'affirme jusqu'ici Damascius ne manque pas de soulever une objection. En effet, pour toute la tradition, le principe du tout n'est pas *quelque chose*, qui risquerait de rester hors du tout. D'ailleurs, le syntagme « au-delà » n'a pas le sens d'un *hors du tout*, mais relève d'un ordre ontologique différent; plus précisément, le principe ne peut pas être inclus dans le tout, parce qu'il n'est pas de même nature que le tout. De surcroît, on pourrait objecter que, si le principe est la limite supérieure du tout, il n'est pas pour autant inclus dans le tout[1]. De même, on pourrait dire que le principe impose une coordination sans entrer lui-même dans cette coordination, sans être l'une des choses subordonnées. Du reste, le discours de Damascius n'est pas dénué de toute ambiguïté. D'une part, il affirme que le principe est principe de ceux qui viennent de lui (ἀπὸ τῆς ἀρχῆς); d'autre part, au début du traité, il assure qu'il s'agit du principe unique du tout, or le tout est cette « coordination unique » (du principe et de ceux qui viennent de lui). Damascius joue sur cette équivocité : du tout en tant que coordination unique, incluant ou non le

1. Proclus démontre l'existence du principe premier par la nécessité d'une limite supérieure du tout (*Théologie platonicienne*, II, 27-29). Mais cette limite, qui est une et engendre toutes les autres choses, c'est le principe un, et il n'est pas un être, car il n'est pas multiple.

principe. Ces objections possibles trouvent une réponse dans la suite de l'analyse damascienne. En effet, pour mettre en évidence, encore plus clairement, la dépendance du principe par rapport au tout, Damascius met en scène une nouvelle définition du tout : « nous appelons tout au sens strict la totalité de ce que nous concevons de quelque manière que ce soit »[1]. Par cette définition[2], Damascius élargit la sphère du tout et renverse la compréhension traditionnelle du tout et de son principe. Le tout est saisi à partir de la perspective non pas de l'intellect divin[3], mais de notre pensée humaine[4]. « Ce que nous concevons » dépasse le monde intelligible au sens de Plotin, puisque nous concevons bien également d'autres choses : tant celles qui sont inférieures à l'intellect divin, que celles qui le dépassent, comme le principe[5]. Si, pour Plotin, notre pensée discursive se situe à un niveau inférieur et dérivé par rapport à la pensée de l'intellect divin, étant de la sorte incapable d'avoir un accès direct à l'être divin et au principe unitaire de toute chose, en revanche Damascius valorise cette pensée discursive, contrainte de se représenter les

1. *De principiis*, W. I, 2. 4-5 ; R. I, 2. 5 (trad. Combès légèrement mod.).

2. La définition est reprise plus bas (*De principiis*, W. I, 17. 5 ; R. I, 12. 30).

3. Chez Plotin, le tout est la sphère de l'intellect divin, qui pense toutes les choses existantes et les détermine en même temps qu'il les pense (cf. *Ennéades*, V, 1, 4. 21 : « l'intellect est toutes choses »). Par rapport au tout ainsi entendu, le principe était *au-delà*, justement parce qu'il n'était plus l'une des choses contenues dans l'intellect sous forme paradigmatique, il n'était plus déterminé et il n'était plus pensé, ni par la raison discursive, ni par l'intellect divin. Cf. *Ennéades*, V, 4, 2. 39 : « si l'Intellect est toutes choses, l'Un est au-delà de toutes les choses. » Pour les passages des *Ennéades*, nous utilisons la traduction réalisée par L. Brisson *et al.* (Plotin, *Traités 1-54*, Paris, Flammarion, 2002-2010), sauf si indiqué autrement.

4. Ce changement de perspective doit être compris dans un contexte plus large : à partir de Jamblique, l'on considère que l'âme humaine est totalement descendue de l'intellect divin, contre l'opinion de Plotin (*Ennéades*, IV, 8, 8. 1-3), qui veut que la partie supérieure de l'âme reste dans l'intelligible. *Cf.* Proclus, *Commentaire sur le Timée*, III, 333. 28. *Cf.* C. Steel, *The Changing Self. A Study on the Soul in Later Neoplatonism : Iamblichus, Damascius and Priscianus*, Bruxelles, Verhandelingen van de Koninklijke Academie voor Wetenschappen, 40, 1978. *Cf.* I. Hadot, *Le problème du néoplatonisme alexandrin. Hiéroclès et Simplicius*, *op. cit.*, p. 171, qui montre que Damascius ne revient pas à la perspective plotinienne, contre E. R. Dodds, Proclus, *The Elements of Theology*, Oxford, Clarendon Press, 1992, p. 309 et H. J. Blumenthal, « Neoplatonic Elements in the *De Anima* Commentaries », *Phronesis*, 21, 1976, p. 74, et « Plotinus in Later Neoplatonism », *in* H. J. Blumenthal et R. A. Markus (eds.), *Neoplatonism and Early Christian Thought*, *op. cit.*, p. 215. En conséquence, le point de repère de l'analyse philosophique de Damascius n'est plus l'intellect divin, mais l'âme humaine, ce nœud de toute la réalité, situé entre la nature divine et la nature physique. Chez Damascius, le discours philosophique tient toujours compte du fait que l'âme et la pensée marquent spécifiquement la réception des hypostases supérieures.

5. Damascius est l'auteur néoplatonicien qui est entré dans les plus fins détails de « ce que l'on peut concevoir d'une manière ou d'une autre », car son analyse des niveaux de réalité examine ce qui se trouve *en deçà* de l'être proprement dit et de la pensée (notamment par les analyses des hypothèses négatives du *Parménide*, concernant les phénomènes, les simulacres et le non-être), mais elle s'avance aussi *au-delà* de tout ce que notre pensée est capable de comprendre, lorsque Damascius parlera de l'ineffable.

choses inadéquatement. La pensée discursive n'intervient pas pour décrire – ultérieurement et partiellement – l'expérience supra-rationnelle de l'unité avec le principe; au contraire, cette pensée duale, aporétique et finalement inadéquate, entre en action pour récupérer elle-même le principe, par l'analyse et la critique de cette inadéquation propre, mais suivant toujours sa propre nécessité d'unité interne. Damascius tire profit de la manière commune, pourrait-on dire, dont on pense le *tout* et le principe. Il ne commence pas par définir un principe absolu, que notre pensée ne peut plus comprendre, ensuite un *tout* absolu, auquel notre pensée a un accès médiat et partiel. Il commence par une analyse de ce que signifient pour nous le principe et le tout. Au lieu d'aller de haut en bas, Damascius commence par ce *bas* dans lequel nous nous trouvons de prime abord : une situation initiale où la conscience se voit désemparée et désarmée dans sa tentative d'accéder au tout et à son principe. Le fait que cette attitude et cette perspective initiale ne soient pas adéquates au principe lui-même ne constitue pas un problème pour Damascius. Ultérieurement, il va amender cette attitude initiale, en essayant de la perfectionner, en vue d'accéder à la contemplation des premiers principes.

Mais alors, si le tout est « ce que nous concevons », il a besoin d'un principe, justement dans la mesure où nous le pensons; car, d'une part, il y a une perspective unitaire appliquée au tout (par le simple fait qu'on le pense en tant que tout, en intégrant toute chose sous cette notion de tout), mais, d'autre part, cette perspective unitaire n'est pas imposée par la pensée elle-même, qui reconnaît qu'elle ne pense pas les choses adéquatement. La pensée voit qu'il existe une structure unitaire du tout, mais ce n'est pas elle qui l'impose. Elle a comme l'intuition d'une telle unité du tout, d'un principe qui le gouverne, mais ne le connaît pas. La réflexion de Damascius se déploie précisément à partir de ce paradoxe : on conçoit le tout comme s'il était gouverné par un principe, mais sans connaître le principe lui-même. La pensée du tout est orientée vers un principe qu'elle conçoit, d'une certaine manière, même si elle ne le connaît pas à proprement parler. C'est ce qui autorise finalement Damascius à parler d'un « principe unique du tout » avant même de le définir, et de remarquer – contre la tradition à laquelle il appartient – que « nous concevons aussi le principe » (ἐννοοῦμεν δὲ καὶ τὴν ἀρχήν)[1].

Le tout représente ce que nous concevons « de quelque manière que ce soit »[2]. Cette dernière spécification est très importante en ce qui concerne le principe, car notre pensée ne peut assurément pas comprendre adéquatement

1. *De principiis*, W. I, 2. 5-6; R. I, 2. 5-6.

2. S. Breton (« Principe et totalité », *Futur antérieur*, 1, 1990) se demande si cette manière de définir le tout est adéquate : car, comment peut-on comprendre le tout par la pensée, si celui qui pose la question du « principe du tout » est inclus dans ce tout même ? Pourtant, dans la perspective de Damascius, il n'y a pas de différence entre le tout et le fait de penser ce tout. La pensée ne se situe pas hors du tout qu'elle pense, mais bien en stricte conformité avec ce tout.

et complètement certaines choses, comme, par exemple, le principe. Même si nous en parlons et nous le pensons d'une certaine façon, nous ne pouvons ni le définir ni le penser à proprement parler. Voilà ce que toute la tradition néoplatonicienne a soutenu : le principe échappe à notre compréhension. En outre, comme le disait Platon, nous ne pouvons pas même concevoir et exprimer correctement les formes intelligibles[1], les idées sous lesquelles se situent toutes les choses que nous pensons. Par conséquent, même les choses nous restent, en somme, inconcevables, si nous les pensons par l'intermédiaire de formes que nous ne connaissons pas directement. Toutefois, pour Damascius, le tout comprend aussi ce que nous pensons incomplètement et inadéquatement. Si le principe est présent – même si sous une forme obscure – dans notre pensée, il entre dans ce que nous appelons *le tout*. En ce cas, il est évident que le principe – ou ce que nous appelons principe – ne peut être au-delà du tout, une fois que nous le pensons déjà. Le tout est ce au-delà de quoi rien n'est pensable ; en même temps, le tout est la totalité de ce que nous pensons. Autrement dit, le tout est l'espace le plus large que notre pensée habite. Dans ces conditions – en guise de réponse aux objections possibles énoncées plus haut – Damascius peut affirmer que, si le tout est ce que nous concevons, alors le principe devient lui-même *quelque chose*, par le simple fait que nous le pensons comme tel. De même, *au-delà* (ἐπέκεινα) n'a plus de sens par rapport à ce tout. Quelque chose au-delà de ce tout devrait être hors du tout, mais, du simple fait que nous le pensons ainsi, il rentre – sous une autre forme – dans le tout.

Dire, à l'instar de Plotin[2], que le principe est au-delà du tout, et non pas quelque chose dans le tout, ne constitue plus une solution à l'aporie du principe, car, même si nous disons que le principe est au-delà du tout sans être quelque chose de déterminé, nous le pensons d'une certaine manière et, donc, il redevient quelque chose de déterminé. Alors, il rentre dans la totalité constituée par notre pensée. Pour Plotin, l'un est hors du tout parce qu'il n'est pas quelque chose (τί), comme sont les choses qui composent le tout. Damascius se situe à un niveau méta-conceptuel, lorsqu'il s'aperçoit que, si nous considérons que le principe est au-delà du tout, nous le transformons en *quelque chose au-delà du tout* et nous perdons le sens du tout, en-dehors duquel rien ne peut être admis. Dans les termes de la solution plotinienne, nous disons que le principe est au-delà du tout et qu'il n'est pas quelque chose, même si, indirectement, nous le pensons comme quelque chose et nous le faisons rentrer dans le tout de ce que nous pensons. En revanche, Damascius n'accepte plus cette constante inadéquation – entre ce que nous disons et ce que nous voulons dire – avec laquelle la tradition néoplatonicienne s'est déjà habituée, vu la faiblesse du discours dans lequel nous sommes obligés de nous

1. Platon, *Lettre VII*, 342a 7-343c 6 ; cf. *De principiis*, W. I, 10 ; R. I, 8.
2. Plotin, *Ennéades*, V, 3, 11. 19.

tout absolu, auquel rien n'échappe, pas même ce que l'on appelle le principe unique du tout. Les deux concepts, principe et tout, ne peuvent être ni séparés, ni mis ensemble. On ne peut ni les penser comme distincts, ni imaginer la moindre coïncidence entre eux, bien que pour nous ils soient des concepts relatifs (car le principe est principe du tout). Entre eux, il n'y a ni relation quelconque, ni absence de relation. En conclusion, le principe du tout ne peut être situé par rapport au tout : ni hors de lui, ni en lui. De même, le tout ne peut être compris ni comme étant après le principe, ni comme incluant le principe. De cette façon, Damascius met en évidence la tension fondamentale, logée au cœur de la pensée néoplatonicienne, entre le principe-transcendance et le principe-cause[1]. Il énonce les deux rapports imaginables entre le tout et le principe : soit le principe est au-delà du tout, sans relation avec celui-ci, soit il est le sommet du tout, et possède un rôle dans la constitution du tout, impliquant une certaine relation avec celui-ci. Mais aucune de ces alternatives ne saurait être admise en tant que telle, car chacune conduit à des apories insurmontables.

En outre, une fois que l'on admet l'existence d'un principe premier, l'on est dans l'aporie concernant la place du *tout*. En effet, s'il y a un principe, toute la réalité se divise en deux : d'une part le principe, la réalité première, et d'autre part ce qui vient du principe, c'est-à-dire la réalité dérivée, qui existe grâce au principe. C'est ce qu'affirme également Aristote[2]. Pourtant, Damascius remarque que, dans le cas du *tout* même[3], aucune des alternatives formulées par Aristote n'est acceptable. Le tout n'est ni le principe, ni après le principe. Dans ce dernier cas, on tombe de nouveau dans l'hypothèse déjà rejetée, à savoir que le principe serait hors du tout. De plus, le tout ne peut être lui-même principe, parce qu'en ce cas, nous rencontrons la même difficulté énoncée précédemment, mais cette fois sous une forme encore plus grave : il signifierait que le tout, en tant que principe, produit à son tour quelque chose qui reste en dehors du tout, comme un effet du tout. Mais hors du tout il ne peut rien y avoir. En conséquence, une fois que l'on admet le principe, il n'y a plus de place pour le tout : il n'est pas le principe même et n'en procède pas non plus[4].

1. *Cf.* S. Rappe, *Reading Neoplatonism*, *op. cit.*, p. 200.

2. Aristote, *Physique*, III, 203b 6.

3. Comme le remarque D. O'Meara (« Notes on the Aporetics », art. cit., p. 103), Damascius passe ici de ἅπαντα ou πᾶν, au sens de « toute chose », à πάντα, qui est « le tout » en tant que tel.

4. S. Rappe (« Scepticism in the Sixth Century ? », art. cit., p. 358) s'arrête sur ce passage, considérant que Damascius critique ici la proposition 11 des *Éléments de théologie*. *Cf.* S. Rappe, *Reading Neoplatonism*, *op. cit.*, p. 207.

CHAPITRE II

LA TENTATIVE DE SORTIE DE L'APORIE

Cette mise en scène aporétique trace la direction générale de l'analyse de Damascius, par la démarcation d'une double impossibilité de penser le principe du tout[1]. L'impossibilité est double, car elle est regardée tant du point de vue du principe, que du point de vue du tout. Elle est pourtant loin d'empêcher toute possibilité d'avancée. Au contraire, la quête du principe garde toute sa nécessité, puisque l'aporie l'impose, car, si le tout était sans principe (ἄναρχος), on perdrait le sens du tout. L'aporie n'est pas un simple signe de la défaite et de l'infériorité de notre connaissance face au principe, mais elle est aussi la seule manière de retrouver la trace du principe dans notre pensée même. Non seulement Damascius ne craint pas les apories déjà exposées, mais en outre, il poursuit son analyse afin d'en dévoiler d'autres. Cette fois, il concentre son analyse sur le tout, pris comme point d'appui. S'il y a un *tout* de la réalité et de la pensée, quelle est la structure de ce *tout*, comment se constitue-t-il ? Le tout requiert-il un principe ? Damascius met en évidence les différentes manières dont nous comprenons le tout et, en conséquence, la manière dont nous pensons un principe de ce tout. Le tout est la seule perspective accessible à notre pensée, le seul terrain ferme dont nous disposons. Nous sommes à chaque fois déjà situés dans le tout, dans la pluralité de ce que l'on peut concevoir. C'est donc à partir de cette perspective plurielle qu'il faut commencer la recherche d'un principe du tout, en tant que source ultime de tout ce que l'on peut concevoir. Damascius essayera de voir si et comment, à partir de la nature du tout, il est possible d'admettre un principe. Son but est double. Il souhaite identifier, d'une part, les apories successives et récurrentes du principe du tout et, d'autre part, le mode de compréhension du

1. C. Metry-Tresson (*L'aporie*, *op. cit.*, p. 366) note : « Les apories contraignent l'homme à prendre intimement conscience de son infériorité et à faire preuve d'humilité devant le Mystère de l'Un ».

principe absolu, par delà les difficultés, en procédant indirectement, à partir de ces apories.

Afin de comprendre la suite de l'analyse de Damascius, il faut rappeler que les apories du début du traité sont déterminées par la manière dont on conçoit le tout. Si le tout décrit le cadre de la pensée, en revanche, il est lui-même pensé d'une certaine manière. La pensée a cette capacité de se retourner sur elle-même et de surprendre sa propre totalité, ou d'avoir l'intuition d'une telle totalité unitaire, qui requiert un principe, une origine à partir de laquelle cette totalité se constitue, bien que la pensée même ne puisse pas la comprendre. Mais alors, il faut continuer la quête du principe à partir de la nature du tout même, tel qu'il se reflète dans la pensée. Autrement dit, si le tout a une certaine unité nous permettant de l'appeler *tout*, alors, il faut découvrir ce qui fonde son unité et sa compréhension. Que signifie « être tout », et en vertu de quoi le pense-t-on comme tel ? C'est encore la perspective la plus habituelle de la pensée qui retient l'attention de Damascius et qui lui montre la voie à suivre.

La pluralité du tout et la circularité du discours

Qu'est-ce que le tout, pris dans le sens commun ? Avant même de penser le tout comme tel, nous sommes déjà immergés dans la nature du tout. Avant même d'essayer de le comprendre dans sa complétude, lorsque nous nous laissons nous-mêmes comprendre par lui, comment le tout nous apparaît-il ? « [L]e tout est vu dans la pluralité en quelque façon et, en même temps, dans une certaine distinction. En effet, nous ne concevons pas le tout sans ces caractères [...] »[1]. Privilégiant la forme τὰ πάντα pour le *tout*, Damascius suggère un équilibre strict entre la pluralité et l'unité. Le tout, que nous concevons comme une coordination unique et limitée, présuppose la pluralité (πλῆθος) et la distinction (διάκρισις)[2]. Damascius a déjà évoqué la pluralité pour montrer que le tout consiste en une « pluralité limitée »[3]. Le tout est une pluralité, non pas de choses identiques – comme un nombre formé d'unités identiques – mais de choses déterminées, qui se distinguent les unes des autres. La pluralité et la distinction apparaissent comme des évidences du réel. Avec cette nouvelle caractérisation du tout (par la pluralité et la distinction), une sorte de circularité s'introduit dans la pensée du tout. D'une part, Damascius a

1. *De principiis*, W. I, 2. 21-22 ; R. I, 2. 17.

2. *Cf.* Proclus, *Théologie platonicienne*, III, 71-72, qui distingue aussi l'un en soi de la totalité plurielle des choses. De même, Proclus (*Théologie platonicienne*, III, 72. 15-16) distingue entre πᾶν, qui est une pluralité divisée (διῃρημένον πλῆθός) et ὅλον, qui est une pluralité non encore distinguée (πλῆθος οὔπω διακεκριμένον).

3. *De principiis*, W. I, 1. 11-12 ; R. I, 1. 10.

déjà affirmé que le tout représente « ce que nous concevons, de quelque manière que ce soit »[1]. D'autre part, il suggère maintenant que l'on conçoive aussi le tout, à savoir par la pluralité et la distinction[2]. On pourrait dire que nous concevons aussi le tout de ce que l'on conçoit. Le tout n'est donc pas seulement l'horizon maximum vers lequel se dirige la pensée ; au contraire, le tout entre lui aussi dans l'espace de la pensée, qui a le tout comme cadre général. Or, cette circularité se révèle féconde dans ce contexte, car elle permet d'accéder à un niveau plus nuancé de la signification du tout. Le tout n'est pas simplement une pluralité indistincte de choses conçues, mais il possède aussi sa propre manière d'être conçu, son propre sens unitaire. Ainsi, la pluralité et la distinction du tout n'ont pas un sens absolu, puisqu'elles sont présentes dans le cadre de quelque chose qui reste unitaire, elles se manifestent sur un fond d'unité. Autrement dit, le tout ne peut être conçu sans la pluralité et la distinction des choses qui le composent, mais en outre, il demeure lui-même inconcevable sans l'unité qui précède ces deux caractéristiques. Quelle est alors la source dont procèdent la pluralité et la distinction[3] ?

La pluralité et la distinction sont apparues « immédiatement » (εὐθύς). Par conséquent, avant même d'avoir un contenu concret, déterminé (ou avant d'être conçu comme tel), le tout se montre à travers la pluralité et la distinction. Dès lors, pour que l'on puisse les identifier en tant que telles, il faut qu'elles soient seulement des aspects partiels du tout, et non pas des caractéristiques absolues. La pluralité et la distinction ne sont pas les seuls modes d'apparition du tout. La pluralité, par exemple, ne peut être une caractéristique absolue du tout, parce qu'alors le tout même n'aurait plus aucun sens. En effet, si le tout était seulement pluriel – et, donc, absolument non unitaire –, on ne pourrait rien concevoir dans le tout, car la pluralité se multiplierait à l'infini[4]. La pluralité du tout présuppose une unité dans laquelle ou à partir de laquelle elle puisse se manifester[5]. Ainsi, le tout ne peut apparaître absolument dans la pluralité et dans la distinction, mais il existe une limite et une origine de la distinction et de la pluralité. Toutefois, il ne s'agit pas d'une même origine, puisque la pluralité et la distinction n'ont pas le même sens, mais elles se situent à des niveaux différents de sens et de profondeur. La pluralité est plus fondamentale, car elle subsiste même lorsque toute distinction explicite entre

1. *Ibid.*, W I, 2. 5 ; R I, 2. 5.

2. *Ibid.*, W I, 2. 22 ; R I, 2. 18.

3. *Ibid.*, W I, 2. 23 ; R. I. 2. 18-19.

4. Cet argument traditionnel contre l'existence d'une pluralité infinie se rencontre déjà chez Plotin, *Ennéades*, V, 6, 3. *Cf.* Porphyre, *Commentaire sur le Parménide*, I, 91. 10-17 et Proclus, *Théologie platonicienne*, II, 4. 8-22.

5. Sur la relation entre l'un et le multiple chez Damascius, *cf.* C. Terezis et E. Tempelis, « The History of the Theory of the Platonic Ideas in Damascius as an Expression of the Relation between the One and the Manifold », *Bochumer Philosophisches Jahrbuch für Antike und Mittelalter*, 13, 2008, p. 107-122.

les choses est éradiquée, mais non pas l'inverse : la distinction ne subsiste pas sans la pluralité. Pour être distinctes, les choses doivent d'abord être plurielles. En conclusion, non seulement le tout n'apparaît pas sous tous ses aspects dans la pluralité et la distinction, mais ces dernières ne possèdent ni le même statut ni le même poids dans le tout : « les choses plurielles ont l'un pour sommet, tandis que les êtres distingués ont l'unifié pour monade »[1]. Le tout peut être pensé en tant que tel seulement dans une perspective englobante, où il apparaît non plus à travers la pluralité et la distinction, mais comme unifié et unitaire. L'un et l'unifié rassemblent la pluralité et la distinction du tout, en lui restituant sa complétude à des niveaux distincts. L'unifié[2] rassemble les choses à la manière d'une monade, qui devance et anticipe la série de tous les nombres, tandis que l'un rassemble les choses à la manière d'un sommet ou d'une tête (κορυφή)[3] commune, qui anticipe la pluralité. Dans les deux cas, il est remarquable que ni l'unifié ni l'un ne soient obtenus par la totalisation des choses distinctes et plurielles, mais l'unifié et l'un précèdent le développement proprement dit des choses.

L'UN EST TOUT

La distinction précise qu'il opère entre l'unifié et l'un procure à Damascius le motif nécessaire d'une recherche qui vise au-delà de l'un, vers un principe antérieur au principe premier de la tradition. En effet, en ce qui concerne l'unifié, il suit la tradition néoplatonicienne, dans la mesure où il considère que l'unifié est tout, et plus précisément, qu'il est l'unité des êtres qui précède leur distinction proprement dite. Par contre, si l'on passe à l'un, la perspective de Damascius est assez différente de celle de la tradition. Pour lui, non seulement

1. *De principiis*, W. I, 3. 1-2 ; R. I, 2. 20 : κορυφὴ μὲν τῶν πολλῶν τὸ ἕν, τῶν δὲ διακεκριμένων τὸ ἡνωμένον μονάς.

2. L'unifié (τὸ ἡνωμένον) est la deuxième hypostase principielle après l'un ; il correspond à l'un multiple de la deuxième hypothèse du *Parménide*, 142b-155d, au mixte du *Philèbe*, 23c, de même qu'à l'être du *Sophiste*, 245b, qui est présenté comme affecté par l'un, mais différent de l'un même. Le terme apparaît chez Plotin (*Ennéades*, VI, 6, 9. 29-31), qui montre que l'être en soi (τὸ ὄν) est le nombre unifié (ἀριθμὸς ἡνωμένος), tandis que les être pluriels (τὰ ὄντα) sont le nombre développé. Proclus est le premier à donner au terme *unifié* un sens technique, indiquant l'être premier (*Théologie platonicienne*, I, 115. 25 ; III, 52. 8). L'unifié est un mixte de limite et d'illimité (cf. *Théologie platonicienne*, III, 34-40) ; il est l'être intelligible, plus précisément son premier niveau, le plus haut et le plus unitaire (*cf. Théologie platonicienne*, I, 18. 17-20). Sur la différence entre Proclus et Damascius concernant la constitution de l'unifié, *cf.* J. Combès, *Études*, *op. cit.*, p. 245-271.

3. Damascius reprend l'appellation « sommet » (κορυφή) pour l'un, bien que dans la première aporie il ait montré que le principe ne peut pas être le sommet de ceux qui viennent après lui. En effet, l'un qui est appelé ici sommet ne sera pas pour Damascius le principe absolu du tout.

l'unifié mais l'un aussi est tout, à son tour et à sa façon[1]. Il affirme cette identité de l'un et du tout plus fermement et plus concrètement que ce qu'acceptait la tradition qui le précède. Chez Plotin, notamment, l'intellect divin est tout : d'une manière paradigmatique, il contient les raisons de toutes les choses. En revanche, l'un n'est plus le tout[2]. Au-delà du tout, c'est-à-dire au-delà de l'intellect, l'un désigne seulement la puissance du tout[3], cette puissance d'engendrer tout ce qui est contenu dans l'intellect, mais qui reste au-delà de l'intellect.

Pour Damascius, tant l'unifié que l'un antérieur sont des modalités de plus en plus unitaires du tout. Le passage du tout proprement dit (en tant que pluralité dans laquelle fonctionne déjà la distinction) à l'unifié, puis à l'un s'effectue par la simplification et la concentration du tout, dans une unité de plus en plus condensée, simplifiant d'abord les distinctions du tout, en les unifiant, puis en réduisant à l'unité la pluralité spécifique au tout. Damascius suit donc de très près les indications données par la nature du tout. L'unifié est tout indistinctement, de même que l'un est tout de manière indivisible :

> Ensuite, l'un, quant à lui, n'est pas quelque un des choses plurielles, sinon il entrerait aussi dans la constitution des choses plurielles, comme chacun des autres. Mais, tout ce que sont les choses plurielles conformément à une certaine division, tout cela cet un l'est aussi, antérieurement à la division, conformément au [caractère] complètement indivisible[4].

L'un ne peut pas entrer dans le nombre des choses plurielles (τὰ πολλά). Tel est l'avertissement non seulement de l'aporie discutée au tout début du traité, mais aussi de toute la tradition néoplatonicienne. L'un qui est le sommet des choses plurielles ne possède pas la nature des choses plurielles. Il est sommet non pas seulement en raison de son ordre, de la place supérieure qu'il occupe, mais surtout en vertu de sa nature non-plurielle. D'autre côté, il ne

1. *Cf.* M.-Cl. Galpérine, « Damascius et la théologie négative », *Le Néoplatonisme*, Paris, CNRS, 1971, p. 261-263, qui insiste sur le fait que, chez Damascius, l'un ne soit plus l'un de la tradition (de Plotin et de Proclus), parce que l'un de Damascius est tout.

2. Plotin, *Ennéades*, V, 1, 7. 20-21 : « s'il était toutes choses, il ferait partie des choses qui sont ».

3. *Ibid.*, V, 1, 7. 9-10 (τὸ ἓν δύναμις πάντων). De même *ibid.*, V, 4, 2. 39-40. Il est vrai que l'on peut trouver aussi des passages (comme celui de l'*Ennéade* V, 2, 1. 1-2) où Plotin dit, de manière un peu équivoque : « "L'Un est toutes choses et il n'est aucune d'elles" ; car, principe de toutes choses, il n'est pas toutes choses ». Il est tout en tant que tout provient de lui, mais pour que le tout provienne de lui, il faut que l'un ne soit pas le tout et ne soit rien du tout. Porphyre dira que toutes choses sont en tout : dans l'intellect, tout est de manière intelligible, et dans celui qui est au-delà de l'intellect (à savoir dans le principe au-delà de l'être) tout est d'une manière non-intelligible et suressentielle (*cf.* Porphyre, *Sentences*, 10).

4. *De principiis*, W. I, 3. 4-8 ; R. I, 2. 22-25 :"Επειτα δὲ καὶ τὸ ἓν οὐ τῶν πολλῶν τί ἐστιν· ἦ γὰρ ἂν καὶ συνεπλήρου τὰ πολλά, καθάπερ τῶν ἄλλων ἕκαστον· ἀλλ' ὅσαπέρ ἐστι τὰ πολλὰ κατὰ δή τινα μερισμόν, τοσαῦτα καὶ τὸ ἓν ἐκεῖνο πρὸ τοῦ μερισμοῦ κατὰ τὸ πάντῃ ἀμερές (trad. Combès légèrement mod.).

peut non plus être complètement différent de ce que sont les choses plurielles, dès qu'il en est le sommet. En outre, il ne convient pas de le considérer hors du tout, comme une chose radicalement autre que le tout. En effet, pour Damascius, il est important de ne pas distinguer l'un par rapport au tout, puisqu'alors l'un entrerait de nouveau dans la distinction des choses propres au tout. L'un n'est ni autre par rapport au tout, ni inclus dans le tout, comme l'une des choses composant la pluralité. Par conséquent, l'un, sommet des choses plurielles, est ce que sont les choses plurielles (donc, sans se distinguer d'elles), mais non pas à la façon divisée des choses plurielles (donc, sans s'y identifier). Il est tout, mais « conformément au [caractère] complètement indivisible »[1]. Le tout non seulement subit l'unité de l'un, mais il est dans l'un et il est *un* avant d'être *tout*, il est *un* avant d'être pluriel et divisible. Selon cette conception, l'un (qui est tout avant le tout) est le tout « au sens propre »[2] : non pas la somme des choses existantes, mais cette simplicité absolue qui les contient déjà toutes, et dans laquelle les choses ne sont pas encore affaiblies par la procession.

L'UN QUI A TOUT ENGLOUTI

L'un est donc tout, à la manière de l'un platonicien, qui ne peut pas être divisé en parties[3]. Toutefois, il n'est pas indivisible au sens physique ou mathématique, au sens d'une grandeur minimale qui ne peut plus être divisée en parties encore plus petites; « il n'est pas l'un en tant que minimum, comme Speusippe a semblé le dire »[4]. Comme le tout est une pluralité complète,

1. É. Bréhier (« L'idée du néant », art. cit., p. 263) considère que cette interprétation développée par Damascius suit la perspective de Jamblique. De fait, dans son *Commentaire sur le Parménide de Platon* (1107. 9-20), Proclus nous rapporte trois manières d'interpréter la première hypothèse du *Parménide*. L'une de ces interprétations – qui pourrait appartenir à Jamblique (*cf.* la note de J. Dillon, dans la trad. angl., p. 452) – consiste à dire que le principe, qui est cause de toutes les choses, possède en soi, de manière indicible et inconnaissable pour nous, les causes de toutes les choses, de sorte que le premier principe est un ensemble qui précède les ensembles (ὅλον πρὸ ὅλων) et qui n'a pas des parties (*ibid.*, 1107. 16-17). L'expression « conformément au [caractère] complètement indivisible » (κατὰ τὸ πάντῃ ἀμερές) rappelle l'affirmation de Platon (*Sophiste*, 245a 8-9) selon laquelle l'un véritable doit être complètement dépourvu de parties (Ἀμερὲς δήπου δεῖ παντελῶς τό γε ἀληθῶς ἓν κατὰ τὸν ὀρθὸν λόγον εἰρῆσθαι).

2. *De principiis*, W. I, 79. 14; R. I, 52. 27.

3. Platon, *Parménide*, 137c.

4. *De principiis*, W. I, 3. 9; R. I, 3. 1. Ce passage, qui figure parmi les fragments de Speusippe (fr. 49, *cf.* L. Taran, *Speusippus of Athens : A Critical Study with a Collection of the Related Texts and Commentary*, Brill, Leiden, 1981, p. 152) a suscité des interpretations diverses. E. Zeller (*Die Philosophie der Griechen in ihrer geschichtlichen Entwicklung*, Leipzig, 1922, vol. II, I, n. 2 p. 1001), considère que Damascius a mal interprété le passage d'Aristote, *Métaphysique*, 1087b 30-33. Critiquant cette perspective, L. Taran considère que la critique de Damascius s'appuie plutôt sur la *Métaphysique*, 1084b 23-28, où Aristote montre que les platoniciens traitent de l'Un comme d'un point et qu'ils composent les choses à partir des éléments les plus petits.

achevée, le sommet du tout - donc l'un, qui assure l'unité et l'identité du tout - ne peut pas être inférieur au tout; il ne peut pas être moins que le tout qu'il gouverne. Parce que le tout est le maximum possible que nous pouvons penser, alors l'un ne peut pas avoir le sens d'un minimum. L'un n'est pas la partie la plus petite qui puisse se détacher sur le fond de la pluralité, tel un minimum[1], mais au contraire, il est ce en vertu de quoi (et à partir de quoi) les choses peuvent suivre leur processus de division. L'un n'est pas à la fin de la division déjà réalisée, mais au début du processus, avant la division. Il est indivisible non pas parce que la division est accomplie, mais parce que celle-ci n'est pas encore commencée. En ce sens, l'un n'est pas un minimum, mais il est celui qui a tout englouti (ὡς πάντα καταπιόν)[2]. La relation entre l'un et le tout devient ainsi encore plus étroite qu'elle ne l'était dans la tradition qui précède Damascius. Dans le néoplatonisme, l'image de l'engloutissement suggère la plénitude du principe, le fait qu'il soit déjà tout ce qu'il produit[3]. Plotin[4] l'utilise singulièrement pour décrire l'intellect divin qui a englouti ce qu'il a engendré, de même que Cronos engloutit ses descendants[5]. L'engloutissement indique l'unité entre les deux aspects de l'intellect divin : l'intellectif et l'intelligible[6]. Par son acte d'intelliger, l'intellect définit son être propre, et il est plein de cet être qu'il a engendré. Chez Proclus, le verbe καταπίνω (engloutir)

1. Pour l'idée du minimum (τὸ ἐλάχιστον), *cf.* Aristote, *Physique*, 187b 18-188a 12, 206b 32, 207b 2, 421a 32-b 3; Épicure, *Lettre à Hérodote*; Diogène Laërce, X, 56-59. Plotin (*Ennéades*, VI, 9, 6. 4), affirme que l'un indivisible n'est pas un minimum (σμικρότατον), mais un pouvoir infini. Plotin ne mentionne pas Speusippe comme source de l'idée selon laquelle l'un est un minimum. En revanche Porphyre (*Commentaire sur le Parménide*, I, 20-21) semble critiquer la position de Speusippe. Plotin et Porphyre concluent à une solution quasiment différente de celle de Damascius. Ils montrent que l'un est indivisible, non pas parce qu'il serait la chose la plus petite, mais parce qu'il serait une puissance illimitée. Or, pour Plotin - suivi en cela par Porphyre - cette puissance illimitée est non pas le tout, mais au-delà du tout. Damascius, quant à lui, affirme que l'un, qui n'est pas un minimum, est tout.

2. *De principiis*, W. I, 3. 10; R. I, 3. 1. Sur ce terme (καταπίνω), *cf.* Hésiode, *Théogonie*, v. 459, où Cronos engloutit ses propres enfants, immédiatement après leur naissance. Cette idée se retrouve dans les mythes orphiques (*Fragments orphiques*, fr. 146). Ailleurs (*ibid.*, fr. 82, 129, 167), le terme se réfère à Zeus, qui engloutit Phanès-Métis - une divinité qui lui est antérieure - en vue d'une nouvelle création. Il y a donc deux sens de l'engloutissement : en haut et en bas.

3. Cette relation entre l'un et le tout permettra à Damascius d'expliquer comment l'un, tout en restant identique à lui-même et inaffecté, réussit à produire toutes les choses sans s'en différencier. *Cf.* C. Terezis, « L' "union" et la "distinction" chez Damascius », *Revista Portuguesa de Filosofia*, 64/1, 2008, p. 165-176, notamment p. 167, qui montre comment Damascius explique la distinction des choses sans supprimer l'unité absolue de l'un.

4. Plotin, *Ennéades*, V, 1, 7. 31.

5. *Cf.* P. Hadot, « Ouranos, Kronos and Zeus in *Plotinus' Treatise* against the Gnostics », *in* H. J. Blumenthal et R. A. Markus (eds.), *Neoplatonism and Early Christian Thought*, *op. cit.*, p. 124-137.

6. Sur l'identité entre l'intelligible et l'acte de la pensée dans l'intellect plotinien, *cf.* A. Vasiliu, « Penser l'Un ou la limite de la médiation selon Plotin », *Chora. Revue d'études anciennes et médiévales : philosophie, théologie, sciences*, 14, 2016, p. 59-88.

caractérise l'un dans la troisième hypothèse comme étant absorbé par l'être, à cause de sa tendance à devenir multiple[1]. Le terme est plus courant dans le *Commentaire sur le Timée*[2], mais dans ce contexte Proclus utilise plutôt la référence à la scène orphique de Phanès qui est englouti par Zeus. L'engloutissement se réfère au fait que l'acte de la pensée (du Démiurge) saisit l'intelligible (qui est l'objet de sa pensée) et s'identifie à lui. Chez Plotin, comme chez Proclus, il est question de l'identité entre le niveau intelligible et le niveau intellectif.

En revanche, Damascius utilise cette image de l'engloutissement pour parler non plus de l'intellect divin, mais de l'un antérieur à l'intelligible, ce qui bouleverse l'interprétation traditionnelle. Cette originalité est une conséquence de son mode de conception du tout. En effet, Damascius différencie la pluralité de la distinction dans le cadre du tout, et il est obligé de considérer des principes différents pour la distinction et pour la pluralité. L'unifié, même s'il représente le sommet le plus unitaire de l'être, n'est pas encore une unité absolue, mais à ce niveau la pluralité est encore présente, d'une certaine manière. Par contre, l'un a pour rôle de supprimer la pluralité et de faire que tout soit un. Cet engloutissement désigne l'antériorité de l'un par rapport à la génération de la pluralité. On serait tenté de dire qu'il est question d'un engloutissement de l'inférieur : l'un indivisible engloutit le tout, pluriel et divisible par nature. Cependant, l'un a tout englouti, avant même que le tout ne se manifeste en tant que tel, à savoir dans la pluralité et la distinction qui le caractérisent. Selon Damascius, l'un a englouti non pas une pluralité à proprement parler, mais la pluralité avant même que celle-ci se produise, avant même que celle-ci puisse être pensée en tant que telle. C'est à partir de cet engloutissement primordial dans l'un, que le tout se développe en tant que pluralité. Damascius conçoit l'un qui a tout englouti non pas dans la logique de la pensée (qui se soumet au tout) mais dans une sorte de métalogique, qui répond aux exigences du tout, mais qui risque déjà de tomber dans l'anachronisme et l'utopie. En effet, l'un a englouti le tout avant même que l'on puisse penser quoi que ce soit, donc, avant que l'on puisse penser cet engloutissement même, car penser c'est quitter l'identité du tout et de l'un. L'engloutissement ne devient jamais objet de notre pensée, puisque celle-ci est ultérieure, fixée au niveau du tout déjà pluriel. L'analyse philosophique menée par Damascius se situe dans un temps impossible à situer, parce qu'irréalisable en tant que tel. Il s'agit d'une sorte de pensée qui, afin de définir son espace vital, tente de le dépasser. Dans ce qui suit, nous examinerons comment Damascius s'appuie justement sur ce jeu entre une pensée qui essaye de mettre le tout sous la perspective du principe, mais qui finit par mettre le principe sous le sceau

1. Proclus, *Théologie platonicienne*, I, 58. 7 ; *Commentaire sur le Parménide de Platon*, 1035. 5.
2. *Id.*, *Commentaire sur le Timée*, II, 91. 20 ; 93. 16 et III, 102. 17.

du tout. Pour l'instant, voyons comment il exprime cette relation d'engloutissement du tout dans l'un, de la pluralité dans la simplicité.

L'UN-TOUT AVANT LE TOUT

Tenant compte des apories initiales du principe et de sa relation au tout, Damascius décrit l'un par une relation nuancée entre l'unité et la totalité, entre l'un et le tout. L'engloutissement est le moment où la totalité du tout et la simplicité de l'un s'identifient. L'un a tout englouti, au sens où, en lui, le tout se trouve comme réunifié et comme résorbé : « il a tout résolu ensemble dans sa propre simplicité, et il a fait un le tout »[1]. Effectivement, afin de ne pas tomber dans la logique totalisante du tout (et pour ne pas devenir lui-même l'une des choses plurielles), l'un a résolu[2] cette totalité. L'un a simplifié le tout en lui-même et il l'a fait un, en lui donnant une autre logique, qui n'est plus totalisante, mais résorbante ou engloutissante. Simplifier, c'est aller à l'encontre de la totalisation. Au lieu de compléter le panorama du tout, en distinguant ses composants, la simplification cherche au contraire l'unité absolue du tout à partir de laquelle il se développe, l'unité absolue précédant ce développement. C'est une sorte d'addition inversée. Il est question non pas de distinguer les choses avant de les mettre ensemble, dans la totalité qui les englobe, mais de supprimer les distinctions et de considérer les choses ensemble dans l'unité qui leur est commune et qui les précède.

Les deux directions que représentent la division et la résolution (ou l'analyse) se correspondent réciproquement : le tout peut se développer à partir de cette simplicité de l'un, parce que, dans l'autre sens, l'un aussi a résorbé le tout dans sa simplicité, avant le développement pluriel. Il y a une sorte de symétrie renversée entre la perspective du tout pluriel, développé, et celle de l'un antérieur au tout. Le tout déplie et déploie ce qu'est l'un antérieurement à la pluralité, de même que l'un replie ce que sera le tout après son complet développement : « C'est pourquoi encore tout procède de lui, parce qu'il est tout,

1. *De principiis*, W. I, 3. 10-11 ; R. I, 3. 2.

2. Ce terme (συναναλύω) nous renvoie à l'idée d'analyse, l'une des quatre méthodes de la dialectique. Sur l'origine aristotélicienne de ces méthodes dans le néoplatonisme, *cf.* L. P. Schrenk, « Proof and Discovery in Aristotle and the Later Greek Tradition. A Prolegomenon to a Study of Analysis and Synthesis », *in* L. P. Schrenk (ed.), *Aristotle in Late Antiquity*, Washington, Catholic University of America Press, 1994, p. 92-108. Jamblique montre que la division correspond à la procession et l'analyse à la conversion (*cf.* Damascius, *Commentaire sur le Philèbe de Platon*, § 52-59). Ainsi, l'analyse correspond au mouvement par lequel les choses sont réintégrées dans le principe. Reprenant cette idée, Damascius montre qu'un mouvement pareil doit se produire au niveau de la pensée : afin de nous approcher des principes, il nous faut réduire l'objet de notre pensée et cette pensée elle-même, en opérant l'analyse sur nous-mêmes (cf. *De principiis*, W. I, 4. 21 ; R. I, 4. 12).

lui aussi, avant le tout »[1]. Par une expression assez paradoxale, l'un est « tout, lui aussi, avant le tout » (πάντα καὶ αὐτὸ πρὸ τῶν πάντων). D'une part, l'un est tout, ce qui va à l'encontre de la tradition néoplatonicienne, qui veut que l'un soit au-delà du tout; d'autre part, l'un est tout avant le tout, ce qui semble contredire la première partie de l'expression, ou, du moins, nous avertir sur son sens particulier. Par ce paradoxe, Damascius essaie d'échapper aux apories du principe qui ne peut être ni inclus dans le tout, ni hors du tout. En ce qui concerne l'apparente contradiction de cette expression (tout avant tout), il nous faut remarquer que Damascius s'appuie ici sur l'ambiguïté du mot πάντα, sur son sens à la fois singulier (quant au verbe qu'il requiert) et pluriel (quant à sa forme plurielle). L'un est tout, avant que le tout ne soit pluriel. Le tout est identique à l'un avant même d'être identique à lui-même, donc avant d'être le tout pluriel, proprement dit. L'expression « un-tout avant le tout »[2] détermine une identité parfaite entre la simplicité et la totalité[3]. Plus précisément, c'est une suspension de toute opposition entre l'unité et la pluralité, entre la simplicité et la totalité, parce que l'un-tout est décrit en tant que « la totalité la plus simple et la simplicité qui a tout englouti »[4].

Dans « l'un-tout avant le tout », c'est la simplicité qui donne du sens à la totalité. Ainsi, le tout ne peut être identifié en tant que pluralité. En effet, dans cette hypostase, le tout ne cesse pas de se démultiplier et d'échapper à toute tentative de compréhension. Il est impossible pour la pensée de se focaliser sur la pluralité, car, du fait même de penser la pluralité, la pluralité se déroule; elle se multiplie encore davantage sous nos regards, et ne peut jamais être vue. En revanche, seule l'unité simple, précédant le tout et à partir de laquelle celui-ci se déploie, permet d'appréhender le tout : cette simplicité endigue la pluralité du tout, avant même qu'elle ne commence. La totalité se fonde donc sur la simplicité; la totalité est vraiment parfaite et ne manque de rien, lorsqu'elle est absolument simple. Réciproquement, la simplicité est vraiment la plus simple et la plus unitaire, lorsqu'elle ne se distingue pas par rapport à autre chose, mais lorsqu'elle resserre en elle tout ce qui peut s'en détacher ultérieurement. En somme, « l'un-tout avant le tout » réunit l'enveloppement et la simplicité. Il est « le plus simple, qui est le plus enveloppant de tout »[5]. Dans cette identité, la simplicité, comme l'enveloppement, possèdent un sens particulier. Au niveau de l'un, la simplicité n'est pas considérée par rapport aux

1. *De principiis*, W. I, 3. 11-12; R. I, 3. 3 (trad. Combès légèrement mod.).

2. Cf. *ibid.*, W. I, 80. 1; R. I, 53. 5 : Τὸ δὲ οὖν ἓν πάντα πρὸ πάντων.

3. C'est pourquoi, chez Damascius, l'un absolu a comme hénades l'un-tout et le tout-un, en ce que, dans cet un absolu, l'un est en même temps tout, et le tout est en même temps un. Les hénades sont ainsi deux manières d'indiquer le fait qu'en réalité, les deux aspects de l'un absolu sont inséparables. Mais, dans la logique de la pensée, on ne peut pas saisir cette simultanéité autrement que par une identification de deux natures différentes.

4. *De principiis*, W. I, 4. 11-12; R. I, 4. 4-5 (trad. Combès légèrement mod.).

5. *Ibid.*, W. I, 4. 21-22; R. I, 4. 12-13 (trad. Combès légèrement mod.).

autres choses. L'un n'est pas quelque chose de plus simple que les autres, mais sa simplicité est dénuée de point de comparaison, justement parce qu'elle a résolu tout autre chose en elle-même et parce que, à côté d'elle, il n'y a aucune autre chose. De même, si l'un comprend tout, « enveloppant le tout par la simplicité parfaite qui lui est propre »[1] ce n'est pas en tant que somme de toutes les choses, mais en tant que simplification de toutes choses dans leur origine commune, avant qu'il n'y ait quelque chose hors de cette simplicité absolue et enveloppante du tout.

L'« un-tout avant le tout » (ἓν πάντα πρὸ πάντων)[2] est un compromis entre les exigences et les impossibilités exposées dans l'aporie du principe. Tout d'abord, la première alternative de l'aporie montre que le principe ne peut pas être considéré comme hors du tout, dans une opposition par rapport au tout. Mais « l'un-tout avant le tout » n'est pas isolé hors du tout, dans cet espace qui – de la perspective du tout – est absurde. Au contraire, « l'un-tout avant le tout » est le tout même, qu'il a englouti. Ensuite, la deuxième partie de l'aporie montre que le principe ne peut pas être quelque chose dans le tout[3]. De la même manière, « l'un-tout avant le tout » n'est non plus quelque chose dans le tout, il ne fait pas partie des choses plurielles[4]. En conséquence, suivant les exigences de l'aporie du principe, Damascius ni n'inclut l'un dans le tout, ni ne l'isole hors du tout. « L'un-tout avant le tout » échappe ainsi aux apories, car il n'est ni dans le tout, ni hors du tout. On pourrait dire aussi l'inverse : en effet, « l'un-tout avant le tout » est avec le tout, mais sans s'identifier à quelque chose dans le tout, ou avec le tout ensemble; de même, il est au-delà du tout, mais sans être hors du tout. « L'un-tout avant le tout » est la cause du tout, parce qu'il est tout. En même temps, il est antérieur au tout, parce qu'il précède la pluralité du tout et qu'il la résorbe. Il est au-delà, non pas parce qu'il serait au dehors de la pluralité du tout, mais parce qu'il réduit cette pluralité à l'unité.

1. *Ibid.*, W. I, 60. 22-23; R. I, 41. 15.
2. *Ibid.*, W. I, 3. 12; R. I, 3. 3.
3. *Ibid.*, W. I, 2. 9-10; R. I, 2. 8-9.
4. *Ibid.*, W. I, 3. 4; R. I, 2. 22 (trad. Combès légèrement mod.).

CHAPITRE III

LA RÉCURRENCE DE L'APORIE

Cependant, « l'un-tout avant le tout » n'est qu'une solution partielle de l'aporie. Par la suite, Damascius pointe d'autres difficultés, qui empêchent d'accepter sa propre solution. En effet, ce principe tombe, par une autre voie, sous le coup des apories exposées au début du traité. C'est la raison pour laquelle ce principe doit être dépassé. L'analyse est prise en étau entre le principe et la pensée du principe, entre l'admission du principe du tout et le principe privé de sa dignité de principe premier, lorsqu'il entre dans l'engrenage de notre pensée totalisante. C'est la raison pour laquelle Damascius cherche, non pas à décrire le principe absolu, mais à se rapporter au principe sans nuire à son sens. À cette fin, il met en œuvre une pensée qui se corrige par ses propres faiblesses et qui s'affine elle-même en tirant leçon de ses maladresses. Voilà pourquoi, une fois atteinte cette solution intermédiaire, Damascius se hâte de découvrir ses implications au niveau de la pensée et ses effets secondaires, qui la rendront inacceptable.

LES TROIS MANIÈRES DU TOUT ET LA RÉINTÉGRATION DU PRINCIPE DANS LE TOUT

Cette fois, l'aporie provient du statut de « l'un-tout avant le tout » dans notre pensée. L'antériorité de l'un par rapport à la pluralité ne peut pas vraiment être conçue en tant que telle, car, au niveau de notre pensée, l'antériorité se transforme en une sorte de coordination qui permet au tout de réintégrer l'un. Damascius met face à face deux perspectives : celle de l'un qui dépasse le tout en le résorbant et celle du tout pluriel qui, une fois développé, englobe « l'un-tout avant le tout », puisqu'on le pense en tant que tel. Le tout de la pensée absorbe même l'un dans lequel il a été déjà absorbé, avant même d'exister en tant que tel. En effet, on parle de l'un qui a englouti le tout avant le tout, mais, en disant cela, on reproduit encore la logique du tout pluriel, qui enveloppe cet « un-tout avant le tout ». Il y a donc plusieurs sens du tout, qui coexistent en même temps. En effet, à l'instar de ce que remarque Damascius, l'un, autant que l'unifié, est le tout. Il existe donc trois modalités différentes de concevoir le tout : à coté du tout proprement dit, qui a été défini par la pluralité et la distinction, on peut parler du tout unifié, antérieur à la distinction, et du tout unitaire, antérieur à la pluralité[1]. Or, les trois types de tout sont saisis par le « développement de notre pensée » (ὅταν πᾶσαν ἡμῶν τὴν ἔννοιαν ἐξαπλώσωμεν)[2]. Le verbe ἐξαπλόω signifie *se développer, s'ouvrir*[3]. Il montre que les trois types de tout ne peuvent pas être compris à partir de la variante plurielle du tout, comme si nous appliquions à celle-ci une unification croissante. Au contraire, d'une première unité qui contient tout, nous pouvons défaire ou dégager ensuite les autres sens dérivés du tout, en les détachant de la simplicité unitaire de l'un[4]. Si nous nous demandons ce que signifie le tout, nous présupposons le sens unitaire du tout, mais notre pensée développe d'autres significations du tout : le sens unifié et le sens pluriel. Cependant, ce développement implique un éloignement vis-à-vis du sens originaire du tout, compris dans la simplicité de l'un.

La subordination des trois types de tout entre eux résulte aussi du fait que ces trois types sont « dérivés d'un et se rapportant à l'un, comme nous avons coutume de le dire » (ἀφ' ἑνὸς ἄρα καὶ πρὸς ἕν, ὡς εἰώθαμεν λέγειν)[5]. Damascius reprend ici une expression qu'Aristote utilisait pour indiquer l'unité de l'être[6]. De plus, Aristote montre que l'un aussi est compris dans ce type de relation πρὸς ἕν, donc à partir d'un seul principe premier[7]. L'expression ἀφ ἑνὸς καὶ πρὸς ἕν décrit un type d'unité entre des choses qui

1. *De principiis*, W. I, 3. 14-17 ; R. I, 3. 5-7. Il s'agit de trois sens du tout (pluriel, unifié et unitaire), plutôt que de trois sens de l'un, comme le suggère S. Ahbel-Rappe, « Metaphysics : the origin of becoming and the resolution of ignorance », *in* P. Remes et S. Slaveva-Griffin (eds.), *The Routledge Handbook of Neoplatonism*, London-New York, Routledge, 2014, p. 166-181, ici p. 177.

2. *De principiis*, W. I, 3. 14-15 ; R. I, 3. 5 (trad. Combès légèrement mod.).

3. L'emploi du verbe ἐξαπλόω dans un sens philosophique est très rare ; cette occurrence est singulière dans l'œuvre de Damascius. La traduction du terme est controversée : M.-Cl. Galpérine le traduit par *développer* et J. Combès par *simplifier*, s'appuyant sur le radical ἁπλόω du verbe.

4. Proclus (*Commentaire sur le Parménide de Platon*, 1036. 14-15) utilise le terme ἐξάπλωσις pour montrer que la pensée argumentative est un abandon de la simplicité de la pensée de l'intellect divin, un « écartèlement » (σπαραγμός) de la connaissance divine indivisée. *Cf.* aussi T. Alekniene, « Les dérivés préfixaux du verbe ἁπλόω dans les écrits de la tradition platonicienne après Plotin », *Philologus*, 157, 1/ 2013, p. 70-86, qui montre que, chez Proclus, le verbe ἁπλόω et ses dérivés (ἀναπλόω et ἐξαπλόω) ont le sens de *déployer, ouvrir* (notamment p. 70-72).

5. *De principiis*, W. I, 3. 18 ; R. I, 3. 8 (trad. Combès légèrement mod.).

6. *Cf.* Aristote, *Éthique à Nicomaque*, I, 4, 1096b 27 ; *Métaphysique*, IV, 2, 1003a 33. *Cf.* aussi P. Aubenque, « Les origines néoplatoniciennes de la doctrine de l'analogie de l'être », in *Néoplatonisme. Mélanges offerts à Jean Trouillard*, Paris, ENS, 1981, p. 63-76.

7. Cf. *Métaphysique*, 1005a 7. Dans un autre contexte (*Éthique à Nicomaque*, I 4, 1096b 27), Aristote parle du bien en termes semblables.

ont une même origine, un même point de provenance, et dont le sens provient d'une seule chose commune. Il s'agit d'une unité d'origine, mais aussi d'une fin commune. Cette structure ἀφ' ἑνὸς ἄρα καὶ πρὸς ἕν acquiert une grande importance dans le néoplatonisme[1] car, dans la vision néoplatonicienne, toute la réalité provient d'un principe unique (par la procession) et retourne vers lui (par la conversion). Les trois types du *tout* dépendent d'un terme unique, aussi bien en ce qui concerne le nom et leur nature. Les trois types du tout sont « dérivés de l'un et se rapportent à l'un »[2]. Le terme de repère (à partir duquel il faut comprendre les autres) n'est pas le tout que l'on se représente à partir de la pluralité et la distinction, mais, au contraire, c'est le tout dans son sens unitaire. Celui-ci est « un-tout avant le tout », et c'est de lui que les autres modes du tout reçoivent leur sens et leur réalité. L'unité entre les trois modes du tout est donnée par leur rapport commun au terme le plus unitaire.

Comme le souligne Damascius, les trois sens du *tout* – unitaire, unifié et pluriel – quoique distincts et spécifiques, ne sont pas tout à fait indépendants, mais ils sont dans une unité organique, parce qu'ils proviennent d'un terme premier (ἀφ' ἑνός), et parce que chacun d'entre eux est tout. En tant qu'ils proviennent d'un seul terme premier (un-tout), il existe une relation (σχέσις) et une coordination (σύνταξις) entre les trois niveaux (un, unifié, tout).

> [...] nous appelons tout, comme il est plus habituel, les choses qui subsistent dans la pluralité et la distinction, nous poserons comme principes de ces choses l'unifié et davantage encore l'un; mais, si nous concevons ces derniers aussi comme des touts, et si nous les réunissons aux autres touts, selon leur relation et coordination avec eux, comme on l'a déjà dit, alors le raisonnement nous amènera à chercher un autre principe antérieur au tout, principe qu'il ne conviendra plus de penser comme tout ni même de coordonner aux choses qui procèdent de lui[3].

Damascius constate en effet que les principes qu'il a proposés – l'unifié et l'un-tout avant le tout – sont réintégrés dans le tout, malgré toutes les explications qu'il a données afin de souligner l'antériorité de l'unifié et de l'un par rapport au tout proprement dit. Cette fois, ce n'est pas le père qui a englouti ses descendants, mais ce sont les descendants (à savoir le tout) qui ont englouti le père (à savoir le principe). En outre, « l'un-tout avant le tout » est réintégré

1. Cette expression est beaucoup utilisée par Proclus, pour caractériser la structure des êtres, dans l'ordre de leur déploiement. Dans son *Commentaire sur le Parménide de Platon*, 704. 6, Proclus montre que chaque chose est une, non pas par accident, mais dans la mesure où toutes les choses dérivent d'une unité primordiale et sont relatives à celle-ci. De même, en décrivant l'être, Proclus montre qu'il est prédiqué ἀφ ἑνὸς καὶ πρὸς ἕν (*ibid.*, 709. 10). Il affirme la même chose à propos des formes (*ibid.*, 880. 11-13; *cf.* 970. 18-19).

2. Plus haut (*De principiis*, W. I, 3. 12; R. I, 3. 3), Damascius précise que le tout subsiste à partir de l'un, qui est aussi tout, avant le tout.

3. *Ibid.*, W. I, 3. 18-25; R. I, 3. 8-13.

dans le tout, comme l'avait averti l'aporie formulée au début du traité. Autrement-dit, la solution donnée à l'aporie initiale retombe elle-même dans l'aporie. Comment est-ce possible? Damascius a proposé comme principe premier l'« un-tout avant le tout », afin de sortir de la double aporie de l'exclusion du principe et du tout, et de l'inclusion du principe dans le tout. Pourtant, notre pensée ne peut sortir de la sphère du tout pluriel. Il n'y a de pensée qu'au troisième niveau du tout – celui qui implique la pluralité et la distinction. Or, la spécificité de ce niveau réside moins dans l'unification, que dans la totalisation. Dans ces conditions, l'un et l'unifié retombent dans la totalité, pour deux raisons : parce que nous pensons l'un aussi (comme toutes les autres choses dans le tout) et puisque nous considérons que l'un aussi est tout. Force est de constater que nous mettons l'un-tout et le tout-pluralité sous un concept commun, et que nous coordonnons ainsi les deux sens et niveaux du tout. Le problème se complexifie, car le principe que l'on a proposé ne peut pas se détacher de l'emprise du tout. Le discours essaye de surprendre l'un-tout en tant que principe du tout; mais, en même temps – par le simple fait de parler de ce principe du *tout* – le discours dit le contraire. Il dit que le principe un-tout est finalement coordonné au tout et, en tant que tel, ne peut pas se soustraire au tout. Le discours dit en même temps deux choses opposées, parce que le discours sur le principe se développe finalement dans le cadre du tout enveloppant.

Certes, c'est à nous qu'il revient de distinguer les trois types de *tout*, même si nous savons que l'un est tout seulement d'une manière unitaire. Néanmoins, notre pensée les regroupe ensemble (συλλάβοιμεν)[1] et obtient de nouveau un *tout* commun, plus englobant. La logique de l'un implique la résolution (συνανέλυσεν), ou la réunion des choses par delà leur distinction propre, tant et si bien qu'elles se voient réintégrées dans l'unité qui les précède. En revanche, la logique de notre pensée, qui est exemplifiée ici, met ensemble les choses, comme le veut le verbe συλλαμβάνω, et accentue leur distinction, avant de les réintégrer ensuite au sein d'un nouveau tout, encore plus grand. Nous obtenons ainsi un nouveau *tout*, pour lequel nous aurions encore besoin d'un principe, selon l'aporie du principe[2]. De plus, rien ne garantit que le nouveau principe, une fois trouvé, ne serait pas à son tour incorporé dans le tout et donc qu'il ne perdrait pas son statut de principe, de sorte qu'il faudrait chercher un autre principe et ainsi à l'infini. Notre pensée réintroduit le principe dans ce dont il est principe, précisément parce qu'on le pense en tant que principe, c'est-à-dire dans une « unique coordination » (μία σύνταξις) avec les choses qui viennent après lui et en relation avec elles. Mais, si l'un

1. Le verbe συλλαμβάνω utilisé dans ce contexte possède un double sens : *mettre ensemble, réunir*, mais aussi *concevoir, penser*. L'un et l'unifié peuvent de nouveau être pensés comme étant tout et sont réintégrés dans ce que nous appelons le tout.

2. *De principiis*, W. I, 2. 9-12 ; R. I, 2. 7-10.

entre dans cette coordination avec le tout, il est réintégré dans le tout et perd sa qualité de principe. Le vrai problème surgit quant on *pense* l'un en tant que principe. Par le simple fait de le considérer comme principe du tout, « l'un-tout avant le tout » n'est plus principe, puisqu'en tant que tel il est déjà connu et pensé, d'une certaine manière, donc, il est déjà réintégré dans le tout. Paradoxalement, « l'un-tout avant le tout » ne peut plus être principe, non pas parce qu'il n'est pas assez simple ou assez enveloppant, mais parce qu'il est *considéré* comme le principe du tout, ayant besoin de ce *tout* par rapport auquel il est définit[1]. Penser l'un comme avant le tout est à l'origine de sa réintégration dans le tout.

Deux voies de sortie de l'aporie

Face à cette situation problématique, qui semble interdire toute solution, Damascius avance deux types de réponse. En premier lieu, on peut essayer de renfoncer l'unité absolue de « l'un-tout avant le tout ». Il s'agit d'obliger la pensée à rester attentive à la nature de « l'un-tout-avant le tout ». Il faut distinguer, d'une part, ce mouvement subversif de notre pensée, désireuse de réintégrer le principe dans le tout, et, d'autre part, la vraie nature du principe, qui ne peut être intégrée dans le tout. Cependant, cette voie se révèle source d'apories supplémentaires, empêchant la pensée d'accéder à l'un en tant que tel.

La deuxième solution consiste à prendre au sérieux ce mouvement subversif et à voir vers quoi il nous amène. Cette seconde voie part de la situation problématique dans laquelle se trouve notre pensée en quête du principe. Si l'aporie avait initialement le sens d'une difficulté sans issue, qui menaçait le sens même du principe du tout et qui préfigurait l'arrêt de toute pensée du principe, en revanche, dans la pensée aporétique que propose Damascius, l'aporie devient une méthode pour dépasser les pensées inadéquates sur le principe[2]. Sans s'opposer aux tendances inadéquates de la pensée et sans les supprimer systématiquement, Damascius remarque que ces tendances nous renvoient au vrai principe. Il faut donc voir en elles le signe d'une pensée qui ne se contente pas d'une solution intermédiaire, mais qui tend vers un principe encore plus haut. Ainsi, la solution que donnera Damascius pour ce double problème du principe – qui, en tant que cause

1. *Ibid.*, W. I, 38. 9-11 ; R. I, 26. 11-13. Comme le remarque S. Binayemottash (« De l'Un-un et de l'Un-étant du *Parménide* selon Damascius », *Kléos. Revista de filosofia antiga*, 2-3, 1998-1999, p. 134-143), Damascius « transforme les signes de plénitude de l'Un en marques de besoin » (p. 137).

2. *Cf.* J. Combès, *Études*, *op. cit.*, p. 130 : « Notre seule ressource est donc d'user de l'aporie elle-même comme d'une méthode de purification radicale vis-à-vis de toutes les formes que peut prendre l'aveu du principe. »

première du tout, ne peut plus être transcendant[1] – n'est pas une résolution intrinsèque du problème. C'est une solution qui conserve le problème, sans en couper le nœud gordien. Quoique distinctes, ces deux voies sont étroitement liées. Dans le sillage de la tradition, la première critique notre mode de percevoir le principe, en mettant en pleine lumière l'inadéquation de notre pensée au principe. Dans la deuxième voie, l'inadéquation de la pensée devient active et nous guide vers le principe, parce que le principe est précisément *ce* que notre pensée perçoit inadéquatement.

Quelle est, donc, la première voie ou tentative de sortie de l'aporie ? Puisque « l'un-tout avant le tout » ne peut pas être le principe absolu, Damascius se demande si la faute n'en incombe pas à notre pensée, qui pense le principe d'une manière qui lui est étrangère. La pensée retombe peut-être dans ces apories faute de percevoir correctement la relation entre l'unité et la totalité par rapport au principe :

> Si quelqu'un disait que l'un, bien qu'il soit tout de quelque manière, est un cependant, antérieurement à cette sorte de tout, et qu'il est plutôt un que tout (en effet, il est un par lui-même, mais il est tout en tant que cause de tout, selon sa coordination à tout et, pour parler simplement, à titre second, tandis que l'un précisément est un à titre premier) ; or, même si l'on disait cela, d'abord on posera en lui une dualité [...][2].

Il faut remarquer combien la rigueur de l'analyse s'intensifie ici, car Damascius remet en question sa solution même, tout en la défendant et en la critiquant en même temps[3]. Cette solution a été proposée justement afin d'éviter la dualité qui oppose directement le principe et le tout. Néanmoins, elle reste toujours affectée par la dualité et, en tant que telle, elle doit être critiquée. Ainsi, lorsque Damascius précise que « en disant cela, on posera en lui une dualité », sa défense de l'un-tout (qui consiste à dire qu'il est un avant d'être

1. *Cf.* C. D'Ancona, « Plotinus and later Platonic philosophers on the causality of the First Principle », *in* L. P. Gerson (ed.), *The Cambridge Companion to Plotinus*, Cambridge, CUP, 1996, p. 356-385, notamment p. 375. Pour Plotin, en revanche, les deux aspects du principe sont inséparables et non-contradictoires. L'un est décrit tant comme transcendance absolue (*Ennéades*, III, 8, 10. 26 ; VI, 7, 36. 15), que comme source de toutes les choses (*Ennéades*, VI, 7, 8. 17 ; V, 3, 15. 1). *Cf.* C. D'Ancona, « Modèles de causalité chez Plotin », *Les Études Philosophiques*, 3, 2009, p. 361-385.

2. *De principiis*, W. I, 3. 25-4. 6 ; R. I, 3. 13-4. 1 (trad. Combès légèrement mod.).

3. Damascius met en évidence ces inadéquations successives, qui le contraignent à revenir sans cesse dans son discours sur ce qu'il a admis. On identifier ici un exemple de ce que D. O'Meara (« Notes on the Aporetics », art. cit., p. 99) appelle « la pensée de deuxième ordre ». Si la pensée de premier ordre affirme comment le principe devrait être, en revanche, la pensée de deuxième ordre revient sur les affirmations au sujet du principe, pour voir quelles sont les conditions de possibilité de ce que l'on a affirmé. Damascius ne doute pas vraiment de ce qu'il a affirmé précédemment. Mais il revient sur la logique duale qu'implique l'expression qu'il a proposée (celle de « l'un-tout avant le tout »). Il réévalue le résultat de cette pensée première pour en mesurer la résistance lorsque ce résultat est traduit dans les termes du sens commun.

tout) se transforme en critique (qui consiste à dire qu'il y a là une dualité qui nous éloigne du sens de l'unité absolue de l'un). Par conséquent, il semble sacrifier sa propre solution. L'argument se transforme en contre-argument et on pourrait dire que les deux vont ensemble : la défense critique et l'apologie accuse.

Mais que signifie critiquer ici ? Damascius amende sa propre solution. Il dénonce systématiquement la dualité de la pensée[1], mais l'enjeu de son analyse est plus profond. Il veut montrer que, dans la dualité, nous avons l'indice de quelque chose qui dépasse la dualité. Il y a dans la dualité – et dans la pensée en général – une insuffisance qui renvoie directement à l'origine de toute pensée, de toute dualité. Critiquer la dualité c'est finalement l'interroger sur ce qui la dépasse et la fonde. Ainsi, même si nous pensons le principe comme *un* et comme *tout* unitaire, notre pensée soit inclut le principe dans le tout, soit sépare l'un du tout ; elle ne peut s'empêcher d'introduire une dualité inadéquate au principe[2]. Toutefois, Damascius précise que celle-ci appartient non pas au principe, mais à la pensée qui perçoit le principe : « c'est nous qui divisons, plus exactement c'est nous qui nous divisons à l'égard de sa simplicité, et même qui nous plurifions, car, lui, c'est par le fait d'être un qu'il est tout selon le mode le plus simple »[3]. En effet, parler du principe un revient à suggérer l'unité absolue, mais par le biais des termes et des concepts de la pensée plurielle. En essayant d'exprimer le principe, notre pensée s'exprime elle-même, elle manifeste sa propre nature plurielle. Alors, il y a toujours le risque de croire que le principe est lui-même pluriel, à l'instar de la pensée qui essaye de l'exprimer. Pour cette raison, Damascius veut distinguer entre le portrait idéal et unique du principe et les traces plurielles dont notre pensée se sert afin de le suggérer. Il faut noter que, avant de critiquer l'un et avant de s'opposer à Proclus, Damascius essaye de défendre l'un en tant que principe du tout, en montrant que la dualité qui pèse sur lui ne lui appartient pas en propre, mais vient de nous[4], de notre pensée qui morcelle de plus en plus la simplicité de l'un qu'elle tente de saisir[5].

1. C. Metry-Tresson (*L'aporie*, *op. cit.*) considère que la dualité – qui nous empêche de penser le principe – est « ce qui nous sépare de la vérité » (*cf.* p. 26 et p. 41).

2. En effet, les deux types d'inadéquation rejetés par Damascius correspondent aux deux tenants de l'aporie initiale : soit l'un (donc, le principe) est inclus dans le tout et devient quelque chose du tout, cessant ainsi d'être principe, soit l'un est pensé comme distinct du tout, en dualité et en opposition par rapport au tout.

3. *De principiis*, W. I, 4. 6-9 ; R. I, 4. 1-3.

4. Il faut remarquer l'insistance avec laquelle Damascius précise que ce n'est pas le principe lui-même qui se dédouble, mais c'est nous (ἡμεῖς) qui nous dédoublons (διπλασιαζόμενοι) et nous plurifions (πολλαπλασιαζόμενοι) par rapport à lui. Sur ce point, *cf.* Porphyre, *Commentaire sur le Parménide*, VI.

5. Proclus note aussi cette manière dont notre pensée distingue ce qui est un et simple, déchirant ainsi les réalités. Cf. *Commentaire sur le Parménide de Platon*, 963. 21-22 ; cf. *ibid.*, 1074. 7-11.

Face à ce problème, l'attitude de Damascius sera double. D'un côté, il insiste sur le fait que nous saisissions le principe par deux images – celle de l'un et celle du tout. Mais ces images sont, inévitablement, inférieures à l'un même, elles ne peuvent pas montrer le principe « un-tout avant le tout », mais elles nous en fournissent deux modalisations, deux aspects que la pensée distingue sans cesse, tout en les corrigeant l'un par l'autre[1]. Nous passons sans arrêt de l'aspect causal (en disant que le principe est *tout*) à l'aspect de l'antériorité (en disant que le principe est *un*, antérieurement au tout), tout en essayant en même temps de fondre ensemble ces deux aspects, même si notre pensée les sépare constamment, car elle les sépare au moment même où elle cherche à les identifier. D'un autre côté, Damascius ne se contente pas de mettre le principe à l'abri des inadvertances de la pensée. Il estime que même l'un reste dans l'aporie, dans cette impossibilité de décider, qui nous fait tomber d'un extrême à l'autre : de l'aspect causal du principe à l'aspect transcendant du principe. Cependant, pour Damascius, le fait que l'un nous laisse dans l'aporie nous révèle que même ce principe – le plus haut de la tradition – n'est qu'une image d'un principe antérieur, et qu'il indique seulement plus loin. Il considère que l'expression la plus haute du principe « l'un-tout avant le tout » doit être dépassée. « [M]ême si l'on disait cela, il faut néanmoins que le principe du tout soit transcendant au tout lui-même, à la totalité la plus simple et à la simplicité qui a tout englouti, comme celle de l'un »[2]. Dans « l'un-tout avant le tout », l'un et le tout s'imposent réciproquement leurs conditions essentielles : la simplicité et l'enveloppement. Ainsi, l'un est tout, mais ce tout est à son tour unitaire. Or, par ce double rapport, nous essayons en effet d'indiquer l'état originel d'identité entre la simplicité la plus unitaire et la totalité la plus enveloppante, c'est-à-dire l'identité des deux extrêmes les plus opposés dans la logique de notre pensée. On essaye d'indiquer quelque chose qui dépasse les deux à la fois – tant la simplicité que l'enveloppement – et d'atteindre quelque chose qui dépasse leur opposition mutuelle. Mais nous ne pouvons rien dire de plus simple que ce double conditionnement de l'un et du tout, de sorte que l'unité antérieure à l'opposition régresse dans la dualité.

L'image la plus haute que nous pouvons nous forger du principe premier – après ces corrections et ajustements – est celle d'une simplicité qui contient tout, superposée à la totalité réduite à l'unité. D'ailleurs dès les deux images premières de la simplicité (ou l'un) et de la totalité (ou le tout), on a déjà régressé vers deux images duales qui se superposent : celle de la simplicité la plus enveloppante et celle de la totalité la plus simple[3]. Donc, l'effort même de

1. Cf. *De principiis*, W. I, 85. 10-12 ; R. I, 56. 17-19, où Damascius montre qu'au sujet du principe nous affirmons l'un pour supprimer le caractère de la pluralité et nous affirmons le tout pour supprimer l'idée de minimum, l'idée de l' « un » déterminé.

2. *Ibid.*, W. I, 4. 9-12 ; R. I, 4. 3-5 (trad. Combès légèrement mod.).

3. *Ibid.*, W. I, 4. 11-12 ; R. I, 4. 4-5.

suggérer l'identité originaire de ces deux images fait proliférer les images dans d'autres images encore plus divisées. La pensée tente de dire le principe mais, d'autre part, elle tente de ne pas s'arrêter à ce qu'elle a dit, car s'il est vrai que le principe est comme on l'a dit être, néanmoins, l'acte même de le dire est inadéquat au principe. Par le simple fait de dire comment il est, nous introduisons encore d'autres déterminations, que le principe n'a pas, telle la dualité, et donc, on est sur une fausse piste, lorsque l'on affirme avoir trouvé la bonne route. C'est pourquoi Damascius ne peut pas s'arrêter à sa propre définition du principe : non pas parce qu'elle serait fausse, mais parce qu'il est faux de la dire, parce qu'il est inadéquat au principe de lui appliquer cette perspective autrement correcte, pourrait-on dire, mais dont la rectitude se perd dans l'acte du langage, dans l'acte de l'attribution.

Le fait que l'un (qui est tout avant le tout) soit le sommet du tout permet de sortir temporairement du problème du principe, parce que le tout trouve dans ce sommet son origine et sa fin. Mais, par ailleurs, *dire* que l'un est le sommet du tout (et qu'il est tout avant le tout) représente une retombée encore plus grave dans le même problème, parce qu'en disant cela, l'un n'est plus saisi comme simple. Nous savons donc comment le principe du tout devrait être, mais, dès que nous le pensons en tant que tel, il n'est plus principe et il n'est plus ce que nous en avons affirmé. C'est la raison pour laquelle « l'un-tout avant le tout » n'est finalement qu'une image ou un symbole du principe, image qui reste inadéquate. La simplicité qui comprend tout, doublée par la totalité simplifiée, ne peut pas exprimer le principe le plus haut. Dans cette dynamique entre l'un et le tout, où l'un englobe le tout et le tout est simplifié par l'un, Damascius voit seulement une expression inadéquate d'un principe antérieur à la tension entre l'un et le tout. C'est pour cela qu'il faut dépasser « l'un-tout avant le tout ». Cette transcendance par rapport à « l'un-tout avant le tout » est le geste par lequel Damascius marque d'une empreinte inédite la fin de la tradition néoplatonicienne. Ce n'est pas un passage d'un principe (l'un) à un autre principe (l'ineffable), mais plutôt un passage d'une manière encore inadéquate de penser le principe, à une autre manière de se rapporter au principe unique, tout en intégrant les apories.

DEUXIÈME PARTIE

DE L'APORIE DU PRINCIPE AU PRINCIPE INCOORDONNÉ

La solution qui consiste à proposer « l'un-tout avant le tout » (ἓν πάντα πρὸ πάντων)[1] – qui est tout d'une façon causale, mais qui est aussi antérieur à la pluralité du tout – ne peut fermer le questionnement concernant le principe premier, puisque cette solution retombe dans l'aporie. Face à cette nouvelle difficulté, Damascius propose une autre voie à suivre, prenant pour point de départ cet apparent échec[2] de l'institution de « l'un-tout avant le tout » comme principe absolu, dans la mesure où le principe s'est encore révélé aporétique. Il donne à cette rechute dans l'aporie un sens fort surprenant. Il y voit le signe du principe, le tremplin pour y accéder, mais aussi l'indication supérieure de ce qu'il doit être, de comment nous devons le penser et nous situer par rapport à lui. Cette nouvelle approche de l'aporie initiale donnera naissance à toute une série de moyens para-discursifs, favorisant l'accès au principe absolu, telles la divination, la suppression du discours, l'avancée dans le vide, ou le « travail d'enfantement » de la pensée. Sans se cantonner au domaine de la pensée philosophique descriptive et argumentative, Damascius identifie une conscience d'une autre sorte et une sensibilité particulière, dépassant la pensée et apportant des alternatives à la démarche strictement philosophique. Ces moyens para-discursifs – qui ne sont pas sans relation avec les apories, mais en découlent – doivent nous conduire à la solution ultime que Damascius entend donner au problème du principe premier, à savoir le principe ineffable. Cette solution ne sera plus de nature purement argumentative, telle une alternative logique ordinaire, après l'échec de l'un-tout avant le tout.

1. *De principiis*, W. I, 3. 12 ; R. I, 3. 3.

2. L'échec est apparent parce qu'il porte non pas sur le principe lui-même, sur « l'un-tout avant le tout », mais sur notre pensée qui, incapable de saisir de manière unitaire ce principe, est amenée à rechercher un principe encore antérieur.

CHAPITRE IV

LA DIVINATION D'UN PRINCIPE INCOORDONNÉ

Nonobstant l'impuissance à exprimer le principe, Damascius ne verse pas dans le scepticisme. Non seulement sa pensée n'est pas défaite par les apories, mais elle découvre en outre la présence du principe absolu à travers l'impossibilité de l'exprimer. La pensée mesure par là à quel point elle est enracinée dans ce principe. Une fois admis en tant que tel, tout principe cesse d'être principe. On ne peut plus l'accepter et le penser en tant que tel, à cause de sa réintégration dans le tout. L'aporie apparaît, donc, au niveau de cette pensée d'ordre second, qui fait l'épreuve de tout ce qu'elle a admis de prime abord, et qui découvre sa propre inadéquation à approcher ce principe fuyant.

Damascius identifie la raison profonde de cette inadéquation : « l'un-tout avant le tout » ne peut pas être accepté comme principe premier, parce qu'il reste *coordonné* au tout dont il est principe. Malgré la prise en compte de l'antériorité du principe par rapport au tout, celle-ci est toujours décrite par rapport au tout et, de la sorte, le principe antérieur se trouve intégré dans la sphère du tout. Car l'antériorité du principe (qui est inscrite dans sa nature) n'exclut pas une certaine antériorité du tout, dans la mesure où le tout est déjà là et comprend chaque chose que l'on essaye de suggérer, en particulier le principe antérieur au tout. C'est la raison pour laquelle Damascius ne se focalise plus uniquement sur *l'antériorité* du principe – qu'il a essayé de défendre jusqu'alors. Désormais, il change d'angle de vue pour toucher au cœur même du problème : *l'incoordination*. Tant que le principe entretient une relation quelconque avec le tout, il tombe dans l'aporie et il ne peut pas être vraiment le principe ; le principe qui échappe aux apories est justement celui qui n'a plus de relation avec le tout, mais qui reste incoordonné : « Notre âme a donc la divination que du tout, conçu de quelque façon que ce soit, il y a un principe au-delà de tout [et] incoordonné à tout »[1]. Damascius veut à tout prix éviter une régression à l'infini – cherchant toujours un autre principe, plus antérieur que le précédent. Il arrête cette pente glissante grâce à l'incoordination, qui garantit que l'antériorité n'est plus conçue par rapport aux choses dépassées, et que le principe qui est au-delà (ἐπέκεινα) n'est plus associé à ses dérivés. Jusqu'alors, l'antériorité du principe se définissait par le recul du principe face au tout qui tente de s'unifier à lui. Maintenant, par l'incoordination, Damascius veut interrompre cette double dépendance entre le principe et le tout. Il propose un principe absolu du tout, conçu non pas comme tout pluriel, ou comme unifié, mais « conçu de quelque façon que ce soit » (τῶν ὁπωσοῦν πάντων ἐπινοουμένων)[2]. En effet, lorsque nous concevons le tout sous un certain aspect (la pluralité ou la distinction, par exemple), le principe du tout en tant que tel correspond à cette manière de concevoir le tout. Grâce à cette correspondance, le principe est réintégré dans un nouveau tout, qu'il forme avec le tout dont il est le principe. Or, par cette prolifération du tout – qui englobe toujours son propre principe dans un nouveau tout – notre pensée tend vers un principe qui ne correspond plus à une certaine façon de concevoir le tout. C'est pourquoi Damascius parle ici d'un principe qui est principe du tout « conçu de quelque façon que ce soit », sans imposer aucune perspective sur le tout.

Dans ces conditions, ce principe, dont nous avons ici la divination, est à déduire non plus de la nature du tout et de son contenu (c'est-à-dire, de cette pluralité de choses distinctes qui entrent dans le tout), mais de la dynamique interne et de la logique du tout. Le tout est ce qui, dans toutes ses significations possibles, coordonne et totalise ; le tout prolifère par la totalisation. Alors, Damascius propose une logique contraire pour le principe. Celui-ci devrait être non-coordonnable et non-totalisable. Un contre-tout, pourrait-on dire. Il doit être complètement inaccessible à la manière totalisante du tout et de notre pensée qui correspond au tout. Il doit être antérieur au tout à force de ne pas s'y laisser intégrer.

1. *De principiis*, W. I, 4. 13-15 ; R. I, 4. 6-7 : Μαντεύεται ἄρα ἡμῶν ἡ ψυχὴ τῶν ὁπωσοῦν πάντων ἐπινοουμένων εἶναι ἀρχὴν ἐπέκεινα πάντων ἀσύντακτον πρὸς πάντα.

2. Cf. *ibid.*, W. I, 2. 5 ; R. I, 2. 5, où le tout absolu est défini comme « totalité de ce qu'il nous est possible de concevoir de quelque manière que ce soit ».

LES TROIS SENS DE L'ANTÉRIORITÉ

L'antériorité du principe par rapport au tout peut être comprise en trois sens distincts. Selon un premier sens – dans l'aporie initiale du traité *De principiis* – il s'agit d'un principe « au-delà du tout » (ἐπέκεινα τῶν πάντων) qui risque d'être « hors du tout » (τῶν πάντων ἐκτός) ; mais Damascius a rejeté cette possibilité. Selon un second sens, « l'un-tout avant le tout » (ἓν πάντα πρὸ πάντων) reste dans une antériorité partielle par rapport au tout. Enfin, en un troisième sens, le principe cherché doit être « au-delà du tout » en tant qu'il doit être « incoordonné au tout » (ἐπέκεινα πάντων ἀσύντακτον πρὸς πάντα).

Pourtant, alors que dès les premières lignes de son traité Damascius avait refusé l'hypothèse d'un principe « au-delà du tout » (ἐπέκεινα τῶν πάντων), comment en vient-il maintenant à estimer que notre âme a la divination[1] d'un principe « au-delà du tout » (ἐπέκεινα πάντων) ? Comment nier cette hypothèse et la présupposer ensuite ? Pour le comprendre, il faut distinguer clairement entre ces deux manières dont le principe est au-delà (ἐπέκεινα). Dans l'aporie initiale du traité, nous avons affaire à un principe au-delà du tout, mais par rapport au tout, en coordination avec le tout (ἐπέκεινα τῶν πάντων), dans un *au-delà* qui se définit relativement au tout. Ce sens de l'antériorité n'est finalement plus acceptable. Désormais, il s'agit d'être « au-delà du tout », non pas relativement au tout, mais de manière absolue, sans être coordonné au tout. Dans le premier cas, *au-delà* prenait sens par rapport aux choses composant le tout, et c'est la raison pour laquelle cet *au-delà* est absurde, puisque c'est une chose qui resterait hors de toutes les choses possibles. En revanche, maintenant, le principe doit être compris comme étant au-delà de la logique du tout, au-delà de la sphère fonctionnelle du tout[2].

On pourrait croire que ce principe n'est qu'une nouvelle tentative pour surmonter le problème que « l'un-tout avant le tout » ne résout pas complètement. En effet, il y a une certaine similitude entre ces deux principes. « L'un-tout avant le tout » a été obtenu par une négation : il n'était pas l'un au sens du minimum, mais il était un-tout et, de plus, il n'était pas tout, de façon immanente, telle une somme de toutes les choses, mais antérieur à la pluralité du tout. De même, le principe au sens où on l'entend désormais est décrit par une double suppression des deux aspects du principe antérieur (donc de « l'un-tout

1. L'idée que l'âme possède un pouvoir divinatoire rappelle le contexte du *Phèdre*, 242c 7 : μαντικόν γέ τι καὶ ἡ ψυχή.

2. *Cf.* J.-M. Narbonne, *Plotin*, *op. cit.*, p. 20. Narbonne suggère que l'ineffable serait une expérience ratée, à cause des impossibilités imposées dès le début par les apories du principe. Toutefois, il faut dire que, dans le cas de l'ineffable, être au-delà du tout n'a plus le même sens que dans l'aporie (où être hors du tout était impossible).

avant le tout »). Il n'est plus tout, mais il est « au-delà du tout » (ἐπέκεινα πάντων) et il n'est plus antérieur *au tout* – gardant ainsi une relation au tout – mais il est « incoordonné au tout » (ἀσύντακτον πρὸς πάντα). Dès lors, Damascius n'allègue-t-il qu'une négation supplémentaire, pour se propulser vers un principe antérieur à « l'un-tout avant le tout » ? Quelle est la relation entre le principe « un-tout avant le tout » et ce principe incoordonné ? S'agit-il seulement d'un degré de négativité qui sépare les deux principes ? Bien plus, si le principe incoordonné n'est qu'un autre principe encore antérieur, alors, on est menacé par une difficulté plus grande. Selon la première aporie formulée au début du traité, ce principe – qui est au-delà du tout et incoordonné au tout – ne reste-t-il pas aussi *hors* du tout, contredisant ainsi de nouveau la totalité du tout ? Ou bien, selon l'autre sens de l'aporie, ce principe n'entre-t-il pas lui aussi dans le tout, alors que même à son sujet nous pensons qu'il est principe, tandis que le tout signifie « la totalité de ce qu'il nous est possible de concevoir » ? Pour répondre à ces questions, il faut examiner comment Damascius introduit ces deux principes dans son discours. « L'un-tout avant le tout » est intervenu comme ce qui restreint la pluralité du tout, en lui donnant ainsi un sens unitaire ; il avait donc un rôle concret par rapport au tout. En revanche, le principe dont il est ici question n'est pas pensé en tant que tel, mais on en a la divination. Qu'est-ce à dire ?

La pensée ne peut pas vraiment aboutir à ce principe. Nous ne pensons qu'une longue série d'apories, où le tout comprend son principe et il a ensuite besoin d'un autre principe. Telle est la limite maximale de notre pensée, avec son penchant à tout totaliser – une limite aussi imprécise qu'instable. Cependant, le fait que la série d'apories soit infinie nous montre que cette pensée, incapable de rejoindre son propre principe, tend incessamment vers un principe qu'elle ne pourrait plus inclure dans le tout, c'est-à-dire vers un principe incoordonné au tout. La pensée n'atteint jamais un tel principe, mais elle fait signe dans sa direction, par ses échecs répétés. Elle tend indirectement vers un principe incoordonné, puisque spontanément elle tend à intégrer son principe, qu'elle perd par la suite, incapable de tolérer le caractère non-totalisable du principe. D'une part, le principe ne peut pas être pensé comme tel. D'autre part, la nécessité d'un principe premier qui dépasse les conditions de notre pensée devient d'autant plus évidente. D'ailleurs, le principe premier n'apparaît jamais comme tel dans le discours sur les premiers principes, nous ne le pensons pas, nous ne le connaissons pas, mais nous savons seulement qu'il doit être antérieur à toutes les modalités de notre pensée. En conclusion, il n'est pas proposé simplement comme une autre solution, qui se substituerait à « l'un-tout avant le tout » et qui retomberait à son tour dans l'aporie. Au contraire, ce principe est la réponse que donne Damascius face à l'absence de solution concrète (argumentative et descriptive) à l'aporie du principe.

LA DIVINATION

Cette manière de connaître l'existence d'un principe, sans vraiment savoir ce qu'il est, mais en faisant signe vers lui - est décrite comme divination : notre âme a la divination (μαντεύεται) d'un tel principe. Ce terme - qui signifie avoir le pressentiment de quelque chose, conjecturer, deviner ou prédire quelque chose - possède une longue histoire. Nous nous cantonnerons cependant à quelques remarques sur son destin philosophique, pour en saisir la signification précise chez Damascius.

À l'origine, l'art de la divination (μαντικὴ τέχνη) est une connaissance non-rationnelle, qui aboutit à l'opinion vraie, non pas par des moyens habituels (déductifs, démonstratifs) de la connaissance, mais par l'inspiration divine ou par l'interprétation de signes et de symboles[1]. Le sens philosophique de la divination s'origine chez Platon[2], qui distingue deux registres de cette pratique : le premier est inférieur et vise le gain de certains avantages immédiats pour l'individu (par exemple, la divination des événements futurs) ; un deuxième registre cherche à connaître la volonté divine et ce qu'elle veut transmettre aux hommes[3]. C'est la divination inspirée, supérieure à toute sagesse (σωφροσύνη) humaine. Don d'Apollon, la divination inspirée est une forme de folie divine[4], que Platon met au même rang que l'art initiatique, la poésie et l'amour. La divination supérieure s'opère par l'inspiration du devin (μάντις), et non pas par la raison[5]. Dans le *Banquet*, la divination est définie comme une communion entre les dieux et les hommes, et la mantique a pour but de sauvegarder l'amour[6]. Platon relie ce type de connaissance non-rationnelle à la philosophie[7]. Il parle d'une divination qui est l'art spécifique au philosophe[8] ; c'est

1. *Cf.* A. Bouché-Leclercq, *Histoire de la divination dans l'Antiquité*, Grenoble, Jérôme Million, 2003, vol. I, p. 45-84. *Cf.* S. Johnston et P. Struck (eds.), *Mantikê. Studies in Ancient Divination*, Leiden-Boston, Brill, 2005.

2. Pour les divers sens de la mantique dans les dialogues de Platon, *cf.* J. Mikalson, *Greek Popular Religion in Greek Philosophy*, Oxford, OUP, 2010, p. 110-139. *Cf.* l'article de P. Vicaire, « Platon et la divination », *Revue des Études Grecques*, 83, 1970, p. 333-350 et R. J. Collins, « Plato's use of the word *manteyomai* », *The Classical Quarterly*, 2, 1962, p. 93-96.

3. Platon, *Phèdre*, 244d-e. Pour Platon, l'âme même a la capacité de la divination ; cf. *ibid.*, 242c 7. *Cf.* O. Ballériaux, « Mantique et télestique dans le *Phèdre* de Platon », *Kernos*, 3, 1990, p. 35-43.

4. Sur les quatre types de folie dans les dialogues de Platon et la manière dont Platon récupère la folie divinatoire, *cf.* L. Brisson, « Du bon usage du dérèglement », *in* J.-P. Vernant (éd.), *Divination et rationalité*, Paris, Seuil, 1974, p. 220-248.

5. *Cf.* Platon, *Ion*, 534c 7-d 4.

6. Platon, *Banquet*, 188b 7-c 2. Cf. *id.*, *Le Politique*, 290c, concernant ceux qui pratiquent la divination et qui interprètent les messages des dieux.

7. *Id.*, *Banquet*, 202e.

8. Sur la philosophie comme divination chez Platon, *cf.* R. Bodéüs, « "Je suis devin". *Phèdre*, 242 c », *Kernos*, 3, 1990, p. 35-43.

une connaissance qui lie deux niveaux ontologiques distincts : divin et humain, réalisant ainsi une communion (κοινωνία) entre les humains et les dieux, par l'intervention de la nature intermédiaire d'Éros. Celui-ci participe aussi bien à la nature divine qu'à la nature humaine. Éros transmets aux dieux les demandes des hommes et aux hommes les messages des dieux. La divination est ainsi un type de connaissance qui s'institue entre deux mondes qui, par leur nature, ne peuvent pas entrer en contact direct l'un avec l'autre. Éros unit les deux mondes au sein du même tout. Il possède par excellence une nature philosophique, car il cherche la sagesse, la connaissance supérieure, réservée aux dieux. On découvre déjà en germe chez Platon l'idée, particulièrement importante dans le néoplatonisme, de l'impuissance du discours philosophique à transmettre directement la vérité. Il suggère seulement, d'une certaine manière, la réalité plus haute, divine, que l'on ne peut décrire directement, mais dont on possède une certaine divination. Une telle idée n'est pas sans lien avec celle d'inadéquation du discours avec la réalité intelligible, divine.

Cette divination supérieure, en lien avec la philosophie, accompagne l'amour suprême, dirigé vers la divinité. Dans cet amour, l'âme ne peut pas savoir par avance ni précisément ce qu'elle cherche, ce vers quoi elle dirige son amour et son désir. La quête n'est pas vide pour autant, l'âme devine vers quoi elle s'avance, elle a une sorte d'intuition ou de pressentiment quant au but de son amour[1]. Il ne s'agit pas ici d'une connaissance accomplie, que l'on pourrait exprimer explicitement, mais plutôt d'une connaissance diffuse, qui se complète à la mesure que l'on s'approche de la chose recherchée. C'est seulement par cette connaissance spéciale que l'âme sait conserver la bonne direction de sa quête. Ce n'est pas la connaissance d'un objet présent devant les yeux, d'une chose déjà rencontrée, mais il s'agit de la connaissance spécifique à l'acte même de chercher. Toute recherche suppose de savoir où chercher et nécessite une certaine direction. Bien plus, nous avons besoin d'éprouver un certain attrait pour l'inconnu, que nous ne possédons pas encore rationnellement, et qui peut-être nous échappera toujours, sans jamais cesser, toutefois, de nous provoquer depuis sa retraite. Ainsi, le pressentiment est en même temps ce qui attise et ranime la quête, sans se transformer en une connaissance déterminée, achevée.

Chez Platon, puis chez les néoplatoniciens, la divination désigne une faculté spéciale de l'âme : l'âme humaine reçoit une fonction ontologique de médiation, parce que, par sa nature propre, l'âme appartient aussi bien au monde intelligible qu'au monde sensible, en tant qu'âme incarnée. Elle devine ce qu'elle ne peut pas vraiment atteindre, ce qui dépasse ses facultés habituelles.

1. *Cf.* Platon, *Banquet*, 192c 7-d 2. La divination est une sorte de pré-connaissance, ou une connaissance inaccomplie, mais qui garde son objet toujours en face. *Cf.* Platon, *République*, 516d 2.

Un passage de la *République*[1] renforce cette signification de la divination. Platon y explique comment la divination, ou le pressentiment du bien, est liée à l'aporie de la connaissance, propre à l'âme qui ne sait pas ce qu'est le bien qu'elle cherche. Tout d'abord, dans le cas du bien, on ne se contente pas de l'apparence, mais on cherche ce qu'il y a véritablement[2]. Le bien est ce que poursuit chaque âme[3]; l'âme a la divination que le bien est quelque chose (ἀπομαντευομένη τι εἶναι)[4], mais elle est dans l'aporie (ἀποροῦσα) quand elle veut saisir adéquatement ce qu'est le bien[5]. L'âme est donc toujours à la recherche du bien. Il y a une divination de l'existence du bien, parce qu'on le cherche en tant que véritablement existant, mais on ne peut lui attribuer un mode précis d'être, ni décider de « ce qu'il est » (τί ἐστιν), justement parce qu'on ne peut pas se contenter de ce qu'il nous paraît être. Par conséquent, il n'est pas possible de lui attribuer un mode d'être, une οὐσία déterminée, ce qui conduit finalement à l'idée que le bien est au-delà de l'être.

Il y a même ici, dans ce contexte, une liaison entre l'impossibilité d'identifier le bien et la divination de son existence. Plus on cherche ce qu'il est réellement, plus on se méfie des apparences à son propos et des croyances sur ce qu'il pourrait être, et plus on est dans l'aporie de savoir ce qu'il est réellement. Chez Damascius aussi, la divination et l'aporie seront entrelacées, mais leur relation sera inversée. C'est l'impossibilité même de dire ce qu'est le principe qui nous donne la divination qu'il existe au-delà de tout ce qu'on peut dire; c'est l'aporie qui suscite la divination, tandis que chez Platon l'aporie accompagne la divination, pour marquer l'inaccomplissement de ce type de connaissance[6].

La divination platonicienne évolue avec l'histoire du néoplatonisme. Chez Plotin[7], lors de la discussion sur le mythe de la naissance d'Éros[8], on rencontre l'idée que l'âme, même si elle ne connaît pas son propre bien, a toujours le pressentiment que celui-ci est quelque chose, par l'image indéterminée qu'elle en a[9]. De cette façon, même si le bien reste inaccessible à notre connaissance imparfaite, on y aspire, on se dirige vers lui au moyen de cette connaissance

1. Platon, *République*, 505e 1.

2. *Ibid.*, 505d 8-9.

3. *Ibid.*, 505d 11-e 1.

4. L'idée de la divination du bien apparaît dans *Philèbe*, 64a 1-3; *Phédon*, 85b 2; *Charmide*, 169b 5.

5. Platon, *République*, 505d 11-e 2.

6. Sur le rôle de l'aporie dans le processus de la connaissance chez Platon, *cf.* A. Motte et C. Rutten (éd.), *Aporia*, *op. cit.*, chap. II, 3.

7. Plotin admet la divination en général et la définit comme art de « lire les lettres de la nature » (*Ennéades*, III, 3, 6. 19). Cet art mantique universel présuppose la sympathie de toutes les choses entre elles, cf. *ibid.*, IV, 4, 32. 13; VI, 5, 8. 1-7.

8. *Cf.* Platon, *Banquet*, 203b-e.

9. Plotin, *Ennéades*, III, 5, 7. 7 : μαντευομένη δέ τι εἶναι κατὰ ἀόριστον καὶ ἄπειρον φάντασμα.

non-rationnelle, notamment par le pressentiment ou la divination que nous en avons. Comme chez Platon, il y a divination dans l'exacte mesure où l'âme sait que le bien « est quelque chose » (τι εἶναι), mais sans pouvoir se le représenter. De plus, pour Plotin[1], non seulement l'âme a un tel pressentiment, mais toute la réalité tend vers le bien suprême, comme si toute chose devinait son impossibilité à exister sans le bien[2]. À nouveau, la divination implique un certain désir, ce que sous-tendait déjà le contexte du *Banquet*. Dans un autre contexte, Plotin parle de la divination du bien qui est au-dessus de l'intellect[3]. La divination consiste donc en une sorte d'anticipation de ce qui dépasse la connaissance proprement dite, explicite, mais dont dépend l'existence des autres choses, que nous connaissons.

Chez Jamblique[4], la divination désigne l'art d'utiliser les signes et les symboles que les dieux, dans leur providence, mettent dans la réalité d'ici bas, afin de révéler l'intention des dieux et afin d'inciter notre compréhension à développer une plus grande acuité[5]. La divination ne dépend pas de nos efforts humains, elle est un don de la bienveillance des dieux[6], qui possèdent la préconnaissance de toutes les choses et qui disent infailliblement la vérité[7]. Proclus reprend cette thématique du désir du principe premier que nous ne connaissons pas, mais dont on pressent la présence[8]. La divination est déterminée par l'inconnaissance du principe, accompagnée par le désir du principe ; elle est un désir maximal de l'inconnaissable absolu. Chez Proclus, la méconnaissance du principe et son désir (qui caractérisent la divination) correspondent aux deux dénominations traditionnelles du principe : un et bien. En tant qu'*un*, le principe est méconnu, mais en tant que *bien*, nous en avons le désir. Proclus montre que, par l'idée du bien (entendu comme fin commune de toutes choses), nous pressentons que le bien est au-delà de l'être[9]. Le nom « un » s'applique non pas au principe inconnaissable, mais à la divination de ce qui dépasse ce concept[10].

Reprenant ce thème de la divination d'un principe absolu, Damascius lui donne un sens plus technique[11]. La divination – qui était une sorte de

1. Plotin, *Ennéades*, V, 5, 12. 8.

2. *Ibid.*, V, 5, 12. 7-9.

3. *Ibid.*, VI, 7, 29. 22 : τὸ ὑπὲρ νοῦν ἀπομαντεύεται.

4. Jamblique, *De mysteriis*, III 1-31, p. 75-135. *Cf.* H. D. Saffrey, *Le néoplatonisme après Plotin*, *op. cit.*, p. 78-99 et p. 86-92.

5. Jamblique, *De mysteriis*, III 15, p. 101.

6. *Ibid.*, III 23, p. 116-117.

7. *Ibid.*, III 1, p. 76-77.

8. Proclus, *Théologie platonicienne*, I, 102. 15-22.

9. *Id.*, *Commentaire sur la République*, I, 287. 2.

10. *Id.*, *Commentarium in Parmenidem*, VII, 58. 8-11 (éd. R. Klibansky et C. Labowsky).

11. *Cf.* M. Vlad, « Damascius et la divination du principe incoordonné », *Revue Philosophique de Louvain*, 111/3, 2013, p. 469-490.

pressentiment de ce qui dépasse la pensée – devient une quasi-méthode à la limite de la pensée. Elle consiste à surprendre le principe en son absence et par cette absence même, par l'impossibilité de le penser directement. La divination est un filet que l'aporie jette sur le principe, c'est une manière de surprendre sa présence nécessaire, en vertu de sa capacité à se soustraire à tout ce qu'on dit sur lui. Chez Damascius, l'aspect du désir du principe n'apparaît pas explicitement, comme c'était le cas chez Plotin ou chez Proclus; pourtant, cet aspect n'est pas absent[1]. La divination n'est pas suscitée par un objet concret, mais elle découle plutôt d'un manque, plus exactement de l'impossibilité pour la pensée de se fixer de manière non-contradictoire sur un principe déterminé. Si la divination signifie deviner ou avoir l'intuition du caractère d'une chose absente, à partir d'autres signes visibles, qui y renvoient, alors, dans le cas du principe incoordonné tel qu'il est entendu par Damascius, les apories fonctionnent comme des signes. À défaut de surprendre le principe, à force de retomber dans l'aporie, nous devinons la présence non explicite, non manifeste et inaccessible d'un autre principe.

Par leur récurrence qui tend vers l'infini, les apories nous indiquent que le principe doit être incoordonné au tout. En effet, Damascius annonce que « notre âme a la divination » d'un principe incoordonné en guise de conclusion : la divination consiste dans le fait même que l'on n'a pu s'arrêter ni à l'unifié, ni à l'un-tout avant tout, ni à l'identité de la simplicité qui a tout englobé et de la totalité la plus simple. La divination a le sens d'une aspiration vers le principe : l'âme le cherche, mais sans parvenir à le comprendre malgré les descriptions antérieures (un-tout avant le tout, etc.). C'est la raison pour laquelle l'âme tend d'autant plus vers le principe incoordonné, qu'elle devine, puisque toute expression du principe sera finalement coordonnée. On devine le principe incoordonné lorsqu'on découvre qu'il n'est ni l'unifié, ni l'un-tout, qui restent coordonnés. On le devine lorsque l'on découvre de manière aporétique ce qu'il n'est pas et lorsque l'on découvre qu'on ne peut nullement le penser, ni s'empêcher de le chercher.

Ainsi, la divination reçoit un sens fort. Elle est la démonstration indirecte de l'existence d'un principe absolument incoordonné et, donc, impensable. Par l'intermédiaire des apories, Damascius montre que la pensée tend toujours vers un principe qui ne peut plus être ni inclus dans le tout ni pensé dans une relation quelconque avec le tout. La divination est non pas un sentiment[2] – plus ou moins vague – de l'âme dans la recherche du principe, mais ce que ressent notre pensée lorsqu'elle tâche de s'approcher du principe. La pensée ne

1. *Cf.* L. Lavaud, « L'ineffable et l'impossible », art. cit., p. 61.

2. Chez Damascius, la divination a un côté très rationnel, bien qu'il s'agisse d'un phénomène à la limite de la rationalité : elle découle de la tension entre l'aporie dans laquelle nous laisse l'un et la nécessité de notre pensée (critique) de ne pas s'arrêter à cette aporie, mais de récupérer une vraie unité, qui ne soit plus divisée entre un et totalité.

peut pas s'arrêter à un principe déterminé, pour le penser à coté du *tout*, ou pour le réintégrer dans le *tout*, mais elle cherche un principe qu'elle ne puisse plus situer d'aucune manière par rapport au *tout*, donc, un principe qui lui échappe complètement. La pensée cherche un principe qu'elle ne devrait jamais trouver. Chez Damascius, deviner le principe c'est interpréter correctement l'impossibilité de déterminer le principe : elle consiste à se rendre compte que, si le principe n'est rien de ce que l'on pense par détermination, cela ne signifie pas qu'il n'y a pas de principe. Au contraire, le principe *est* justement ce qu'on essaye sans cesse de dire, bien que nous n'arrivions pas à dire. Nous abondons dans le sens de F. Trabattoni[1] qui souligne la similitude entre la divination chez Damascius et la divination qui apparaît dans la *République*[2]. Chez Platon, l'âme a la divination que le bien existe (τι εἶναι), même si elle ne sait pas vraiment ce qu'il est; par là elle se trouve dans une situation aporétique à son égard[3]. De même, selon Damascius, il y a divination de la présence d'un principe incoordonné (εἶναι ἀρχή). La divination est donc une découverte indirecte de *l'existence* du principe, lequel ne saurait être déterminé en *ce qu'il est*.

Comme le remarque F. Trabattoni, Damascius applique au principe incoordonné la même structure linguistique que Platon applique au bien. Il s'agit d'affirmer l'existence de quelque chose qu'on ne connaît pas et dont on ne sait pas ce qu'il est. Mais il faut souligner une importante différence entre ces deux contextes. Tandis que la divination du bien chez Platon part de choses connues, qui semblent être bonnes, et avance graduellement vers l'idée du bien, qui rend les choses bonnes et utiles[4], chez Damascius, la divination part non plus de quelque chose de connu, mais, au contraire, d'un renversement total de l'espace du connaissable. Rien de ce que nous connaissons ou pouvons connaître n'est adéquat au sujet du principe. La divination du principe se détache non pas du fond positif de nos connaissances, mais du fond négatif de l'échec de toute connaissance. La divination damascienne est sur une corde raide : on ne peut ni poursuivre la recherche du principe, parce qu'aucune expression du principe n'évite sa réintégration dans le tout, ni cesser cette recherche, parce que l'on ne saurait renoncer au principe et accepter que le tout en soit dépourvu, car alors le tout se dissiperait dans une pluralité infinie, dénuée d'ordre interne et de sens. Ce type de divination est une sorte d'argument ontologique inversé, non pas un argument direct de l'existence d'un principe absolu, mais un argument indirect de la nécessité de l'existence d'un tel principe. En effet, si ce que nous pensons en tant que principe premier ne peut pas vraiment être ni absolu ni tel qu'il prétend être, alors, le principe

1. *Cf.* F. Trabattoni, « Filosofia e dialettica », art. cit., p. 485.
2. Platon, *République*, 505d 11-e3.
3. *Ibid.*, 505e 1-2.
4. *Ibid.*, 505a 1-4.

absolu doit être tout différent de ce que l'on en pense, de sorte que l'impossibilité de le penser ne l'affecte pas et ne supprime pas sa nécessité, mais la conforte. Autrement dit, même si l'on ne parvient pas à le penser, on ne peut aucunement en affirmer l'inexistence, précisément parce qu'il n'est pas ce qu'on en pense et, donc, parce qu'on n'a aucune prise directe sur lui. Il nous échappe, mais on ne peut pour autant le supprimer, justement parce qu'il nous échappe. Il nous échappe, alors il faut simplement le laisser nous échapper. De cette façon, l'impossibilité de penser le principe ne nous éloigne pas du principe, mais nous donne la certitude d'un principe absolument non-totalisable et absolument autre que la pensée.

Dans le cadre du tout, dire que quelque chose est inconcevable, aporétique ou contradictoire avec sa propre définition c'est dire qu'une telle chose n'existe pas, parce qu'elle est impossible. Mais chez Damascius, l'enjeu se joue à la limite de la pensée, et les règles ne sont pas les mêmes que dans le cadre du tout. C'est pourquoi, quoique aporétique et incompréhensible, le principe n'est pas impossible en tant que tel, mais il est seulement autre que la pensée et autrement qu'elle ne le pense. L'aporie et le paradoxe du principe reposent non pas sur une contradiction avec les autres choses incluses dans le tout, mais sur la transgression d'une limite. Le principe du tout (et de la pensée) cesse d'être principe lorsqu'il est pensé dans la perspective du tout. La divination se révèle être une sorte de conscience de la limite : la conscience du fait que, si la pensée même doit avoir une limite constitutive et si elle doit avoir une unité, alors cette limite fondamentale ne doit pas être transgressée. La divination est un moyen d'empêcher la transgression, ou plutôt elle est une transgression inversée, par laquelle on franchit la limite dans la direction de l'en-deçà. Par la divination, la pensée est forcée de rester en-deçà du principe. On a une conscience d'un *au-delà* absolu, mais cette conscience ne devient jamais une véritable connaissance déterminée de quelque chose. Elle ne doit jamais se muer en une pensée déterminée, ni transformer l'au-delà en un objet de pensée. Si, dans le sens plus commun de la divination, on devine quelque chose de déterminé, qui existe déjà ou qui se produira, qui possédera donc un mode d'être déterminé, en revanche, le principe ne se laisse pas déterminer par la divination, et n'y est pas relatif, il ne correspond pas à l'acte de la divination, tel un objet, en direction duquel la divination renverrait. Au contraire, deviner c'est préserver le sens indéterminable du principe, parce que ce dont on a la divination n'est rien d'autre que le caractère incoordonné du principe, le fait qu'il n'entre en aucune relation, ni avec autre chose, ni avec une manière de l'indiquer, ni avec un acte de l'indiquer (telle la pensée ou même la divination). De la sorte, la divination ne peut pas entrer en relation et en coordination avec le principe incoordonné, dans cet acte même de deviner.

J.-M. Narbonne affirme que « l'Ineffable, tout comme l'Un, est au fond un terme relatif, parce qu'il est relié, apprend-on par Damascius lui-même, au pouvoir de divination de l'âme qui le vise »[1]. Or, dans ce point qu'analyse J.-M. Narbonne[2], l'ineffable n'est pas encore présent. La divination concerne non pas l'ineffable directement – tel un objet de la divination –, mais son incoordination. De plus, la divination ne peut pas viser; elle est une manière d'approximer non pas un objet déterminé, mais la direction de l'avancée. Si la divination vise quelque chose, ce n'est pas le principe en tant que tel, mais la nécessité de le laisser indéterminé et incoordonné, nécessité imposée par l'impossibilité de s'arrêter à « l'un-tout avant le tout ». Deuxièmement, la divination ici n'est pas un pouvoir proprement dit de l'âme[3], car elle est décrite plutôt comme une impuissance de la pensée, qui est poussée plus loin par sa propre incapacité à s'arrêter et à fixer le principe. La seule puissance dont on peut parler ici consiste dans le fait que, même si la pensée ne parvient pas à saisir le principe (puisqu'elle le réintègre dans le tout), toutefois, on peut se rendre compte de cette impuissance et maintenir intact le besoin impérieux d'un principe. Quoi qu'il en soit, la divination dont parle Damascius n'introduit guère une relativisation du principe. Ce n'est pas la pensée elle-même, mais bien notre impuissance à concevoir le principe, qui nous donne le pressentiment ou la divination d'un principe au-delà du tout, que le tout même ne réintègre plus. Par conséquent, la pensée n'atteint pas le principe, mais elle discerne la nécessité qu'un tel principe existe, un principe vers lequel elle n'a de cesse de se diriger.

Quant à la relation entre la divination et la pensée, J. Dillon affirme que le principe absolu de Damascius (c'est-à-dire l'ineffable) serait quelque chose que la pensée « postule » (μαντεύεται) afin d'expliquer d'autres phénomènes que nous observons. En ce sens, J. Dillon compare l'ineffable aux trous noirs et à ce que Heidegger nomme *Ereignis* ou *es gibt*[4]. Toutefois, le principe absolu de Damascius n'est pas un postulat de la pensée, parce qu'il n'est pas déjà connu en tant que tel, lorsqu'il apparaît dans le discours. Tout ce que nous connaissons, c'est le fait que l'on ne peut le déterminer sans en perdre le sens. La pensée n'impose pas ce principe, comme pour compléter un système

1. *Cf.* J.-M. Narbonne, *Plotin*, *op. cit.*, p. 20.

2. *De principiis*, W. I, 4. 13; R. I, 4. 6 *sq.*

3. Damascius suggère ici que c'est non pas l'âme qui comprendrait quelque chose, par une puissance qui lui est propre, mais le principe qui, pour ainsi dire, se montre par sa propre absence, alors que nous n'arrivons pas vraiment à le concevoir.

4. Les trous noirs « have in common with the Ineffable, I think, the characteristic of being something which we postulate (μαντευόμεθα) in order to make sense of a lot of phenomena which we can observe » (J. Dillon, « Damascius on the Ineffable », art cit., p. 127). La même interprétation, rapprochant le premier principe néoplatonicien (plus précisément l'un de Plotin) du concept d'*Ereignis* de Heidegger, est soutenue par J.-M. Narbonne, dans *La métaphysique de Plotin*, *op. cit.*, p. 149 *sq.*

d'explications, mais elle a besoin du principe afin de garder sa propre intégrité, sa propre unité. En outre, elle a besoin de lui en tant qu'indéterminable, tandis que, en le déterminant, elle le supprime. La tâche de la divination consiste justement à préserver ce que le principe possède d'indéterminable. La divination se réfère non pas directement à l'ineffable, mais à l'incoordination du principe (qui reste indéterminé jusqu'à la fin de l'analyse).

De plus, le principe incoordonné n'est pas admis afin d'expliquer quelque chose; en effet, Damascius affirme que les choses plurielles ne nécessitent rien d'autre que l'un pour cause[1]. L'on n'admet un tel principe que pour répondre au besoin de notre âme, incapable de se satisfaire d'aucun sens accordé au principe et à la totalité. Si postuler c'est admettre sans démonstration, en revanche, le principe absolu de Damascius se laisse déduire dans l'ombre des apories, sa nécessité étant démontrée par la présence constante des paradoxes qui accompagnent la pensée. D'ailleurs, comme on peut le constater dans les deux premières méthodes de remontée vers le principe[2], rien ne résiste face à la tentative de la pensée de s'arrêter quelque part, à une chose qui soit suffisante en elle-même. La pensée ne peut pas même s'arrêter à l'un - le principe admis par la tradition - car celui-ci suscite d'autres apories qui nous incitent à pousser plus loin notre recherche. La pensée est obligée de glisser toujours vers un principe supérieur.

Le principe de Damascius - qu'il appellera ineffable - n'est pas un postulat à partir duquel commence la pensée, mais il est plutôt le point de fuite vers lequel se dirige la pensée, sans jamais l'atteindre, mais en en ayant toujours le pressentiment, la divination. Si Proclus, dans les *Éléments de théologie*[3], commence par le postulat de l'unité, pour déduire ensuite chaque niveau de la réalité, Damascius, quant à lui, procède inversement : il commence par l'épreuve de ce postulat de l'unité qui précède toutes choses, et montre ensuite que l'on ne peut pas garder ce postulat en tant que tel, parce que le principe reste étranger à ce que nous postulons comme premier et comme coordonné aux autres choses. De la sorte, la pensée de Damascius avance au rebours de la pensée hypothético-déductive. Elle ne se dirige pas vers les dérivés du principe, pour décider de la place de chacun, mais elle monte en direction de ce qui n'a plus de place par rapport aux autres choses.

Le sens de la divination n'est pas *avant* ce que nous comprenons, en tant que point de départ de la compréhension, mais plutôt *après* tout ce que nous connaissons, afin de donner un sens ultime à ce tout. Nous connaissons tout, d'une certaine manière, mais nous devinons encore autre chose. La divination ne cherche pas à comprendre les autres choses, à expliquer quoi que ce soit, mais elle ouvre une perspective en direction de ce que nous ne comprenons pas

1. *De principiis*, W. I, 5. 22-24; R. I, 5. 6-7.
2. *Ibid.*, W. I, 27-65; R. I, 18-38.
3. Proclus, *Éléments de théologie*, 1. 1.

et qui échappe à notre connaissance. La mantique se réfère au sens ultime de ce que nous connaissons, mais ce sens n'est plus de l'ordre de l'explication et de la connaissance proprement dite, et donc, il n'entre pas dans une série d'explications, mais désigne plutôt le point de dépassement de la connaissance.

Union de la philosophie et de l'art divinatoire

La pensée de Damascius sur le principe premier n'est donc pas strictement philosophique – si par philosophie nous comprenons un discours qui expose les niveaux de réalité dans leur articulation réciproque, en suivant uniquement les exigences rationnelles de la pensée. La philosophie devient divinatoire, en se lançant vers ce qu'elle ne peut plus comprendre directement. En effet, ce type de divination illustre ce qu'aurait pu comprendre Damascius par l'unité de la philosophie et de la théurgie[1]. Il a été suspecté de valoriser la théurgie et l'union mystique plus que la philosophie[2], mais cette idée n'est pas partagée par tous les commentateurs[3]. Damascius n'admet pas de supériorité des hiératiques sur les philosophes, mais c'est plutôt à Platon qu'il accorde la place la plus haute, illustrant la parfaite unité entre l'art hiératique et la philosophie[4]. Il valorise l'art hiératique autant que la philosophie, ou plutôt il valorise l'unité et l'équilibre entre les deux[5]. Mais alors, en quoi consiste cette unité suggérée par Platon, lorsqu'il identifie les bacchants (βάκχοι) avec ceux qui pratiquent la philosophie (οἱ πεφιλοσοφηκότες)? Le *De principiis*[6] peut nous aider à comprendre le sens de cette unité envisagée par Damascius et le type d'art hiératique auquel on a affaire dans ce contexte.

1. *Cf.* Damascius, *In Phaedonem*, I, 172. 1-5, p. 104. Sur l'importance de la divination dans l'école de Damascius, qui aurait pu contribuer à la fermeture de l'école, *cf.* E. J. Watts. *City and School in Late Antique Athens and Alexandria*, Los Angeles/London, University of California Press/Berkeley, 2008, p. 133.

2. *Cf.* Damascius, *In Phaedonem*, I, 172, 1-5, et la note de l'éditeur L. G. Westerink *ad locum* : « Dam., in spite of his attempt at impartiality, evidently prefers the "hieratic school" [...]. The group designed as ἱερατικοί are precisely those whom he mentions as Isidorus's favourites (*vit. Isid.*, fr. 77) ».

3. F. Trabattoni (« Filosofia e dialettica », art. cit., p. 481-483) montre que Damascius n'est pas spécialement enclin à la théurgie et qu'en réalité il a essayé de revigorer la philosophie de son temps, contre les tendances irrationalistes.

4. *Cf.* J. Dillon (« Damascius on the Ineffable », art. cit, p. 121), qui montre que, pour Damascius, comme pour Proclus, l'autorité des théologiens, et même celle des dieux, n'est jamais dépassée par celle de Platon ; *cf.* J. Dillon, « Philosophy and Theology in Proclus », *in* F. X. Martin, J. A. Richmond (eds.), *From Augustine to Eriugena*, Washington, Catholic University of America Press, 1991, p. 66-76.

5. *Cf.* G. Van Riel, « Damascius », art. cit., p. 674-675.

6. *De principiis*, W. I, 4. 13-15 ; R. I, 4. 6-7.

Dans ce contexte, la divination a moins le sens d'une technique rituelle, que d'une divination philosophique. Cette divination relève de la limite de notre être rationnel, limite dans laquelle s'entrelacent l'impuissance maximale (celle de comprendre le principe du tout et le principe de la pensée) avec la nécessité maximale (celle de rechercher ce principe et de ne s'arrêter à aucun de ses symboles, à aucune expression inadéquate)[1]. On éprouve cette divination dès qu'on se met à la recherche du principe premier du tout, à condition de ne pas intégrer le principe dans le tout. En définitive, la divination chez Damascius est l'épreuve même de la limite de la pensée. On touche à cette limite, mais celle-ci force le passage au-delà, car, si l'on concluait à l'inexistence du principe, la limite et ce qu'elle renferme s'effondreraient. Chez Damascius, la divination (donc la théurgie) devient philosophique[2], parce qu'elle ne peut pas se passer de la quête philosophique, mais au contraire, elle en découle; de même, l'analyse philosophique devient théurgique, parce que l'analyse philosophique a comme but ce qui dépasse totalement notre pensée, ce qui n'est plus philosophique à strictement parler, et qui ne relève plus de la pensée discursive[3].

Dans un passage de la *Vie d'Isidore*[4], Damascius semble dire que la théurgie n'est pas le propre du philosophe. Pourtant, on ne peut pas en déduire qu'il nierait l'existence de tout rapport entre les deux. Il admet seulement la théurgie comme une science distincte de la philosophie, sans aboutir à leur exclusion réciproque. La théurgie est seulement « plus divine » que la philosophie et vise des choses plus hautes que cette dernière[5]. Il y a donc une spécificité des deux sciences, mais en même temps il y a un passage ascendant de la philosophie vers la théurgie; il existe un instant où la philosophie devient théurgie, comme pendant la divination du principe incoordonné.

Jamblique insistait sur l'importance de la théurgie, qui est censée aboutir à l'union mystique, à laquelle la philosophie seule ne peut conduire[6]. Pour

1. *Cf.* J. Combès, *Études*, *op. cit.*, p. 130.

2. Ph. Hoffmann (« L'expression de l'indicible », art. cit.) note que le traité *De principiis* marque un retour de la philosophie – après les tendances théurgiques et extra-rationnelles qui se font sentir, par exemple, dans la pensée de Jamblique – et qu'en ce sens, Damascius se rapproche de Plotin.

3. *Cf.* Ph. Hoffmann, « Damascius », art. cit, qui montre que cette unité entre la philosophie et la théurgie caractérise la position de Damascius dans la tradition néoplatonicienne.

4. Cf. *Vie d'Isidore*, 132 [Athanassiadi 88 A].

5. *Ibid.*, 227 [Athanassiadi, 150], où la théurgie est dite « chose plus divine » (θειότερον χρῆμα), selon l'opinion d'Isidore. Elle est destinée à ceux qui sont en train de devenir des dieux, mais ceux-ci doivent d'abord devenir des êtres humains, par l'intermédiaire de la philosophie, le bien le plus grand pour l'humanité, selon Platon (*Timée*, 47b). Il y a donc un passage graduel de la philosophie vers la théurgie.

6. Jamblique, *De mysteriis*, II 11, p. 72. 25-73. 2. Sur les rapports entre les trois méthodes chez Jamblique (à savoir philosophique, théologique et théurgique) *cf.* A. Smith, « Iamblichus' View on the Relationship of Philosophy to Religion in *De Mysteriis* », *in* H. J. Blumenthal, E. G. Clarck (eds.), *The Divine Iamblichus. Philosopher and Man of Gods*, London, Bristol Classical Press, 1993,

Proclus, la théurgie la plus haute est une philosophie divine, qui conduit à l'union mystique[1]. Damascius, quant à lui, valorise la divination[2] à la limite de la pensée philosophique même. C'est une sorte de divination qui prend son essor dans la pensée, une divination dans les entrailles mêmes de la pensée (plus précisément, dans les limites de la pensée). Confrontée aux apories, la pensée se reconnaît incapable d'aller plus loin et se transforme en une sorte de divination par les apories. On ne peut séparer complètement la divination et la pensée, et Jamblique reconnaît également que « l'union [...] ne se produise jamais sans la connaissance », même s'« il n'y a pas entre elles identité absolue »[3]. Mais, en ce qui le concerne, Damascius trouve un juste milieu entre les deux, par ce type de pensée qui, forcée de s'interdire toute description conceptuelle, devient divinatoire. Et de même que, selon Jamblique, ce sont non pas nos pensées qui poussent les causes divines à s'exercer, mais les actes indicibles et les symboles inexprimables[4], de même, chez Damascius, ce n'est pas la pensée en tant que telle qui suscite ce passage vers le principe absolu, mais plutôt l'impasse dans laquelle se retrouve la pensée face au principe.

L'échec de la démarche directe sur le principe n'interdit pas tout accès au principe. Sans parvenir à décrire précisément les choses, le langage suggère; il nous rapproche les choses, en même temps qu'il nous en éloigne inexorablement. Damascius valorise les obstacles constitutifs de la pensée qui l'empêchent d'accéder au principe. En effet, cette intuition de la différence, entre les représentations véhiculées par le langage et la réalité intelligible, est ancienne[5]. On en trouve un exemple chez Platon, qui, dans la première partie

p. 74-86. *Cf.* P. Athanassiadi, « Dreams, Theurgy and Freelance Divination : The Testimony of Iamblichus », *The Journal of Roman Studies*, 83, 1993, p. 115-130.

1. *Cf.* A. Sheppard, « Proclus' Attitude to Theurgy », *The Classical Quarterly*, 32/1, 1982, p. 212-224.

2. *Cf.* G. Shaw, « Commentary on Narbonne », à propos de l'article de Jean-Marc Narbonne, « The Origin, Significance and Bearing of the ἐπέκεινα Motif in Plotinus and the Neoplatonic Tradition », *in* J. Cleary, G. Gurtler (eds.), *Proceedings of the Boston Area Colloquium in Ancient Philosophy*, vol. 17, Leiden-Boston-Köln, Brill, 2001, p. 202 (à propos du passage de *De principiis*, W. I, 4. 13-15; R. I, 4. 6-7) : « This is why Iamblichus, to protect the soul's ineffable contact with the One, privileged theurgic rituals over any form of rational contemplation. Both he and Damascius were careful to restrain the discursive titanism that would seek to dominate this contact with conceptual explanations. »

3. Jamblique, *De mysteriis*, II 11, p. 74. 9-10 (trad. H. D. Saffrey et A.-Ph. Segonds).

4. *Ibid.*, II 11, p. 73. 4-8.

5. Damascius fait aussi référence à la *Lettre* VII, 342a 7-343c 6, où Platon dit que nous ne connaissons pas les formes qui sont dans l'intellect; à partir de ce passage, Damascius remarque que, même à propos des principes, nous parlons par l'intermédiaire de formes qui se montrent imparfaitement à nos yeux, c'est-à-dire sans que nous en ayons une connaissance parfaite (*De principiis*, W. I, 66. 20-67. 3; R. I, 45. 1-4). Il y a donc un double décalage entre ce que l'on dit et le niveau principiel auquel nous faisons référence. Plotin avait aussi remarqué que l'on ne peut pas dire ce qu'est le principe et que, de plus, l'on ne connaît pas l'être et les formes, sur lesquels s'appuie notre pensée (*cf.* Plotin, *Ennéades*, VI, 9, 3. 2-3).

du *Parménide*, discute l'impossibilité d'exprimer dans notre langage des entités comme les idées, qui sont pourtant essentielles pour penser quoi que ce soit. Chez Damascius, l'inadéquation du langage à la réalité (que ce soit la réalité intelligible ou au-delà de l'intelligible) devient en soi-même une méthode de connaissance : dans notre impossibilité de connaître, on voit le signe de ce qui n'est absolument pas connaissable, pensable ou dicible. On a beaucoup parlé de la radicalité de la critique chez Damascius[1]. Or, cette critique n'est pas dénuée de positivité, puisque, en la matière, toute la négativité de cette critique devient la plus à même à suggérer le principe premier. Il y a une suggestivité propre à l'impossibilité ultime du discours, récupérée et mise en valeur par Damascius.

La divination est un moyen de renvoyer au principe, non pas par l'entremise de ce que l'on peut dire de lui, mais par le simple fait de ne rien pouvoir en dire. En somme, par la divination, on sort des apories sans les annuler. On sort des apories puisque l'on n'essaye plus de dire quoi que ce soit sur le principe, ni de le situer par rapport au tout, mais on se garde de retomber dans la tentative aporétique de situer le principe par rapport au tout ; toutefois, les apories ne sont pas annulées, parce que chaque prédication sur le principe nous ramène de nouveau dans l'aporie et parce que, finalement, ce sont les apories qui nous ont amenés à la divination du principe.

La divination d'un principe incoordonné évoque un futur qui ne devient jamais présent. De même que la divination est l'art du futur, de ce qui dépasse les phénomènes accessibles *hic et nunc*, de même, la divination du principe incoordonné est une forme de divination de ce qui n'est jamais présent et objectivable en tant que tel. Si, à partir d'un certain présent, l'on devine un événement futur, qui adviendra dans un présent encore inaccessible, alors, dans le cas du principe, on devine à partir du tout – limite maximale de tout présent possible, de tout ce qui peut être accessible – un *futur* irréalisable, qui restera à jamais inaccessible, qui ne deviendra jamais un *présent*, mais vers lequel tout *présent* de la pensée tend. C'est ce qu'illustre la formule damascienne : « si donc il doit être posé comme réellement transcendant, qu'il soit posé comme pas même transcendant »[2]. Le principe sera transcendant, mais pour cela, il faut que, au niveau de la pensée, du présent de la pensée, il ne soit même pas posé en tant que transcendant. Il sera transcendant, seulement s'il ne l'est pas maintenant, dans le présent de la pensée. Cette transcendance, appliquée en tant que telle au principe, dans les limites de notre pensée, risque de ne plus être transcendante. Le principe vraiment transcendant cesse de l'être dès qu'il est considéré comme transcendant dans les limites de la pensée. Il faut

1. *Cf.* W. Franke, « Apophasis and the Turn of Philosophy to Religion : From Neoplatonic Negative Theology to Postmodern Negation of Theology », *International Journal for Philosophy of Religion*, 60/1, 2006, p. 61-76, notamment p. 64.

2. *De principiis*, W. I, 21. 11-12 ; R. I, 15. 17 : εἰ οὖν μέλλοι τῷ ὄντι ἐξῃρημένον ὑποκεῖσθαι, μηδ' ἐξῃρημένον ὑποκείσθω.

nécessairement discerner entre ce *futur* de ce que doit être le principe en lui-même, et le *présent* de la pensée, qui n'a pas vraiment accès à ce que doit être le principe, puisque la pensée tend à présentifier et à objectiver le principe, à le posséder en tant que tel, à le déterminer et à le limiter.

Cette distance entre ce que doit être le principe et ce qu'il devient au niveau de la pensée est la source du paradoxe. Dans le fragment cité plus haut, le principe sera vraiment posé comme transcendant, si nous ne le posons même pas en tant que transcendant. Paradoxalement, la pensée arrive à son but, c'est-à-dire à s'exprimer adéquatement, quand, dans son présent, elle se retranche d'elle-même et accepte de ne plus rien dire, et quand, pour éviter toute détermination précise, la pensée ne se situe pas dans le présent de la détermination, mais le contredit et le supprime, tout en le remettant à plus tard, dans un futur dont nous n'avons que la divination.

Avec ces clarifications, nous pouvons retourner à la question que nous avons posée plus haut : le principe incoordonné n'entre-t-il pas, lui aussi, dans l'aporie initiale, en s'instituant comme une chose hors du tout, ou en étant lui-même réintégré dans le tout, par notre pensée totalisante ? Désormais, il est clair que le principe incoordonné échappe à cette aporie, car il n'est plus pensé d'aucune manière. Mais, de tout ce que nous pensons, nous pouvons conclure que nous nous dirigeons vers le principe absolu, comme vers quelque chose que nous ne pourrons jamais atteindre. La divination, comme moyen de se rapporter au principe, préserve le principe de toute interférence avec la pensée : il n'est pas pensé comme une chose hors du tout, ni comme une chose réintégrée dans le tout par la pensée, car, en effet, on ne le pense pas du tout – condition *sine qua non* pour que notre pensée puisse se diriger vers le principe incoordonné (ἀσύντακτον).

LE PRINCIPE INCOORDONNÉ

Damascius conçoit radicalement l'incoordination du principe par rapport au tout absolu et à la pensée qui reflète ce tout. Il critique indirectement la tradition, quand il remarque que le principe premier de la tradition (à savoir l'un absolu) ne remplit pas totalement le critère d'incoordination, et reste encore dans une certaine relation de coordination avec le tout. Effectivement, même s'il n'est pas coordonné par sa propre nature, il reste coordonné du simple fait d'être considéré avant le tout. Pour Damascius, l'incoordination radicale sera le tremplin pour accéder au principe véritablement absolu, au-delà de l'être et de toute la hiérarchie des principes proposés par la tradition néoplatonicienne antérieure.

L'enjeu de ce principe incoordonné repose sur un contexte philosophique dont Damascius précise les positions de ses principaux prédécesseurs[1]. Il critique Porphyre, parce qu'il considérait le principe incoordonné « père de la triade [intelligible] » (μιᾶς τριάδος πατήρ)[2]. Proclus conteste aussi Porphyre pour avoir identifié le père de la triade avec la cause de toute chose (τὸν ἐκεῖ πατέρα ποιεῖν τῷ πάντων αἰτίῳ τὸν αὐτόν)[3]. Porphyre propose son « premier dieu » au-delà de l'intellect et sans relation avec celui-ci, mais, pour Proclus, le principe de Porphyre correspond plutôt au sommet du monde intelligible, à l'« un qui est », conformément à la deuxième hypothèse du *Parménide*[4]. Quant aux objections damasciennes à l'encontre de Porphyre, le problème est encore plus profond que chez Proclus et ne relève pas seulement de la place du principe dans la réalité, mais aussi de la possibilité pour la pensée de refléter l'incoordination du principe. Même le sens de l'incoordination que cherche Damascius pour son principe diverge de la tradition qui le précède. Chez lui, il ne s'agit pas uniquement de la nécessité interne du principe d'être au-delà de la réalité qu'il gouverne, mais aussi de la nécessité pour la pensée de ne plus réintégrer le principe dans la coordination des choses qu'elle pense (car la pensée tend à réintégrer le principe qu'elle avoue incoordonné ou antérieur à la coordination).

Selon Damascius, la pensée institue elle-même la coordination entre les choses, y compris entre des choses considérées comme incoordonnées. En effet, la pensée ne saurait concevoir une authentique incoordination, puisque penser une incoordination entre deux choses c'est finalement mettre les deux choses en relation et, donc, les coordonner. Comme le montre l'aporie initiale, il y a en ce sens une tension dans la pensée. D'un côté, la pensée tend à coordonner le principe, du simple fait de le penser en tant que principe[5] ; d'un autre côté, la pensée risque de tomber dans une régression à l'infini, en cherchant sans cesse un autre principe, qui sera à son tour réintégré dans le tout[6]. La pensée court infiniment après un principe incoordonné, car dès qu'elle l'attrape, elle le coordonne aux choses dont il est principe.

1. Chez Plotin (*Ennéades*, III, 3, 2. 14), le terme *ἀσύνταкτον* apparaît pour dire que dans l'univers, rien ne peut être incoordonné. Toutefois, pour Plotin, l'un n'a rien de commun avec les autres choses (cf. *ibid.*, V, 5, 4. 12-13).

2. *De principiis*, W. II, 1, 4-2, 10 ; R. I, 86, 3-20. *Cf.* J. Dillon, « Porphyry's Doctrine of the One », *in* M. Goulet-Cazé *et al.* (éd.), ΣΟΦΙΗΣ ΜΑΙΗΤΟΡΕΣ, « *Chercheurs de sagesse* » : *Hommage à Jean Pépin*, Paris, Institut d'Études Augustiniennes, 1992, p. 357-366.

3. Proclus, *Commentaire sur le Parménide de Platon*, 1070. 15-19.

4. Platon, *Parménide*, 142b 1-155e 3.

5. *De principiis*, W. I, 1. 16-2. 1 ; R. I, 2. 1-2.

6. *Ibid.*, W. I, 2. 11-12 ; R. I, 2. 9-10.

Damascius va soutenir une incoordination absolue, qui n'est plus conçue dans les termes et par les moyens de la pensée, mais contre la pensée et contre sa tentation de revenir à une coordination. C'est pourquoi il refuse de tenir le principe incoordonné pour le père de la triade (erreur qu'il critique d'ailleurs chez Porphyre) et rejette en général toute conception du principe quelle qu'elle soit. Ainsi, dès le début de son traité, Damascius pose le problème de la « coordination unique de toutes les choses, qu'on appelle le tout »[1]. La coordination (σύνταξις) désigne l'inclusion de plusieurs choses dans un tout. Dans la coordination entrent toutes les choses qui participent d'une unité commune, qui ont un élément en commun, qui peuvent être rangées ensemble, au sein d'une même structure ordonnée (τάξις). La coordination la plus large, qui comprend toutes les choses, est décrite par Damascius – dans la ligne de la tradition néoplatonicienne – comme un « souffle commun » (ὁμόπνοια)[2] qui unifie toutes les parties de la réalité et qui rend leur pluralité unitaire. Du reste, non seulement cette coordination générale de toutes les choses unifie les diverses parties de la réalité, mais, de plus, chaque partie de la réalité reçoit son sens spécifique dans le cadre de cette coordination de toutes les choses[3].

Or, pour que la coordination unique du tout existe, on a besoin d'un principe qui n'entre plus dans le tout. Pour rester vraiment ce qu'il est, le principe est le seul à ne pas être inclus dans un tel ordre commun, à coté des autres choses. En conséquence, il faut qu'il n'ait rien en commun avec les choses qui entrent dans la composition du tout et, inversement, rien du tout ne peut s'appliquer au principe. Suite à son analyse de la coordination spécifique au tout pluriel, Damascius estime alors que le principe est ce qui restreint cette coordination plurielle, tout en étant antérieur à elle. « L'un-tout avant le tout » était au-delà de la pluralité du tout qui forme une « unique coordination » (μία σύνταξις πολλῶν ὄντων)[4]. Il précédait donc la coordination. Mais ensuite, Damascius s'est aperçu que ce principe était réintégré dans la coordination du tout justement à cause de cette antériorité. « L'un-tout avant le tout » est coordonné au tout, mais non pas dans le sens primaire du tout et de sa coordination interne, non pas en tant qu'élément concret de la coordination. L'un-tout n'est pas une chose dans le tout ; il est avant le tout, avant les choses qui composent le tout. Cependant, cet un porte la marque de la coordination en raison de son antériorité *par rapport* à la coordination.

1. *De principiis*, W. I, 2. 3-4 ; R. I, 2. 4 (trad. Combès légèrement mod.). La même définition apparaît plus bas, cf. *ibid.*, W. I, 2. 11 ; R. I, 2. 9.

2. *Ibid.*, W. I, 6.5 ; R. I, 5. 12-13. Mot très rare, ὁμόπνοια désigne l'unité qu'imprime le principe sur la réalité qu'il gouverne. La même idée est exprimée par le terme σύμπνοια, d'origine stoïcienne, utilisé par Plotin (*Ennéades*, II, 3, 7. 17). *Cf.* Proclus, *Théologie platonicienne*, I, 66. 12 ; *Commentaire sur le Parménide de Platon*, 762. 12 ; 916. 27.

3. *De principiis*, W. I, 79, 16-17 ; R. I, 52. 28-29.

4. *Ibid.*, W. I, 2. 3 ; R. I, 2. 3-4.

En ce sens, D. O'Meara affirme :

> Caught in these contradictions, impelled by the strength of opposing arguments, the soul must conceive at the same time of an ultimate cause external to all series or sets of related terms, the absolutely ineffable, and a principle which is the first term of a coordinated whole of causes and effects, the one[1].

Pourtant, Damascius ne propose pas l'un en tant que coordonné. Le fait que l'un soit coordonné est plutôt un échec de la pensée, de l'âme, incapable d'identifier et de saisir l'unité absolue, parce qu'elle ne peut s'empêcher de la réintégrer dans le tout. On peut même se demander si l'un de Damascius (cet un-tout avant le tout) est vraiment coordonné au tout ou non. En effet, ce n'est pas par nature qu'il est coordonné, c'est nous qui le coordonnons, par la pensée, parce que nous le réassocions au tout, tandis que dans l'un, le tout n'est pas encore développé, de sorte qu'il n'est donc pas encore possible de le coordonner à quoi que ce soit. L'un-tout avant le tout est finalement coordonné au tout, dans la mesure où il est considéré comme au-delà de la coordination du tout. La pensée en vient à le coordonner, quand elle essaye précisément de le considérer comme incoordonné. La coordination, que le principe ne peut souffrir s'il veut rester principe, se réinstaure même lorsque l'on pense un principe au-delà du tout, plus exactement, au-delà de la coordination des choses plurielles qu'assure le tout[2].

J.-M. Narbonne parle de « l'aporétique de Damascius qui réclamait contradictoirement du principe, comme on s'en est aperçu, à la fois son incoordination et sa coordination au tout »[3]. Cette interprétation se réfère aux premières lignes du *De principiis*, où Damascius énonce l'aporie du principe, alors qu'elle ne concerne que le sens commun du principe et du tout. Néanmoins, il faut nécessairement distinguer – même dans cette première aporie – entre l'incoordination, en tant que condition radicale du principe, et la coordination en tant qu'acte de la pensée qui met en relation et unifie le principe et les autres choses. Damascius réclame l'incoordination, mais il constate que la coordination s'y insère subrepticement. La coordination et l'incoordination n'apparaissent donc pas sur le même plan et Damascius ne pourrait pas exiger les deux à la fois. D'un côté, c'est le tout qui exige que rien ne s'y soustrait, de l'autre côté, c'est le principe qui impose de refuser son identification à quelque chose du tout. Par conséquent, la coordination et son contraire possèdent chacun deux sens distincts : il y a la coordination entre les choses qui

1. *Cf.* D. O'Meara, « Notes on the Aporetics », art. cit., p. 104.

2. Mais, si le principe est coordonné et intégré au tout, alors il n'est plus principe et « l'argument cherchera un autre principe avant le tout, qui ne sera plus coordonné » ; cf. *De principiis*, W. I, 3. 23-25 ; R. I, 3. 12-13.

3. J.-M. Narbonne, *Plotin*, *op. cit.*, p. 39. Dans ce contexte, l'auteur se réfère à l'aporie du principe formulée par É. Bréhier au début de « L'idée du néant », art. cit.

composent le tout (par rapport à ce type de coordination, le principe qui s'y soustrait devrait être incoordonné). Mais il existe une autre coordination, de second rang, introduite par la pensée elle-même, une coordination pour ainsi dire illicite, que la pensée impose entre la coordination du tout et le principe de ce tout.

Il est vrai que « l'un-tout avant le tout » n'entre pas dans cette coordination seconde, parce que lui-même, par sa nature, est plus simple que la dualité entre l'un et le tout. Néanmoins, cet un, en tant que tel, n'est pas une expression adéquate du principe, étant donné la manière duale et coordonnée avec laquelle on le pense. C'est à cause de cet échec que Damascius se lance en quête d'un principe vraiment incoordonné. Plus précisément, il essaye de former la pensée à ne plus tout coordonner. Il se met donc à construire l'image – non pas descriptive ou discursive, mais plutôt anti-discursive – de cette incoordination. Lorsqu'il parle de la divination d'un principe incoordonné, il ne faut pas comprendre que ce principe serait déjà déterminé par cette affirmation. Au contraire, Damascius définit le cadre général de ce que devrait être un principe incoordonné : c'est un principe inconnaissable en tant que tel, dont nous avons seulement une divination négative, une intuition du nécessaire refus de tout ce qui réintègrerait le principe à une quelconque forme de coordination. D'ailleurs, au tout début du traité, Damascius a dit que le principe est « coordonné à ses dérivés, car c'est d'eux qu'on le dit principe et qu'il l'est réellement »[1]. Maintenant, il déclare que l'âme a la divination d'un principe incoordonné. De quoi s'agit-il? Damascius aurait-il encore changé d'avis, comme il l'a fait déjà deux fois, concernant le fait que le principe ne peut pas être au-delà du tout[2]? D'une part, il remarque que la pensée coordonne le principe, mais d'autre part, il comprend que cette pensée même, qui coordonne le principe, ne peut pas penser le principe jusqu'au but, ni l'identifier sans se contredire, à cause justement du fait qu'elle le coordonne. Dans ces conditions, le principe que nous coordonnons n'est plus vraiment le principe. Le principe reste donc incoordonné, mais nous ne pouvons saisir cette incoordination que par une divination non-conceptuelle.

Cette apparente contradiction, qui affirme que le principe, d'un côté, est coordonné à ses effets et de l'autre côté doit être incoordonné, s'explique par le fait que Damascius distingue entre la manière primaire et inadéquate dont la pensée reflète le principe et la manière dont le principe s'impose, mais que la pensée ne peut plus décrire. Il prête toujours attention à cette fracture entre principe et pensée du principe. Le principe n'est pas tel que le décrit la pensée, mais plutôt tel que la pensée n'arrive plus à décrire. Il n'est pas tel que la pensée

1. *De principiis*, W. I, 1.16-2.1 ; R. I, 2. 2-3.

2. Même si l'aporie initiale nie la possibilité que le principe soit au-delà du tout, Damascius admet premièrement l'un-tout avant le tout et, deuxièmement, le principe incoordonné, au-delà du tout.

l'indique, mais tel que la pensée s'abstient d'indiquer. Le principe semble être coordonné, du moins dans la perspective du tout (et, donc, de la pensée), car le tout est une coordination qui impose son mode d'être au principe. En revanche, le principe exige de rester incoordonné, mais cette exigence, à défaut d'être déterminée, se laisse devinée. Le principe incoordonné dont il est question maintenant est donc proposé contre la tendance habituelle de la pensée d'admettre le principe. À la différence de ses prédécesseurs, il ne s'agit pas seulement pour Damascius de soutenir que le principe est incoordonné, ni même qu'il *doit* être incoordonné. Il s'agit de soustraire le principe à la coordination à laquelle notre pensée ne manque pas de l'associer, dès qu'elle se trouve en face du concept d'un principe absolu du tout.

Comment pouvons-nous parler d'un tel principe contre l'habitude de la pensée ? Comment Damascius réussit-il à prendre pour cible de son analyse une telle chose qui n'a rien de commun avec ce que nous pensons, mais qui s'institue dans un utopique *au-delà du tout*, hors de la réalité et de la pensée ? Comment la pensée peut-elle se projeter dans une incoordination absolue ? Et que signifie ce principe « au-delà du tout et incoordonné au tout », si tant est que l'on puisse lui trouver une signification ?

CHAPITRE V

LA SUPPRESSION DU DISCOURS ET LE PASSAGE VERS LE RIEN

Au lieu de dire d'emblée que le principe véritable est l'*ineffable*, Damascius diffère le moment de lui accorder son expression adéquate. Il commence par rejeter radicalement toutes les caractérisations traditionnelles du principe absolu. Si le principe est incoordonné au tout, alors « il ne faut même pas l'appeler principe, ni cause, ni premier, ni antérieur à tout, ni au-delà de tout, encore moins donc le proclamer tout ; bref, il ne faut ni le proclamer, ni le concevoir, ni le conjecturer »[1]. Il y a ici une similitude avec la première hypothèse du *Parménide*, où aucun mode de pensée ne donne accès à l'un[2]. On pourrait dire que Damascius se contente de décrire le principe absolu dans les termes négatifs du dialogue platonicien, à l'instar de ses prédécesseurs. Mais, tandis que Platon parle d'une impossibilité de nommer l'un et d'en faire un objet de la science, ici, il s'agit d'une défense contre toute tentative de nommer le principe, ou d'y projeter une quelconque conjecture. Il n'est pas impossible de le nommer (principe, cause, premier, etc.) ; au contraire, on peut le faire, et on le fait effectivement de manière habituelle, dès que l'on se pose le problème du principe. Mais, parce que le nommer c'est le perdre, il ne faut pas le nommer. Ce n'est pas impossible, mais illégitime.

Chez Platon, l'impossibilité de nommer l'un, dans la première hypothèse – en dépit du fait qu'on l'ait déjà nommé, dès le début de l'hypothèse, et qu'on le nomme tout en le déclarant innommable – peut également passer pour une contradiction, ou pour un paradoxe, ou tout simplement pour une limite de la pensée. Chez Damascius, cette impossibilité de nommer et de penser le

1. *De principiis*, W.I, 4.15-18 ; R.I, 4.7-10 : οὐδὲ ἄρα ἀρχήν, οὐδὲ αἴτιον ἐκείνην κλητέον, οὐδὲ πρῶτον, οὐδέ γε πρὸ πάντων, οὐδ 'ἐπέκεινα πάντων· σχολῇ γε ἄρα πάντα αὐτὴν ὑμν ητέον· οὐδ' ὅλως ὑμνητέον, οὐδ' ἐννοητέον, οὐδὲ ὑπονοητέον.

2. Platon, *Parménide*, 142a 4-6.

principe devient une exigence du principe. Il faut donc forcer la pensée à se soumettre à cette impossibilité imposée par le principe et, plus précisément, imposée par les apories, par les contradictions qui suivent si l'on accorde une détermination quelconque au principe. Damascius ne part pas d'une hypothèse déterminée (à l'instar de l'hypothèse platonicienne), mais de cet horizon encore indéterminé, dont, pour l'instant, nous n'avons que la divination. Tout ce qu'il va dire par la suite ne servira pas à déterminer cet horizon, mais à le maintenir dans cette indétermination, afin de préserver l'incoordination du principe. Il essaye de maintenir ce principe incoordonné suspendu en l'air, parce qu'en tombant sur le terrain de la parole, du langage, le principe perdrait toute la force de sa primordialité.

Son analyse ne relève même pas de l'apophatisme, parce qu'elle n'indique pas le principe par des attributs négatifs[1] – tel un superlatif que les mots ne peuvent plus exprimer avec justesse. En effet, elle conserve nécessairement le principe hors de toute description ou de toute indication, à l'écart de toute logique de pensée, affirmative ou négative.

L'EXIGENCE DE NE PAS PENSER LE PRINCIPE

Pour Damascius, le caractère indicible du principe ne provient pas de l'exigence de simplicité du principe. En effet, pour ses prédécesseurs, le principe ne pouvait être pensé, parce que justement il est plus simple que la pensée discursive et même que la pensée plus unitaire de l'intellect divin. Chez Damascius, l'exigence de ne pas penser le principe est imposée non pas par l'unité, mais par l'incoordination du principe, parce que le principe ne doit jamais être réintégré dans le « tout de ce que nous concevons », même pas en tant que le plus simple, ou qu'indicible. De la sorte, l'impossibilité initiale de penser le principe (impossibilité qui s'exprimait par les apories initiales, mais aussi par l'échec[2] de « l'un-tout avant le tout » à s'ériger en principe premier) conduit à la divination d'un principe incoordonné (c'est-à-dire qui ne soit plus pensé à côté d'autre chose) et, à son tour, cette divination se transforme en une exigence de ne penser le principe en aucune manière. L'impossibilité de penser le principe devient donc une exigence de ne pas le penser, de ne pas l'intégrer et le coordonner à ce qu'il est possible de concevoir.

1. *Cf.* P. Hadot, « Apophatisme et théologie négative », in *Exercices spirituels et philosophie antique*, Paris, Albin Michel, 2002, p. 239-252, où l'apophatisme est défini comme une « démarche de l'esprit visant une transcendance à travers des propositions négatives » (p. 239).

2. L'échec appartient en effet à notre pensée, et non pas à une insuffisance de l'un-tout qui, en tant que tel, nous est inaccessible.

Ne serait-ce pas une précaution inutile ? Si l'on est incapable de penser le principe, pourquoi nous forcer à ne pas le penser ? Pourquoi nous interdire de le penser ? Parce que l'impossibilité de penser le principe s'accompagne toujours d'une tentative de le penser, d'une certaine façon, même inadéquatement. Ainsi, l'impossibilité et l'exigence de ne pas le penser étaient déjà inscrites dans l'aporie initiale du principe ; celle-ci montrait que, malgré notre impossibilité de penser le principe (parce qu'il n'est pas une partie du tout, τι τῶν πάντων), on le pense, même inadéquatement, parce que l'on ne peut pas placer le principe « hors du tout » (ἔξω τῶν πάντων), hors de ce que l'on pense. Il y a donc une contrariété : on pense (inadéquatement) le principe que l'on ne peut pas penser. Face à *l'impossibilité* de penser le principe, Damascius impose *l'exigence* de ne pas penser le principe, pour rectifier ainsi l'inadéquation dans laquelle nous sommes par rapport à ce principe.

Désireux d'imposer cette exigence à tous les niveaux de la pensée, Damascius se lance dans une tirade négative, en affirmant qu'« il ne faut même pas l'appeler principe »[1]. Tandis que chez Platon la conclusion que « l'un n'est même pas un » n'apparaît qu'à la fin de la démonstration, Damascius commence par la négation maximale : le principe n'est même pas principe, ou, plus précisément, il ne faut même pas l'appeler principe. On pourrait être surpris par une telle affirmation, apparemment contradictoire. En effet, juste auparavant, Damascius parlait de la divination « d'un principe incoordonné »[2] ; mais maintenant il supprime cette appellation : le principe ne doit même pas être appelé « principe ». Il reviendra paradoxalement sur ses pas, lorsqu'il affirmera à nouveau le caractère de principe, qu'il retranche maintenant[3], comme s'il était impossible, voire même inutile de supprimer ce caractère qui donne le sens même du principe. C'est ce que remarque J.-M. Narbonne[4] : il est absurde de retrancher le caractère principiel au principe absolu pour ensuite le lui réattribuer, afin d'en justifier l'utilité.

Mais pourquoi et comment Damascius supprime-t-il le caractère même de principe dans ce contexte ? Il ne dit pas que le principe incoordonné – dont on a la divination – n'est pas principe, mais qu'il ne doit pas être appelé principe[5]. Pour qu'il soit véritablement principe, il faut qu'il ne soit même pas conçu en tant que principe. Pour le saisir véritablement en tant que principe, il ne convient même pas de lui attribuer cette notion de « principe ».

1. *De principiis*, W. I, 4. 15 ; R. I, 4. 7-8 : οὐδὲ ἄρα ἀρχήν [...] κλητέον. Cette idée apparaît aussi plus loin : *ibid.*, W. I, 13. 19 ; R. I, 10. 23.

2. *Ibid.*, W. I, 4. 14-15 ; R. I, 4. 7 : ἀρχὴν [...] ἀσύντακτον.

3. Damascius discute aussi le caractère productif de ce principe. Cf. *ibid.*, W. I, 8. 6-11 ; R. I, 7. 1-2 ; W. I, 55. 11-13 ; R. I, 38. 1-3.

4. J.-M. Narbonne, *Plotin*, *op. cit.*, p. 20. L'auteur veut soutenir « la nécessaire inhérence du principe au principié » (*cf.* aussi p. 265) ; en ce sens, il s'appuie sur l'aporétique de Damascius, qui, à son avis, montrerait l'impossibilité d'un principe hors du tout.

5. *De principiis*, W. I, 4. 15 ; R. I, 4. 7-8 : Οὐδὲ ἄρα ἀρχήν, οὐδὲ αἴτιον ἐκείνην κλητέον.

Une distinction s'impose donc entre ce que devrait être le principe (ce sur quoi la divination nous ouvre la vue) et les implications de nos affirmations sur le principe. Damascius ne veut pas dire que l'ineffable n'est pas principe, au sens d'une négation absolue, qui introduirait une contradiction indépassable dans sa pensée. Il serait absurde et contradictoire de chercher un principe absolu et de dire en même temps que celui-ci n'est pas principe.

Il suggère que l'intuition (donc, la divination) du principe absolu ne doit pas être transposée dans des notions. Il ne faut pas concevoir le principe absolu, ni même en tant que principe[1]. Damascius ne retranche pas le principe, mais il défend d'attribuer ce caractère au principe. Il s'oppose au fait que la divination du principe (qui maintient le principe indéterminé) devienne une simple notion attribuée au principe[2]. C'est la notion de « principe » qui est retranchée, afin de saisir adéquatement ce qu'est véritablement le principe absolu. Damascius purifie la divination que l'on en a ; il avertit qu'il ne faut pas comprendre la divination comme une description du principe. À cette divination qui s'inspire du manque du principe, de l'impossibilité de le surprendre, la pensée répond par la suppression de tous les modes de le déterminer. C'est la divination qui guide la pensée, et non pas l'inverse.

Il est vrai que cette manière de parler – qui dit qu'il ne faut pas le dire – se supprime en même temps qu'elle est proférée[3]. Même si l'on a un objet de ce discours, celui-ci affirme qu'il ne faut pas en faire un objet. C'est un discours qui se construit sur le manque de tout objet. Ce discours vise à laisser vide la catégorie d'objet, à empêcher l'instanciation du principe comme objet. Il interdit de dire, de proclamer, de concevoir, de conjecturer. Ce n'est donc pas un discours qui nie certains attributs, certains prédicats. C'est plutôt l'expérience d'un retour à un état pré-discursif, dans la mesure du possible. C'est un retour à ce moment de la divination, dans lequel il n'y a pas encore de discursivité. Ensuite, il faudra essayer de ne pas corrompre le fruit de la divination, tout en lui donnant une détermination précise. Cette divination n'est pas un horizon qui demanderait à être rempli par l'expérience de plus en plus proche

1. En ce sens, G. Van Riel (« "N'essayons pas de compter…" », art. cit., p. 206) affirme : « Étant le sommet de tout ce qui existe, l'Un est le premier véritablement "principe" ». Il s'agit effectivement d'un paradoxe chez Damascius : celui qui est véritablement le principe absolu (à savoir l'ineffable) n'est même pas principe et ne doit pas être appelé principe, tandis que celui dont on peut affirmer – et dont on a affirmé dans la tradition néoplatonicienne – qu'il est principe (à savoir l'un) n'est plus le principe absolu, mais seulement un premier symbole de celui-ci.

2. Lorsqu'il affirmera que ce principe – qu'il appellera « l'ineffable » – est « principe du tout absolument » (*De principiis*, W. I, 55. 12-13 ; R. I, 38. 2-3), Damascius ne tardera pas à ajouter qu'il est principe du tout, mais « situé au-dessus de toute pensée » (*ibid.*, W. I, 55. 13 ; R. I, 38. 3 : ὑπὲρ πᾶσαν ἐπίνοιαν τεταγμένη). Il ne contredit donc pas cette suppression initiale, mais, tout en identifiant l'efficacité de l'ineffable en tant que principe, il ne le déforme jamais en simple attribut.

3. Cela rappelle la fin de la première hypothèse du *Parménide* (141e 12), où l'on dit que l'un sur lequel porte l'hypothèse « n'est même pas un » (τὸ ἓν οὔτε ἕν ἐστιν).

de l'objet de la divination. Au contraire, de cet horizon il faut écarter toute détermination. C'est la divination non pas d'une chose précise (qui est absente au moment de la divination, mais qui a une certaine présence ailleurs, soit avant, soit après la divination), mais d'une absence absolue, qui doit être préservée comme telle et découverte seulement en tant qu'absence.

À cette fin, Damascius supprime systématiquement le terme même de *principe*, puis les caractérisations traditionnelles du principe (comme le fait de l'appeler *premier* et *cause*), mais aussi les expressions qu'il employait lui-même jusqu'à maintenant (comme *tout* et *antérieur au tout*). En définitive, il supprime l'expression même de la transcendance du principe (*au-delà du tout*), même si, antérieurement, il avait parlé de la divination d'un principe *au-delà du tout*[1]. Cependant, il supprime non seulement ces indications précises du principe, mais aussi les opérations cognitives par lesquelles notre pensée se rapporte au principe. Ainsi, on ne peut concevoir (ἐννοεῖν) le principe, ni le proclamer (ὑμνεῖν) ou le conjecturer (ὑπονοεῖν).

Sans concevoir, sans supposer, sans proclamer

Les trois actes mentaux supprimés ici ne sont pas choisis au hasard. Le premier d'entre eux, ἐννοεῖν, la conception, correspond à la manière dont nous pensons le tout : parce que le tout, dans un sens absolu, est « la totalité de ce qu'il nous est possible de concevoir »[2]. Ainsi, ἐννοεῖν est le verbe qui exprime notre manière habituelle de se situer dans le tout et de le parcourir par la pensée. En disant que le principe ne doit pas être conçu, Damascius montre que le principe ne peut être inclus dans le tout. C'est d'ailleurs ce qu'avertit la première aporie du traité *De principiis*.

Damascius revient à la première partie de l'aporie initiale, pour en donner une réponse. Plus haut, il note : « nous concevons aussi le principe » (ἐννοοῦμεν δὲ καὶ τὴν ἀρχήν)[3]. Mais, dans le contexte que nous analysons, il transforme cette remarque en une défense : il ne faut pas concevoir le principe, comme nous sommes tentés de le faire d'habitude. Même si nous concevons aussi le principe d'une certaine manière, en vérité, il ne faut pas le concevoir, il ne faut pas lui attribuer une notion (ἔννοια), même la plus haute dont nous disposons : à savoir celle de l'un[4], qui révèle la non-pluralité du principe[5].

1. Même cet « au-delà du tout » (ἐπέκεινα πάντων) ne peut être adéquat au principe, parce que cette expression aussi indique un rapport entre le principe et les choses après lui (*De principiis*, W. I, 13. 19 ; R. I, 10. 23).

2. *Ibid.*, W. I, 2. 5 ; R. I, 2. 5.

3. *Ibid.*, W. I, 2. 5-6 ; R. I, 2. 5-6.

4. *Ibid.*, W. I, 5. 1 ; R. I, 4. 16 : « nous ne pouvons concevoir rien de plus simple que l'un ».

5. *Cf.* Porphyre, *Commentaire sur le Parménide*, I. 6-10 : « cette notion écarte de lui toute multiplicité, toute composition et toute variété, elle donne à penser qu'il est simple, que rien n'est

Damascius ne se contredit pas, mais passe de la manière habituelle de penser (qui tombe dans l'aporie), à cette autre manière, qui assume les apories et qui se réclame de la divination.

On supprime ensuite non seulement la notion, mais encore la possibilité même de suggérer le principe. Il ne faut même pas avoir une supposition (οὐδὲ ὑπονοητέον) du principe. La supposition, ὑπόνοια, se situe à un niveau plus subtil que la notion (ἔννοια) ; par la supposition, on ne se réfère pas directement au principe, pour le décrire, mais on en parle allégoriquement[1]. L'ὑπόνοια est donc un moyen de parler sans tout dire, ou de dire une chose, pour en suggérer une autre. Effectivement, ὑπόνοια désigne ce qui sera ultérieurement indiqué par le mot allégorie (ἀλληγορία)[2] : dire autre chose (ἄλλα ἀγορεύειν)[3] ou vouloir suggérer autre chose que ce que l'on dit. C'est parler par symboles, par suggestions.

Platon emploie le mot ὑπόνοια en un sens plutôt négatif. Il s'agit non pas de la suggestion d'un sens plus subtil, qu'il faudrait transmettre avec précaution, mais d'une allégorie renvoyant à des choses honteuses ou d'une fausse supposition. Dans la *République*[4], Socrate n'accepte pas les fables mythologiques, « soit qu'elles sont faites par des allégories, soit sans allégories » (οὔτ' ἐν ὑπονοίαις πεποιημένας οὔτε ἄνευ ὑπονοιῶν). Ce n'est pas qu'il rejette simplement l'allégorie, mais il ne l'accepte pas dans l'éducation des jeunes, parce qu'ils ne peuvent pas « distinguer ce qui est allégorie de ce qui ne l'est pas » (ὁ γὰρ νέος οὐχ οἷός τε κρίνειν ὅτι τε ὑπόνοια καὶ ὃ μή)[5]. Dans le contexte du *Gorgias*[6], Platon refuse l'ὑπόνοια, parce qu'elle s'empare des mots de l'interlocuteur, avant d'en saisir entièrement le sens.

Platon rejette les allégories de la cité idéale – ou du moins ce type d'allégories, tout en proposant par ailleurs des mythes bien choisis –, tandis que les néoplatoniciens, à partir de Plotin, se sont efforcés de révéler les significations cachées de ces récits hésiodiques et homériques, écartés par Platon. Ils relativisent ce rejet platonicien en suggérant que Platon lui-même les accepte, mais

avant lui et que l'Un est de quelque manière le principe des autres choses » (traduction par P. Hadot, p. 65).

1. Pour les divers sens de la ὑπόνοια dans la pensée grecque, *cf.* J. Pépin, *Mythe et allégorie. Les origines grecques et les contestations judéo-chrétiennes* [désormais *Mythe et allégorie*], Paris, Aubier, 1958, p. 85-92.

2. Absent chez Platon, le terme ἀλληγορία devient courant à l'époque hellénistique. Plutarque (*Sur la lecture des poètes*, 4. 19 e 10-f 1) marque le passage de ce que « les Anciens appelaient ὑπόνοιαι » à « ce qu'on appelle maintenant ἀλληγορίαι ».

3. Héraclite, *Allégories d'Homère*, 5. 2 : « On appelle en effet allégorie une figure qui consiste à parler d'une chose alors qu'on veut en désigner une seconde toute différente » (trad. F. Buffière).

4. Platon, *République*, 378d-e.

5. *Cf.* Xénophon, *Le Banquet*, 3, 6. 7, où l'on rapporte que Socrate disait que les rhapsodes ne connaissent pas les significations cachées des récits homériques. *Cf.* J. Pépin, *Mythe et allégorie*, *op. cit.*, p. 112-121.

6. Platon, *Gorgias*, 454c 3.

seulement lorsqu'ils s'adressent aux initiés[1]. Chez Plotin, ὑπόνοια désigne l'interprétation qu'il faut ou que l'on peut donner à un texte[2]. Il met en garde contre le présupposé qui veut que « l'un des êtres véritables, leur principe, source et leur pouvoir » soit rien (τὸ μηδὲν ὑπονοήσομεν)[3]. Dans cette situation, on n'a pas accès directement au principe et on ne peut rien lui attribuer, d'où le risque de croire qu'il n'est rien. Le même sens, assez négatif, de ὑπόνοια se rencontre chez Jamblique, dans le *De mysteriis*, où il s'agit d'une idée inacceptable, une supposition fausse[4].

Par contre, chez Proclus, ὑπόνοια devient un mode particulier de suggérer le divin. Il essaye lui aussi de donner un sens plus subtil au rejet platonicien des poètes, sous prétexte que Platon n'aurait accepté que ce qui, dans la mythologie, « vise le beau et le bien et n'est pas sans rapport avec la réalité divine »[5]. Proclus assure que le rôle des mythes (et des ὑπόνοιαι qu'ils portent) n'est pas éducatif, mais mystique (μυστικόν) ; ils mènent à la contemplation des dieux[6]. Les mythes « trompent la multitude ignorante, parce qu'elle ne connaît pas les secrets qu'ils recèlent (δι' ἄγνοιαν τῶν ἐν αὐτοῖς ἀπορρήτων), tandis qu'ils laissent entrevoir aux savants de certaines allégories admirables (ἐνδείκνυσθαί τινας ὑπονοίας θαυμαστάς) »[7]. Proclus s'appuie sur la *République*. Platon semble admettre les mythes, tout en précisant que, si l'on doit révéler de telles choses, il faut le faire « en secret (δι' ἀπορρήτων), devant le plus petit nombre d'auditeurs »[8]. Toutefois, il faut mesurer jusqu'où va l'ironie de Platon dans ce contexte : il affirme la nécessité de raconter ces histoires seulement après avoir immolé « une victime introuvable » (ἄπορον θῦμα), ce qui signifie qu'il ne faut jamais les raconter. Proclus considère qu'il y a un mode ancien « d'expression de la mythologie, qui consiste à révéler les principes divins par le moyen d'allusions obscures [δι' ὑπονοιῶν], à tirer devant la vérité une quantité de voiles »[9]. Les mythes « lient aux Êtres réellement existants ceux qui peuvent s'élever à la contemplation des réalités divines »[10]. Le sens de la ὑπόνοια se

1. *Cf.* R. Lamberton, *Homer the Theologian. Neoplatonist Allegorical Reading and the Growth of the Epic Tradition*, Berkeley-Los Angeles-London, University of California Press, 1989.

2. *Cf.* par exemple Plotin, *Ennéades*, III, 5, 5. 5 ; IV, 3, 6. 28.

3. *Ibid.*, III, 8, 10. 26-28.

4. *Cf.* Jamblique, *De mysteriis*, V 13, p. 161. 13 (les suppositions absurdes) ; VII 5, p. 191. 20-21 (les suppositions qui s'écartent de la vérité).

5. Proclus, *Théologie platonicienne*, I, 21. 5-7 (nous utilisons la traduction de H. D. Saffrey et L. G. Westerink).

6. Proclus, *Commentaire sur la République*, I, 79. 27-80. 12.

7. *Id.*, *Théologie platonicienne*, V, 17. 25-18. 1.

8. Platon, *République*, 378a 4-6 (traduction par R. Baccou).

9. Proclus, *Théologie platonicienne*, I, 21. 7-12.

10. *Id.*, *Commentaire sur la République*, I, 77. 12-13 (trad. A.-J. Festugière). Toujours dans le *Commentaire sur la République*, I, 272. 16, Proclus parle du « Bien supposé être antérieur à tous les Intelligibles ». A. Sheppard analyse les termes utilisés par Proclus pour indiquer les interprétations

précise davantage, lorsque Proclus l'identifie avec l'état d'émerveillement ou de surprise qu'éprouve l'esprit qui entrevoit la vérité, sans être encore sûre d'elle[1].

Quant à Damascius, le verbe ὑπονοεῖν correspond, pour lui aussi, à la dernière manière de dire quelque chose au sujet du principe. Mais le principe le plus haut qui puisse être atteint par supposition ou par conjecture (ὑπόνοια), c'est l'un[2]. Or, il y a une certaine ambivalence dans la relation que l'un et la ὑπόνοια entretiennent. D'une part, par rapport à notre pensée, l'un serait une supposition : « puisque nous n'avons pas de notion ni même de supposition plus simple que l'un »[3]. Mais d'autre part, l'un même – c'est-à-dire ce qu'est ce principe en lui-même – peut être compris par l'intermédiaire d'une supposition, au sens où « nous concevons l'un dans la purification intégrale de la supposition vers ce qui est le plus simple et le plus enveloppant »[4]. L'un n'est pas accessible en tant que tel, mais, en l'affirmant, nous n'avons qu'une supposition (ὑπόνοια) de lui. Pourtant, en quelque sorte, l'un même est la dernière chose que l'on peut supposer[5]. Or, cette suggestion ou supposition que l'on a de l'un réintègre finalement l'un dans la pensée[6]. L'un est impossible à exprimer directement ; cependant, la pensée possède cette puissance de dire ce qui la dépasse, précisément en disant moins par rapport à ce à quoi elle se réfère. De cette façon, même si l'un en lui-même n'est pas un objet proprement dit de la pensée (car l'un est plus simple que la dualité de la pensée), on l'identifie et on le comprend par la supposition (ὑπόνοια), qui nous évoque une image de l'un. Mais l'identifier et en avoir l'image c'est le perdre en tant que principe. C'est la raison pour laquelle, lorsqu'il pose le problème du principe incoordonné, Damascius n'accepte même pas la supposition.

Il y a un double rôle de la supposition, de la ὑπόνοια, qui fait qu'elle même doit être dépassée et supprimée ; on peut comprendre ce double rôle grâce aux deux aspects impliqués dans l'acte même de suggérer, de parler allégoriquement. D'un côté, il s'agit de chiffrer, pour suggérer ce qui ne peut pas vraiment être pensé, par ce qui nous est accessible. En ce sens, nous savons que même l'un n'est qu'un symbole de quelque chose de plus haut, et qu'il n'est pas exactement ce qu'il dit, mais seulement une supposition. D'un autre côté, ὑπόνοια suggère le déchiffrement, la redécouverte dans la supposition, ou dans

allégoriques ou les sous-entendus (*Studies on the 5 th and 6 th Essays of Proclus' Commentary on the Republic*, Göttingen, Vandenhoeck & Ruprecht, 1980, p. 145-161).

1. Proclus, *Commentaire sur le Parménide de Platon*, 761. 14-19 ; 757. 29-33 ; 766. 31-37.

2. *De principiis*, W. I, 6. 9-11 ; R. I, 5. 16-17.

3. *Ibid.*, W. I, 6. 8-9 ; R. I, 5. 15-16 (trad. Combès légèrement mod.).

4. *Ibid.*, W. I, 7. 18-19 ; R. I, 6. 19-20 (trad. Combès légèrement mod.).

5. Cf. *ibid.*, W. I, 18. 3-4 ; R. I, 13. 17-18 : « si donc l'un est le dernier connaissable parmi les choses que, de quelque façon, nous connaissons ou supposons » (trad. Combès légèrement mod.).

6. D'ailleurs Damascius précise que : « même si nous ne parvenions en aucune façon jusqu'à celui-là, du moins encore, portés par l'un-pur-qui-est-en-nous, nous pourrions faire des conjectures au sujet de l'un qui est antérieur à tout » (*ibid.*, W. I, 11. 12-14 ; R. I, 9. 6-9).

l'allégorie, de ce à quoi elle renvoie, de ce que l'on a voulu transmettre par elle. Ce qui donne sens à l'allégorie, à la conjecture ou à la supposition, ce n'est donc pas seulement l'impossibilité première d'une expression directe, c'est surtout le fait que, en fin de compte, quelqu'un puisse comprendre de quoi on parle dans l'allégorie et recevoir l'image de ce qui s'y cache[1]. Par là, la supposition renvoie en définitive vers l'un lui-même. On peut identifier l'un par ce biais, il devient l'objet de notre pensée et on le conçoit en tant que tel, quoique indirectement, en tant qu'objet de notre supposition. Pour Damascius, cette manière d'entrevoir par une suggestion ce que doit être le principe est encore inadéquate et inacceptable, car, de la supposition encore indéterminée, on peut passer à la connaissance proprement dite de ce dont on a la supposition, notamment par la purification de la supposition. Mais Damascius n'accepte pas cette perspective. Pour lui, il faut non pas glaner des indications et des suggestions sur le principe, mais au contraire, épurer son horizon de tout ce qui tend à le déterminer, à l'approximer. Si, pour Proclus, l'émerveillement est le signe d'une ὑπόνοια qui ouvre vers la vérité, en revanche, pour Damascius, « [c]'est, en effet, par cette abstention même de toute supposition que nous reconnaissons qu'il est, lui, le plus merveilleux »[2]. Dans le cas du principe incoordonné, il semble donc qu'on n'ait plus besoin d'avancer à partir d'une ὑπόνοια ; celle-ci reste d'ailleurs liée à la pensée habituelle, qui débouche sur l'aporie. Le merveilleux n'est plus le signe de la vérité que l'on guette ou que l'on suppose, mais le principe même est reconnu comme le plus merveilleux, du simple fait qu'on ne le suppose plus. On peut même identifier une échelle ascendante, entre la suppression des pensées (des ἔννοιαι) et la suppression des suppositions (ὑπόνοιαι), car le principe est dit être « une merveille » par « son caractère même totalement incompréhensible à nos propres pensées »[3], tandis qu'on le reconnaît comme « le plus merveilleux » (θαυμασιώτατον) parce qu'il échappe à nos suppositions (τῷ γὰρ μηδὲν ὑπονοεῖν αὐτῷ τούτῳ). Le plus merveilleux, mais aussi le plus vénérable (τὸ δὲ σεμνότατον)[4] et le plus digne

1. De cette manière, toute supposition (ὑπόνοια) sous-entend une autre chose, vers quoi la supposition renvoie. En ce sens, Damascius (*ibid.*, W. I, 14. 17-18 ; R. I, 12. 13-14) note que « si nous supposons quelque chose, nous chercherions encore quelqu'autre chose d'antérieur à cette supposition » (trad. Combès légèrement mod.).

2. *Ibid.*, W. I, 14. 16-17 ; R. I, 11.13 : Τῷ γὰρ μηδὲν ὑπονοεῖν αὐτῷ τούτῳ ὁμολογοῦμεν εἶναι αὐτὸ θαυμασιώτατον (trad. Combès légèrement mod.). *Cf.* Platon, *Banquet*, 210e, pour l'idée d'une « beauté merveilleuse », qui sera rencontrée à la fin de l'initiation. Chez Platon, le merveilleux (ou le fait même de s'émerveiller, τὸ θαυμάζειν) est la condition de la philosophie, c'est-à-dire ce qui la suscite (cf. *Théétète*, 155d 3), mais aussi la plus haute fin de cette connaissance philosophique (cf. *Banquet*, 210e). Dans son *Commentaire sur le Parménide de Platon*, Proclus reprend le sens initial du merveilleux, tandis que Damascius prend plutôt le merveilleux au sens d'aboutissement de l'initiation philosophique.

3. *De principiis*, W. I, 14. 8-9 ; R. I, 11. 7-8 : θαῦμα τοῦτο λεγόμενον αὐτῷ τῷ πάντῃ ἀλήπτῳ ταῖς ἡμετέραις ἐννοίαις.

4. *Ibid.*, W. I, 7. 20 ; R, I. 6. 19.

(τιμιώτατον)[1] est ce qui « a déjà fui toutes nos suppositions »[2]. Or, la dernière et la plus haute supposition que l'on puisse avoir est celle de l'un. Damascius se demande alors, par un artifice rhétorique, à l'aide d'un interlocuteur fictif : « puisque nous n'avons pas de notion ni même de supposition plus simple que l'un, comment donc conjecturer quelque-chose au-delà de la toute dernière supposition et notion ? »[3]. Dans ce contexte, Damascius paraît admettre la possibilité de supposer quelque chose au-delà de l'un, de supposer ce principe incoordonné. Mais c'est le personnage fictif qui parle, en étant « aux prises avec ces apories » (ταῦτά τις ἀπορούμενος). La réponse de Damascius à cette question aporétique ne consiste pas à supposer un tel principe au-delà de l'un, au-delà de la dernière supposition. Il répond, plus subtilement encore, que ce dernier principe incoordonné n'est même pas objet d'une supposition ou d'un soupçon (ὑπόνοια). La dernière supposition que l'on a est celle de l'un ; en revanche, le principe incoordonné apparaît dans le discours sans même avoir été soupçonné. Un peu plus tard, Damascius revient sur ce point pour se demander : « comment pourrions-nous de quelque façon que ce soit faire ces suppositions sur l'ineffable, à moins que ce soit une trace de lui en nous [...] ? »[4]. Il faut comprendre que notre pensée reste toujours dans ses habitudes propres : on énonce des suppositions, du simple fait de dire que la supposition ne s'applique plus au principe ineffable. Il y a toujours une supposition sous-entendue « d'une certaine manière » (καὶ ὅπως δήποτε), même en supprimant tout ce que l'on peut concevoir ou supposer. Le statut de la supposition est donc équivoque, comme celui de toute affirmation sur le principe. En effet, on fait des suppositions, mais il ne faut pas en faire, puisque même les suppositions ne sont pas adéquates au principe.

Ce principe – qu'il ne faut pas concevoir, ni supposer – ne doit pas non plus être proclamé (οὐδὲ [...] ὑμνητέον). Le verbe ὑμνέω a une importance particulière dans la pensée néoplatonicienne antérieure. Il a pour sens originaire : *louer, célébrer, chanter un hymne* en l'honneur de quelqu'un, plus précisément, en l'honneur d'un dieu. Pour la tradition antérieure, chanter un hymne (ὑμνεῖν) désignait la suprême réception du principe premier par la pensée. Les néoplatoniciens concevaient les hypostases principielles en analogie avec les dieux du panthéon grec. Le premier à tenter une telle identification symbolique est Plotin[5], qui fait correspondre les niveaux principiels avec les dieux Ouranos, Cronos, Zeus. Plotin dit qu'il faut louer par des

1. *De principiis*, W. I, 7. 23 ; R. I, 6. 21.

2. *Ibid.*, W. I. 7. 23-24 ; R. I, 6. 22 : ὥστε τιμιώτατον ἂν εἴη τὸ πάσας ἐκπεφευγὸς τὰς ἡμετέρας ὑπονοίας.

3. *Ibid.*, W. I, 6. 8-11 ; R. I, 5. 15-16 : ὡς οὐδὲ ἔννοιαν οὐδὲ ὑπόνοιαν ἔχομεν ἁπλουστέραν τοῦ ἑνός, πῶς οὖν ὑπονοήσομεν ἐπέκεινά τι τῆς ἐσχάτης ὑπονοίας τε καὶ ἐννοίας.

4. *Ibid.*, W. I, 24. 24-25 ; R. 17. 23-24 : Πῶς δ' ἂν ἡμεῖς ταῦτα περὶ αὐτῆς ὑπονοοῦμεν καὶ ὅπως δήποτε, εἰ μή τι καὶ ἦν ἐν ἡμῖν ἴχνος ἐκείνης (trad. Combès légèrement mod.).

5. Plotin, *Ennéades*, V, 1, 8.

hymnes (ὑμνεῖν) les dieux intelligibles et, au-dessus de ceux-ci, le roi le plus haut (c'est-à-dire le premier principe), qui manifeste sa grandeur pas la pluralité des dieux après lui[1]. Proclus pousse encore plus loin cette manière de penser qui se situe à l'interférence de la philosophie et de la religion, de sorte que, pour lui, l'exercice philosophique ne se conçoit pas séparément de la vie religieuse[2]. Lus dans une grille théologique, les dialogues de Platon sont considérés comme une révélation, comme une initiation aux mystères divins[3]. Parmi ses dialogues, le plus théologique est sans conteste le *Parménide*, dialogue époptique[4], qui expose toute sa théologie afin d'accéder à la contemplation la plus haute. Dans ce contexte théologique et philosophique, Proclus estime que, par les négations de la première hypothèse, Platon adresse un hymne théologique au principe premier. D'une part, la première hypothèse est un hymne en l'honneur de l'un, dans la mesure où celui-ci transcende tous les niveaux des êtres intelligibles[5] ; d'autre part, la même hypothèse apporte un hymne à l'un dans la mesure où celui-ci engendre tous ces niveaux ontologiques[6]. L'hymne reçoit ici un sens philosophique explicite, dans le contexte des analyses hénologiques. Dans sa signification la plus éminente, la plus théologique et, en même temps, la plus philosophique, l'hymne de la première hypothèse unit les deux aspects du principe : celui de la transcendance et celui de la causalité. L'hymne devient ainsi l'approche la plus adéquate du principe suprême, c'est un mode supérieur à la pensée discursive et à la dialectique[7].

Sur cet arrière-plan, Damascius vient nier la possibilité d'apporter un hymne au principe premier. Il attaque précisément cette dualité qui apparaît entre la transcendance de l'un et sa capacité à produire toute chose. La transcendance comprise comme puissance de produire tout – transcendance qu'il a nommée « un-tout avant le tout » – reste encore en relation avec le tout et ne peut pas être réellement le principe premier. En conséquence, si pour Proclus la première hypothèse est un hymne suprême, selon Damascius, l'hymne

1. *Ibid.*, II, 9, 9. 33.

2. *Cf.* H. D. Saffrey, *Recherches*, *op. cit.*, p. 213-226.

3. *Cf.* Proclus, *Théologie platonicienne*, I, 5. 16-18.

4. Platon lui-même emploie métaphoriquement ce langage initiatique, pour indiquer les niveaux à parcourir dans la connaissance du beau en soi (*Banquet*, 209e 5-210a 2). Il distingue trois niveaux : μύησις, τὰ τέλεα et τὰ ἐποπτικά. D'ailleurs, pour le néoplatonisme, les dialogues de Platon jouent un rôle initiatique. *Cf.* Proclus, *Théologie platonicienne*, I, 44. 6 : le *Parménide* est « la plus époptique de toutes ses œuvres ». Au tout début de son *Commentaire sur le Parménide de Platon* (617. 23-618. 2), Proclus parle de la vision mystique la plus contemplative (ἐποπτικωτάτης θεωρίας) révélée par Platon dans le *Parménide*. Cf. *ibid.*, 630. 13 ; 681. 6 ; 993. 7.

5. *Commentaire sur le Parménide de Platon*, 1191. 34-35.

6. Proclus, *Théologie platonicienne*, II, 65. 5-15.

7. Cf. *ibid.*, II, 11, p. 65. 16-17, où Proclus dit que, après avoir chanté un hymne à l'un, l'intellect descend de nouveau au niveau des raisonnements, où il a affaire avec la science dialectique.

lui-même n'est pas adéquat au principe véritablement premier[1]. Mais alors, que signifie la première hypothèse pour lui ? Toute sa signification – dans la perspective damascienne – consiste à nous conduire de manière ineffable vers l'ineffable même, qui ne peut être saisi même par un hymne.

L'hymne est un moyen encore plus indirect et plus prudent de s'adresser au principe, bien plus que la notion (ἔννοια), qui décrit directement, ou que la supposition (ὑπόνοια), qui indique vers ce qu'elle ne peut plus comprendre directement. Il appartient à l'hymne d'exprimer cette distance et cette supériorité absolue de ce que l'on ne peut approcher. L'hymne – ou la louange – met toujours en relation le principe (que l'on ne peut pas comprendre) avec quelque chose que l'on parvient à comprendre, afin de montrer la grandeur ou la supériorité du principe même. Mais Damascius ne peut plus accepter ce mode de pensée relationnel, qui introduit une certaine analogie entre le principe et le reste de la réalité. C'est pourquoi il affirme qu'« il ne faut même pas [...] le proclamer tout »[2] et que « bref, il ne faut pas le proclamer » (οὐδ' ὅλως ὑμνητέον)[3]. Dans son analyse de l'un, Damascius a déjà montré que celui-ci est tout, antérieurement à la pluralité. Pourtant, l'un reste dans une certaine équivocité. D'un côté, nous savons qu'il n'est pas le tout au sens de la pluralité, mais, d'un autre côté, il faut toujours proclamer que l'un est tout, pour ne pas risquer de le penser comme un minimum[4]. La proclamation, ou le fait de louer par un hymne, s'applique particulièrement à l'un, afin de suggérer à la fois la simplicité et la totalité. L'un est suggéré par l'unité de ces deux indications contradictoires (la simplicité et la totalité). La pensée qui s'élève vers l'un est prise en étau par ces deux hymnes contraires : la simplicité la plus enveloppante, qui s'entremêle à la totalité la plus simple. Alors, la pensée qui a recours aux hymnes ne convient pas au principe incoordonné, parce qu'une telle pensée est livrée à un incessant balancement entre les contraires, entre la simplicité et la totalité, faute de pouvoir concevoir leur unité parfaite.

Cependant, Damascius ne supprime radicalement ces trois manières discursives qu'afin de pousser notre pensée au-delà de la dernière notion et supposition dont elle est capable, au-delà du tout dernier et du plus haut hymne qu'on puisse chanter. Or, la dernière conjecture, la dernière supposition et le dernier hymne se réfèrent à l'un. Certes, Damascius – à l'instar de tous les philosophes néoplatoniciens antérieurs – concède que l'un ne peut être pensé à proprement parler, parce que notre pensée plurielle ne peut comprendre la

1. Ph. Hoffmann (« L'expression de l'indicible », art. cit, p. 390) souligne aussi cette différence entre Proclus et Damascius.

2. *De principiis*, W. I, 4. 17 ; R. I, 4. 9.

3. *Ibid.*, W. I, 4. 17 ; R. I, 4. 9.

4. *Ibid.*, W. I, 93. 22-23 ; R. I, 62. 15 : « il est exact de proclamer encore que l'un est tout » (ὀρθῶς ἔχει καὶ ἐκεῖνο πάντα ἀνυμνεῖν).

simplicité de l'un. Toutefois, il y a encore un moyen de se rapporter à l'un et de l'imaginer, à partir de la relation de l'un avec le tout :

> En effet, quel que soit l'objet de nos intellections ou de nos réflexions, c'est ou bien quelque chose qui fait partie du tout (et ce cas se vérifie davantage), ou bien si nous purifions complètement [ce que nous pensons], c'est le tout, même si nous remontons, par la résolution des choses et de nous-mêmes, vers le plus simple, qui est le plus enveloppant de tout, comme la dernière circonférence non seulement des êtres, mais encore des non-êtres[1].

Pour Plotin, en effet, on ne peut dire que « quelque chose » (τί) qui fait partie du tout[2]. Or, Damascius renonce ici à la perspective plotinienne et montre que, même si la manière la plus vraie de penser se réfère à quelque chose qui fait partie du tout, en fin de compte, nous pouvons aussi penser le *tout* et nous pouvons même penser l'*un* qui tient le tout en unité. Plus précisément, nous pouvons penser l'un par sa relation avec le tout, parce que l'un produit le tout et parce qu'il restreint le tout à l'unité. Pour le *tout*, l'un est « le sommet le plus indivisible du tout, de quelque manière qu'on dise le tout »[3], « l'enveloppement le plus large »[4], comme une « dernière circonférence »[5] et comme un « mur d'enceinte »[6]. L'un englobe tout et produit tout. L'un est ce à partir de quoi se développe le tout, mais il est aussi le dernier, qui résorbe le tout dans l'unité. Ce à partir de quoi commence la procession est aussi ce vers quoi se dirige la conversion de toutes les choses, pour trouver leur accomplissement[7]. L'un unifie le commencement avec la fin[8]. Il est une sorte

1. *Ibid.*, W. I, 4. 18-23 ; R. I, 4. 10-14 (trad. Combès, légèrement modifiée).

2. Plotin, *Ennéades*, V, 3, 13. 1.

3. *De principiis*, W. I, 5. 15 ; R. I, 5. 1 : ἡ ἀμερεστάτη κορυφὴ τῶν ὅπως ποτὲ πάντων.

4. *Ibid.*, W. I, 5. 16 ; R. I, 5. 2 : ἡ μεγίστη περιοχή.

5. *Ibid.*, W. I, 4. 22-23 ; R. I, 4. 13 : ἡ ἐσχάτη περιφέρεια. J. Dillon considère que cette « circonférence » est l'ineffable, « an entity which is the condition of everything [...] without strictly being the *cause* of anything » (« Damascius on the Ineffable », art. cit, p. 129). Toutefois, il faut noter que l'un est la circonférence des êtres autant que des non-êtres, mais, en tant que circonférence, qui possède une certaine relation avec le tout, l'un ne saurait être le principe absolu. Seul l'ineffable est véritablement le principe absolu, mais il entrera sur scène plus tard, dans l'ombre des apories de cette circonférence qu'est l'un.

6. *De principiis*, W. I, 5. 13 ; R. I, 4. 24. Terme d'architecture, θριγκός désigne le mur d'enceinte, mais aussi le couronnement (comme le traduit M.-Cl. Galpérine), à savoir le dernier élément ajouté à une structure architecturale, qui a le double rôle d'achever la construction et de la soutenir, en lui donnant de la stabilité. Comme terme philosophique, il tire son origine de la *République*, 534e 2, quand Platon déclare que la dialectique est le couronnement des sciences, parce qu'elle conduit vers le principe non-hypothétique.

7. Pour les apories de la procession et de la conversion identifiées par Damascius, *cf.* J. Dillon, « Damascius on Procession and Return », *in* A. Charles-Saget (éd.), *Retour, repentir et constitution de soi*, Paris, Vrin, 1998, p. 176-188.

8. *De principiis*, W. I, 5. 11-12 ; R. I, 4. 23-24 : « celui qui est la cause proprement dite et le premier, celui-là est aussi la fin en soi et le dernier en soi ». *Cf.* Plotin, *Ennéades*, III, 8, 7. 17 : le principe est en même temps commencement et fin (τέλος ἅπασιν ἡ ἀρχή) ; *ibid.*, VI, 9, 9. 19-21.

de quintessence du tout, qui contient tout de façon unitaire et qui donne au tout une direction : tout commence à partir de l'un et tout finit avec lui. L'un peut donc être pensé à partir de la fonction qu'il a par rapport au tout. En ce sens, on peut lui appliquer tous les prédicats mentionnés plus haut (comme *le principe*, *la cause*, *le premier* ou *le plus simple*), à condition de comprendre que, dans l'un, tous ces prédicats sont présents de manière unitaire[1] et non pas distincts, tels que notre pensée les affirme.

À l'encontre de cette perspective traditionnelle, Damascius nous montre ici que le vrai principe doit être incoordonné. Il ne doit donc pas être pensé par l'intermédiaire de ces deux indications : du principe en tant que source et fin de la réalité. En tant que tel, l'un correspond au point ultime jusqu'auquel notre pensée peut accéder, parce qu'elle résout alors ce qui est pluriel et divisé en elle ; il correspond à la dernière supposition que nous en avons. En revanche, le principe incoordonné doit être au-delà des prédicats qui s'appliquent à l'un[2] et donc au-delà de la dernière supposition. C'est le moment où Damascius va accomplir le geste intellectuel extrême le plus anti-traditionnel possible, en passant au-delà de l'interdiction imposée par Plotin, reprise et renforcée ensuite par Porphyre et Proclus : à savoir au-delà de l'un, que la tradition a maintes fois souligné comme étant impossible à outrepasser. D'ailleurs, ce passage s'effectue avec beaucoup de précautions. Damascius reconnaît que le tout n'a pas besoin d'une autre cause que l'un, cet un qui est à la fois l'origine et la fin, de sorte qu'il n'est pas possible de sortir de ce cercle imposé par la présence de l'un et de penser autre chose : soit avant l'un (donc, avant le début absolu), soit après lui (donc, après la fin ultime). Il annonce progressivement ce passage, au moyen tout d'abord d'une interrogation : « Mais, si l'un est cause du tout et s'il embrasse tout, quel moyen aurons-nous de remonter au-delà de lui ? »[3]. Assurément, si l'on se met dans la perspective de la tradition, ce passage est inimaginable. Plotin même est le premier à imposer cette limite. Pour lui, le principe de toute pensée et de toute réalité se tient au-delà de la pensée et reste incomparable par rapport aux êtres qui peuvent être pensés. Or, étant donné que le principe se soustrait à la sphère de ce qui existe et de ce que l'on peut penser, Plotin établit par là le plus convaincant argument pour établir l'antériorité absolue de l'un et l'impossibilité pour tout autre principe d'être admis avant l'un-bien. De la sorte, il

Proclus (*Éléments de théologie*, 31) montre que toute chose qui procède d'un principe retourne vers le même principe, réunissant ainsi la fin avec le commencement. Platon (*Lois*, 715e 8-716a 1) parle du dieu comme le commencement, le milieu et la fin de tous les êtres. La source de ce fragment platonicien est orphique (cf. *Fragments orphiques*, fr. 21 et 158).

1. *De principiis*, W. I, 5. 3 ; R. I, 4. 18 : « ensemble et selon l'un » (κατὰ τὸ ἕν).

2. Nous remarquons que ces prédicats (principe, cause, premier) sont justement ceux que Damascius a rejetés plus haut (*ibid.*, W. I, 4. 15 ; R. I, 4. 7-8) du principe incoordonné.

3. *Ibid.*, W. I, 5. 18-19 ; R. I, 5. 2-3 : Ἀλλ' εἰ τὸ ἕν πάντων αἴτιον καὶ πάντων περιεκτικόν, τίς ἡ ἐπεκείνα καὶ τούτου ἀνάβασις ἡμῶν.

impose une limite à la pensée qui cherche le principe, limite qui protège le principe de toute tentative de concevoir quelque chose de supérieur, et ainsi, de dénaturer le principe en une chose déterminée et seconde.

Plotin justifie l'interdiction d'aller au-dessus de l'un, en expliquant que nous ne pouvons plus demander à son sujet « ce qu'il est » (car il est au-delà de l'être). Pour lui, nous ne pouvons plus trouver une autre cause et une autre raison d'être. En conséquence, pour Plotin, l'âme peut passer au-delà de l'intellect, mais non pas au-delà de l'un, puisqu'au-delà de l'un il n'y a rien[1]. L'antériorité absolue de l'un est liée au fait que celui-ci se soustrait complètement à la pensée – qui dédouble les choses – et qu'il n'est pas un *un* déterminé, par rapport auquel puisse exister encore un autre *un*, antérieur et plus simple[2]. Dans un autre contexte, Plotin montre que toute enquête discursive avance vers le principe, mais là s'arrête[3]. Or, en ce qui concerne le principe, nous ne pouvons plus continuer à poser d'autres questions supplémentaires, nous ne pouvons plus chercher « ce qu'il est » (τί ἐστιν) et « pourquoi » (διὰ τί) il est ainsi, puisqu'il n'y a plus d'autre principe avant le principe de toutes choses : « en posant la question : "qu'est-ce qui fait être une chose ?" on cherche un principe différent de cette chose. Or il n'y a pas de principe de ce qui est principe de tout »[4]. Plotin limite ainsi l'avancée de l'âme au niveau du bien absolu. La même interdiction de passer au-delà de l'un est proférée par Proclus : au-delà de l'un identique au bien, il n'y a plus rien[5]. Proclus montre qu'il est impossible que l'un ait lui-même un autre principe situé avant lui[6]. C'est parce qu'il ne peut pas imaginer qu'il soit quelque chose de plus divin que l'un et que l'unification[7].

Par contre, Damascius suggère qu'il est possible d'aller au-delà de l'un et qu'il est même nécessaire d'y aller, étant donné la manière dont notre pensée se situe par rapport à l'un. En effet, même si nous ne pouvons pas vraiment demander ce qu'est l'un – comme Plotin nous en a averti –, notre pensée répond déjà à cette question, car l'on pense l'un en tant que cause du tout et en tant que tout. Sans même nous demander ce qu'est l'un, nous utilisons cet un absolu comme si nous savions déjà ce qu'il est, puisqu'on lui attribue un rôle par rapport à la coordination du tout. L'un est trop chargé de déterminations

1. Plotin, *Ennéades*, VI, 7, 22. 19-20 : ὅτι μηδέν ἐστι τὸ ὑπερκείμενον.

2. *Ibid.*, V, 5, 4. 15-16.

3. *Ibid.*, VI, 8, 11. 4-5. L'arrêt de la recherche du principe signifie que le principe lui-même ne peut plus être pensé, ni connu, mais que, pour lui, on ne peut pas découvrir un autre principe antérieur.

4. *Ibid.*, VI, 8, 11. 8-9.

5. Proclus, *Éléments de théologie*, 20. 30-31. *Cf.* V. Napoli, *Ἐπέκεινα τοῦ ἑνός*, *op. cit.*, p. 201-259.

6. Proclus, *Commentaire sur le Parménide de Platon*, 1143. 34-1144. 40.

7. *Cf.* Proclus, *Théologie platonicienne*, II, 23. 5-8 : « Personne ne peut seulement imaginer quelque chose de supérieur au bien suprême que nous appelons principe premier ».

imposées par la pensée – même lorsque la pensée avoue que l'un est plus simple que la pensée et qu'elle ne peut pas le saisir, si ce n'est par l'intermédiaire d'une dualité (celle de la totalité la plus simple et de la simplicité la plus totalisante). Alors, il faut justement aller au-delà de cette ambigüité qui pèse sur l'un. Toute l'originalité et l'audace de Damascius consistent à dire que, nonobstant l'impossibilité de monter au-delà de l'un selon la tradition platonicienne, il faut monter, et que Platon lui-même aurait indiqué un tel passage au-delà de l'un.

Les deux sens du rien

Prenant bien en compte l'avertissement formulé dans la tradition antérieure, à savoir qu'au-delà de l'un il n'y a rien[1], Damascius s'aperçoit de la gravité du pas qu'il est en train d'effectuer et de ses conséquences. C'est la raison pour laquelle il formule ce passage avec prudence, comme s'il avait peur que ce passage ne mène nulle part : « Car peut-être nous avançons-nous dans le vide, fortement tendu vers le rien lui-même ; en effet, ce qui n'est même pas un, cela n'est rien en toute vérité »[2]. Pour les néoplatoniciens, ce qui fait qu'une chose est, c'est son unité, sans laquelle la chose se disperserait dans une pluralité impossible à comprendre et à maîtriser par la pensée. En conséquence, toute chose qui *est* doit être aussi *un*, et ce qui n'est pas *un* ne peut être rien. C'est ce qu'argumente Proclus[3], faisant appel à l'étymologie du mot « rien » (οὐδέν), qui est constitué comme une négation du mot « un » (ἕν). Ce qui n'est même pas un (οὐδὲ ἕν) n'est rien (οὐδέν). À la limite, même le non-être est un, parce que sans l'un, le non-être ne pourrait pas être pensé d'aucune manière. D'ailleurs, Damascius l'avait montré, en disant que l'un est la « dernière circonférence non seulement des êtres, mais encore des non-êtres »[4]. En revanche, au-delà de l'un nous ne pouvons plus rien rencontrer[5].

Or, ici intervient un élément original de la part de Damascius, un changement inattendu de perspective. Si, pour Plotin et pour Proclus, au-delà de l'un il n'y a rien, Damascius essaye d'approcher ce rien même, de braver l'interdit néoplatonicien, en avançant vers le rien, vers ce qui n'est plus[6]. Le danger de tomber dans le néant n'est plus regardé avec crainte,

1. Damascius (*De principiis*, W. I, 62. 11 ; R. I, 42. 5-6) accepte qu'au-delà de l'un on ne peut supposer autre chose.

2. *Ibid.*, W. I, 5. 19-21 ; R. I, 5. 4-5 : Μήποτε γὰρ κενεμβατοῦμεν εἰς αὐτὸ τὸ οὐδὲν ἀνατεινόμενοι· ὃ γὰρ μηδὲ ἕν ἐστιν, τοῦτο οὐδέν ἐστι κατὰ τὸ δικαιότατον.

3. Proclus, *Théologie platonicienne*, II, 4. 10-15 ; 14. 14 ; 22. 2 ; 25. 16-19 ; *Commentaire sur la République*, I, 265. 7-9 ; *Commentaire sur le Parménide de Platon*, 1081. 13-1082. 6 ; 1097. 17-18.

4. *De principiis*, W. I, 4. 22-23 ; R. I, 4. 13-14.

5. Plotin nous avertit de la même chose. Cf. *Ennéades*, VI, 8, 11. 3-5.

6. *Cf.* V. Napoli, Ἐπέκεινα τοῦ ἑνός, *op. cit.*, p. 311-313.

contrairement à la description par Plotin du face-à-face de l'âme avec ce qui est dépourvu de forme[1]. Tout à l'inverse, Damascius propose d'affronter ce danger, sans craindre de tomber dans un rien inférieur à l'être. Si jusqu'alors il a délivré l'horizon du principe de tout prédicat (même des prédicats les plus éminents, comme *tout* et *un*), maintenant il l'émancipe aussi de la possibilité de n'être qu'un simple rien selon le pire. Le rien selon le pire est l'image et le prédicat ultime que l'on risque de projeter sur le principe par la simple suppression de tous les autres prédicats. En effet, Damascius donnera à ce *rien* au-delà de l'un un sens positif, en renversant l'avertissement traditionnel (et l'interdiction de passer au-delà de l'un), au moyen d'une nouvelle manière d'avancer vers le principe absolu. Plus précisément, il considérera qu'au-delà de l'un *il y a le rien lui-même* : non pas un rien selon le pire, comme simple néant[2], mais un rien selon le meilleur, en tant que dépassement des dernières notions et suppositions que nous avons, comme celle qui s'applique à l'un. Damascius passe de ce « même pas un » (οὐδὲ ἕν), au « rien » (οὐδέν) dans le sens supérieur, remplaçant l'avertissement plotinien (qu'au-delà de l'un il n'y a rien) par une affirmation : au-delà de l'un *il y a* le rien, ce *rien* vers lequel nous sommes attirés maintenant. De plus, le rien devient « le rien même » (αὐτὸ τὸ οὐδέν), étant ainsi conceptualisé, ce qui marque davantage son importance.

Pour Plotin, par exemple, l'idée que le principe soit rien est inacceptable. Il se demande de manière rhétorique s'il fallait soupçonner que l'unité des êtres, qui est leur principe, soit *rien*[3]. Plotin accepte que le principe (n')est « rien de ce dont il est principe (τὸ μηδὲν τούτων ὧν ἐστιν ἀρχή) » ; toutefois, il se hâte de préciser : « mais c'est qu'il est supérieur à tout cela » (τὸ ὑπὲρ πάντα αὐτῶν εἶναι)[4]. En tant que non-être absolu[5], le principe (n')est *rien* de toutes les choses. C'est le *rien* de la première hypothèse du *Parménide*, dans laquelle l'un n'est ni ceci ni cela. C'est le *rien* d'une chose absolument autre que tout ce qu'il y a. Mais le principe de Plotin n'est pas pour autant le rien lui-même.

Quant à Damascius, il parle d'un rien en soi : non pas d'un principe qui n'est rien de ce qui le suit, mais d'un principe qui est précisément *le rien* (τὸ οὐδέν), parce qu'il n'est même pas un, il n'est même pas cette unité absolue à laquelle remontent tous les êtres et qui dépasse tous les êtres. Mais qu'est-ce que le *rien* ? Et pourquoi décrire le principe en ces termes ? É. Bréhier

1. Plotin, *Ennéades*, VI, 9, 3. 4-6 : « dans la mesure où l'âme avance vers ce qui n'a pas de forme, tout en étant incapable de saisir cela [...] vacille et craint de ne rien tenir ».

2. Pour le sens inférieur du rien, *cf.* Damascius, *Commentaire du Parménide de Platon*, W. IV, 114-121 ; R. II, 310-314 (le néant absurde de l'un de la 7e hypothèse) et *ibid.*, W. IV, 129-132 ; R. II, 319-320 (le néant absurde des autres de l'un, de la 9e hypothèse).

3. Plotin, *Ennéades*, III, 8, 10. 26-28.

4. *Ibid.*, III, 8, 10. 28-31 (trad. É. Bréhier).

5. Sur les deux sens du non-être chez Plotin, *cf.* L. Lavaud, « Plotin », *in* J. Laurent (éd.), *Le Néant*, Paris, P.U.F., 2011, p. 119-140, notamment p. 119-122.

remarque que le rien de Damascius « vise directement Proclus [...] qui avait voulu démontrer que le premier principe n'était pas le néant, et arrêter l'ascension de l'esprit à l'Un »[1]. Il s'agit d'un passage du *Commentaire sur la République*, dans lequel Proclus distinguait l'être par rapport à deux types de non-être : le non-être inférieur à l'être, c'est-à-dire par défaut (τὸ μηδαμῶς ὄν), ce qui est aussi appelé *rien*, et le non-être supérieur, qui est l'un au-delà de l'être. Le rien avait ainsi seulement un sens négatif, identique au non-être inférieur à l'être. Proclus se réfère à un texte de la *République*, où l'on pose le problème de l'objet de la connaissance. L'analyse procède par deux questions : « celui qui connaît connaît-il quelque chose ou rien ? [...] Quelque chose qui est ou quelque chose qui n'est pas ? »[2]. Si « quelque chose qui est » indique l'être, alors, « quelque chose qui n'est pas » indiquerait – d'après la lecture de Proclus – quelque chose de supérieur à l'être, donc, quelque chose qui « n'est pas », non pas en tant qu'inférieur à l'être, mais parce qu'il dépasse l'être. Proclus justifie sa conclusion en remarquant que Platon décrit le bien comme n'étant pas ou comme n'ayant pas d'être, ce qui veut dire que Platon lui-même admet explicitement quelque chose qui n'a pas d'être, mais qui n'est pas pour autant un pur néant inférieur à l'être. Pour Proclus, l'un (ou le bien absolu) est donc un non-être totalement distinct du néant inférieur à l'être. En effet, comme le souligne Proclus, le « rien » (οὐδέν) est une négation de l'un (ἕν)[3], ce qui indiquerait que l'un, même s'il est lui-même non-être, n'est pas la même chose que le rien inférieur à l'être. L'un ne peut pas être rien, si le rien est une négation de l'un. Par contre, le rien est ce qui est le plus éloigné de l'un, parce qu'il se situe à l'autre bout de la hiérarchie du réel. Cet un, qui ne relève pas de l'être, est pourtant quelque chose, tandis que le rien inférieur à l'être ne peut être décrit comme « quelque chose ». En conclusion, l'un est non-être, non pas dans le sens du rien, mais dans un sens qui dépasse l'être.

Chez Damascius, le même détail est interprété différemment : le rien (en tant que négation de l'un) n'est pas un simple néant inférieur à l'être, mais, au sens propre, il est un « même pas un » qui passe au-delà de l'un. L'enjeu de Proclus consistait à mettre en évidence l'existence de l'un et à imposer sa différence absolue par rapport à l'être, sans risquer d'interpréter le principe comme un rien inférieur à l'être, alors que pour Damascius l'essentiel est d'imposer un principe qui est *rien* dans un tout autre sens que le rien d'infériorité. Il distingue très clairement le simple « non-être » (τὸ μὴ ὄν) par rapport

1. É. Bréhier, « L'idée du néant », art. cit., n. 1 p. 270.

2. Proclus, *Commentaire sur la République*, I, 264. 21-266. 1. *Cf.* Platon, *République*, 476e 7-477a 7 : ὁ γιγνώσκων γιγνώσκει τὶ ἢ οὐδέν ; Πότερον ὂν ἢ οὐκ ὄν.

3. La même conclusion est formulée par Proclus dans la *Théologie platonicienne*, II, 25, 13-19 : l'un et le rien sont les contraires extrêmes, et ce qui n'est pas un n'est rien. En revanche, ce qui n'est pas être n'est pas pour autant néant. Par exemple, des choses du devenir, qui ne sont pas l'être véritable, on ne peut pas dire qu'elles sont rien (cf. *Commentaire sur le Timée*, I, p. 233.31-32). *Cf.* Proclus, *Commentaire sur le Parménide de Platon*, 46 K.

au « rien » (τὸ οὐδέν). Le non-être est une négation ou un dépassement de l'être, en un double sens : dans le sens supérieur, vers l'un au-delà de l'être, et dans le sens inférieur, vers la matière, absolument dénuée de forme et d'être, bien qu'elle participe d'une certaine manière à l'un. En revanche, le rien se situe au-delà de ces limites du non-être. D'une part, il s'agit d'une suppression de l'un et, d'autre part, d'une suppression de la dernière chose qui participe de l'un[1]. Ainsi, le rien est lui-même double. En un sens supérieur, comme négation de l'un absolu, pour accéder au principe incoordonné, aussi bien qu'en un sens inférieur, qui veut que le rien, pur néant d'infériorité[2], ne soit même pas matière et ne possède pas le caractère de l'un. C'est la raison pour laquelle, si l'un absolu est compris comme une sorte de non-être, parce qu'il est au-delà de l'être, le rien dont parle Damascius est au-delà de l'être, mais aussi au-delà du non-être et même au-delà du non-être supérieur, à savoir de l'un absolu.

On peut se représenter la réalité d'un point de vue damascien, comme étant divisée en trois niveaux concentriques : au milieu, il y a l'être, avec ses sens supérieur (de l'être intelligible) et inférieur (des choses qui participent à l'être). Au-dessus de ce noyau, se trouve le non-être, qui dépasse l'être de deux côtés : au sens supérieur (comme un au-delà de l'être), mais aussi au sens inférieur (comme pure négation de l'être, mais qui participe toujours de l'un). Enfin, au-dessus de ce niveau, il y a le rien, également entendu en deux sens : supérieur (en tant que le principe au-delà de l'un) et inférieur (en tant que néant qui n'est même pas un). Damascius impose ainsi une symétrie parfaite à la réalité. De part et d'autre du non-être, il place le néant absolu : le rien[3]. Pourquoi ? Parce qu'il essaye d'imposer un principe indépendant par rapport à l'être dont il est principe. En effet, le simple non-être – aussi bien celui par défaut, que celui par excès – est pensé en rapport avec l'être, ou du moins il ne peut pas se soustraire complètement à celui-ci. À l'extrémité inférieure, celui du non-être par défaut, nous avons affaire au problème du *Sophiste*[4], où le non-être est lui-même pensé comme *être* : τὸ μηδαμῶς ὄν est le non-être affirmé en tant que

1. *De principiis*, W. I, 18. 14-19 ; R. I, 13. 24-14. 1.

2. Celui-ci est décrit comme une « chute hors du tout » (πάντων ἔκπτωσις). La chute correspond au cas d'une privation d'une certaine forme, mais une privation qui, même en tant que telle, est toujours comprise pas l'intermédiaire de la forme (comme l'ombre est comprise par rapport à la lumière, bien qu'elle en soit la privation ; cf. *ibid.*, W. I, 15. 14-18). En revanche, le néant absolu est une chute hors du tout, hors de toute forme possible. Cf. *ibid.*, W. I, 24. 1-3 ; R. I, 17. 8 : il s'agit du néant dont parle Platon dans le *Sophiste*, 239a 8-11, à savoir ce qui n'est sous aucun rapport.

3. *Cf.* Damascius, *Commentaire du Parménide de Platon*, W. IV, 72. 6-8 ; R. II, 285. 17-19 : « En effet, le rien est double : il y a le nom ou la réalité vide, si l'on peut parler ainsi, et ce qui, par son ineffabilité, fuit, par nature, même l'affirmation de l'un » (nous utilisons la trad. de J. Combès : Damascius, *Commentaire du Parménide de Platon*, 4 vol., Paris, Les Belles Lettres, 1995-2003). Cf. *ibid.*, W. IV, 115. 15-19 ; R. II, 310. 20-21.

4. Platon, *Sophiste*, 240d 9-e 4.

tel, par conséquent, il existe bien d'une certaine manière, du moins tant que l'on peut dire qu'il *est* le non-être[1]. À l'autre extrémité, se trouve l'un, en tant que non-être par excès. Bien que celui-ci soit au-delà de l'être et au-delà du tout, il n'est pas complètement exempt de toute relation avec le tout qui vient après lui. Par contre, il est lui-même pensé comme étant d'une certaine manière le tout. Pour cette raison, Damascius propose de dépasser ces formes de non-être relatives, vers ce qui est *rien*, ou plutôt vers *le rien* lui-même.

En son sens inférieur, le rien est appelé « ce qui n'est en aucune façon ni sous aucun rapport » (τὸ μηδαμῆ μηδαμῶς ὄν). La source d'inspiration de cette expression peut être le *Parménide*, où nous rencontrons une expression semblable, dans le contexte de la septième hypothèse sur l'un, l'hypothèse de la non-existence absolue de l'un (qui correspond, dans la lecture de Damascius, au néant absurde de l'un)[2] : « ou bien cette formule, "qui n'est pas", a-t-elle ce sens absolu, que ce qui vraiment n'est point n'est d'aucune façon, sous aucun rapport (οὐδαμῶς οὐδαμῇ ἔστιν), et ne participe à l'être par aucun côté ? »[3]. Par rapport au non-être du *Sophiste*[4] – qui a besoin d'une certaine liaison avec l'être, afin d'être pensé en tant que non-être –, le non-être décrit dans ce contexte du *Parménide* est défini comme « absence de l'être » (οὐσίας ἀπουσίαν), c'est-à-dire un manque absolu d'être. Si le non-être est défini par rapport à l'être (et reste de la sorte un non-être relatif), dans la septième hypothèse du *Parménide*[5], on a affaire à « l'un qui n'est pas » (ἓν εἰ μὴ ἔστι), ce qui permet de concevoir un non-être absolu.

Par analogie renversée avec ce type de non-être absolu, Damascius va appréhender le principe incoordonné, qui ne possède aucune relation avec ce qui vient après lui, mais qui est absolument indicible. Celui-ci (n')est rien, au sens d'une supériorité absolue par rapport au tout et par rapport à l'un comme sommet du tout. Le rien par infériorité relève toujours de notre pensée, il intervient comme un dernier prédicat issu de toutes les négations possibles[6]. En revanche, le *rien* par supériorité possède une double vocation : d'un côté, il n'arrive pas à objectiver le principe, étant donné qu'il n'est plus un prédicat négatif (le plus enveloppant soit-il). Il n'est pas une somme de négations, mais les négations font signe vers lui, sans le déterminer. D'un autre côté, le rien par excès n'enlève pas le principe de l'horizon de la pensée (comme s'il n'y avait pas de principe), mais au contraire, le projette dans un au-delà inatteignable, mais toujours à l'horizon de la pensée qui cherche. De la sorte, même si

1. Platon, *Sophiste*, 240e 1-4.

2. Damascius, *Commentaire du Parménide de Platon*, IV, 114-121.

3. Platon, *Parménide*, 163c 5-7 (trad. A. Diès).

4. *Id.*, *Sophiste*, 240d 9-e 4.

5. *Id.*, *Parménide*, 163b 7-164b 3.

6. C'est pourquoi Plotin, par exemple, dit que le principe n'est pas rien (au sens d'infériorité) ; cf. *Ennéades*, III, 8, 10. 26-28.

Damascius a la témérité d'outrepasser l'interdit traditionnel, il ne faudrait pas comprendre qu'il suggère la possibilité d'un accès direct à ce rien ; au contraire, il nous invite à aiguiser la conscience de ce rien, en gardant à l'esprit son inaccessibilité, tout en nous rendant compte qu'en tant que *rien*, on ne peut rien dire de lui, on ne peut faire de lui un objet de pensée.

Mais pourquoi Damascius se tourne-t-il vers ce rien qui restait jusqu'ici interdit ? Il faut se souvenir que l'analyse antérieure, de manière aporétique, menait de l'un au principe incoordonné, au-delà de l'un. Force est de constater que notre pensée est attirée par ce rien au-delà de l'un. Autrement dit, même si l'on peut argumenter qu'au-delà de l'un il n'y a rien d'autre – comme l'ont fait les philosophes antérieurs – toutefois, on peut remarquer que notre pensée tend au-delà de l'un. Damascius n'invente pas un autre principe, mais il retrouve sa trace dans la pensée qui le cherche. Il remarque que nous sommes « tendu vers le rien » (εἰς αὐτὸ τὸ οὐδὲν ἀνατεινόμενοι), nous inclinons à tendre en haut, vers un principe au-delà même de l'un ; cette tendance consiste finalement dans le fait que l'on ne peut pas s'arrêter à l'un, à la simplicité-totalité de celui-ci et aux apories qu'il suscite. On pourrait aussi dire que l'on ne peut pas s'arrêter à la logique dans laquelle notre pensée traduit l'un, comme cause absolument simple et enveloppante du tout. On est tendu (ἀνατείνεσθαι) vers le rien par le même penchant qui nous fait tomber dans les apories de l'un. Néanmoins, cette propension à tomber dans l'aporie nous éveille à un au-delà absolu, qui, en tant que rien, sort absolument de notre pensée. Autrement dit, tout en tombant dans les apories du principe, nous avons tendance en même temps à nous sortir de ces apories et, par conséquent, à tomber dans le rien, dans ce rien au-delà de l'un et de ses apories.

Le verbe ἀνατείνεσθαι, qui indique la tension ou la tendance vers ce qui est au-delà de l'un, est le même verbe qui désignait – dans le néoplatonisme antérieur – le penchant universel des choses à retourner à leur principe, qu'elles désirent comme leur bien propre. Proclus affirme que : « le bien est l'objet du désir de tout ce qui existe, et toutes choses se tournent vers lui et tendent (ἀνατείνεσθαι) vers lui de par leur nature »[1]. Damascius pousse cette affirmation néoplatonicienne fondamentale dans ses derniers retranchements. Si par nature toute la réalité tend vers le principe premier absolument unitaire et soustrait à l'être, en revanche, par les apories liées au principe premier, la pensée tend au-delà de l'un absolu, ne pouvant pas s'arrêter à celui-ci ; elle est attirée ainsi vers le rien. Il s'agit donc d'une attraction de la pensée qui, dans sa tentative de retrouver son principe, ne peut pas s'arrêter à un principe déterminé. Damascius lui-même décrit cette attraction ou tendance lorsqu'il parlera des manières de remontée vers le principe premier[2]. À chaque niveau de la

1. Proclus, *Théologie platonicienne*, II, 40. 23. On reconnaît ici l'une des doctrines fondamentales du néoplatonisme, dont la source se trouve chez Aristote, *Éthique à Nicomaque*, I, 1, 1094 a 3.

2. *De principiis*, W. I, 27-61 ; R. I, 18-41.

remontée, on ressent le besoin d'avancer plus loin, à tel point que, finalement, on est tourné vers un principe qui n'est même pas l'un absolu. Si, chez Plotin et Proclus, toutes les choses désirent et sont attirées par le bien absolu, Damascius découvre en toutes choses une tension vers ce rien par excellence, ou plutôt un penchant de la pensée qui, en traversant toutes les choses, est toujours attirée par autre chose, qui n'est plus ceci ou cela, mais qui n'est rien, ou plutôt, qui est le rien même. C'est l'attraction d'une pensée-limite, qui pose le problème de son propre principe, mais qui ne peut répondre par rien, si ce n'est que par le rien même.

L'AVANCÉE DANS LE VIDE VERS LE PRINCIPE INCOORDONNÉ

Quel est le sens de cette attraction vers le rien ? En effet, une telle attraction n'est-elle pas l'apparence d'une avancée, qui n'avance pas vraiment ? Damascius a conscience qu'un tel danger menace notre pensée. On risque par là d'avancer un *flatus vocis* dépourvu de correspondant concret, car le rien ne peut être « quelque chose ». Parler du rien n'est pas vraiment parler ni exprimer quelque chose. La pensée et le discours risquent d'avancer dans le vide (μήποτε γὰρ κενεμβατοῦμεν)[1]. Pourtant, Damascius n'hésite pas à faire ce pas et à avancer dans le vide, parce que cette démarche est la plus juste façon d'aller vers le principe premier, incoordonné. Tant que l'on avance dans le discours, nous n'approchons pas le principe incoordonné. Ce n'est qu'en avançant dans le vide que nous y arrivons.

Mais que signifie « avancer dans le vide »[2] et comment est-ce possible sans risquer d'anéantir la pensée ? Pour répondre, il s'impose de retracer l'histoire philosophique de ce terme (κενεμβατεῖν). Il a un sens négatif chez Plotin, qui l'utilise une seule fois. Plotin parle de l'âme individuelle, qui peut se diriger en haut, vers ce qui lui est antérieur et qui peut l'illuminer, mais aussi vers ce qui vient après lui, donc vers le corps. En ce cas, l'âme tend vers une non-existence, vu qu'après l'âme il n'y a qu'une image vide, que l'âme même crée d'elle-même. Ainsi, l'âme *semble* avancer dans le vide (οἷον κενεμβατοῦσα)[3]. Plotin donne au terme κενεμβατεῖν le sens d'une avancée vers le non-être inférieur, que l'âme projette à partie d'elle-même. Proclus pose lui aussi le problème d'une avancée vers l'au-delà, mais sa perspective est complètement différente. Dans le *Commentaire sur la République*, il se réfère au moment où Socrate annonce le bien au-delà de l'être et à la manière dont réagit Glaucon, lequel – dans l'interprétation de Proclus – ne peut distinguer le non-être supérieur à l'être du

1. *De principiis*, W, I, 5. 20-21 ; R. I, 5. 4.

2. *Cf.* M. Vlad, « Stepping into the Void: Proclus and Damascius on Approaching the First Principle », *International Journal of the Platonic Tradition*, 11/1, 2017, p. 44-68.

3. Plotin, *Ennéades*, III 9, 3. 10-12.

non-être inférieur à l'être, mais croit que le seul non-être possible est le non-être inférieur :

> C'est pourquoi aussi, dans la suite, quand il a eu dit que le Bien est suressentiel et que Glaucon se fut écrié « Quelle merveilleuse transcendance ! », il a commencé par le rabrouer en qualifiant de ridicule cette exclamation, puis, alors que Glaucon est comme marchant dans le vide eu égard à la vue de ce qui est au-delà de toutes choses (εἶθ' ὡς κενεμβατοῦντος πρὸς τὴν θέαν τοῦ πάντων ἐπέκεινα), il dit de nouveau qu'il va laisser volontairement de côté beaucoup des opinions qu'il a à ce sujet et se borner à dévoiler l'analogie relative au soleil [1].

Pour Proclus également, l'avancée dans le vide possède une connotation négative, bien qu'il parle d'une avancée non plus vers le bas, mais vers le haut, vers ce qui transcende la pensée. Glaucon n'est pas capable de se rendre compte de la nature particulière de l'« au-delà de l'être » qu'évoque Socrate. Pour lui, on peut connaître seulement l'être[2] ; par contre, ce qui est autre que l'être ne peut se situer que dans le néant inférieur à l'être[3]. C'est pourquoi il est surpris d'entendre Socrate parler de quelque chose au-delà de l'être : parce qu'il croit entendre parler d'une sorte de néant. Par là, il avance dans le vide, parce qu'il avance vers l'au-delà de l'être comme si celui-ci était le néant inférieur à l'être. En effet, dans le vide on ne peut pas avancer à proprement parler ; c'est la raison pour laquelle Proclus – tout comme Plotin, dans le contexte mentionné plus haut – parle d'une avancée apparente (οἷον κενεμβατοῦσα). Glaucon *semble* avancer dans le vide, parce qu'il est incapable de saisir le bien au-delà de l'être. Il est surpris parce qu'il est en proie au sentiment d'avancer dans le vide.

Damascius reprend ce thème de l'avancée dans le vide, qui était déjà résolu dans la tradition, mais il le tourne dans une toute autre direction, dépassant la tradition. Conformément aux avertissements de Plotin et de Proclus, il n'y a rien au-delà de l'un, donc, en avançant plus loin, on serait amené à marcher dans le vide, non plus par ignorance, comme Glaucon, mais consciemment, ce qui serait encore plus problématique. Chez Damascius, l'avancée dans le vide – dont il craint d'être accusé, mais qu'il veut effectuer de son plein gré – est encore plus grave que ce que Proclus dénonçait chez Glaucon, parce qu'il ne s'agit plus d'un vide imaginé, faute de se rendre compte que l'au-delà de l'être n'est pas un néant. Il ne s'agit plus de l'incapacité à comprendre la vraie nature de l'au-delà, et de la confusion avec le vide proprement dit du non-être. Il est désormais question d'une avancée volontaire dans ce dont Proclus (et toute la tradition) nous a déjà assuré que c'est véritablement le *rien*. Si Glaucon

1. Proclus, *Commentaire sur la République*, I, 274. 3-9 (trad. A.-J. Festugière).

2. Platon, *République*, 476e 7-477a 7.

3. Proclus (*Commentaire sur la République*, 264.21-266.1) considère que Glaucon est incapable de surprendre l'existence de quelque chose qui, sans appartenir à l'être, n'est pas pour autant un simple néant.

semble avancer dans le vide, Damascius, au contraire, veut avancer dans le vide en toute connaissance de cause, en sachant pertinemment que c'est le rien. Il veut montrer qu'il n'y a d'avancée vers le principe que dans le vide, en un sens privilégié. Notre avancée ne nous mène pas dans le néant inférieur à l'être, mais vers le rien supérieur aussi bien à l'être qu'à l'un. L'avancée dans le vide est nécessaire parce qu'il est un passage au-delà de l'un, un passage vers ce qui n'est même pas un (οὐδὲ ἕν), mais qui, par la suite, est rien (οὐδέν).

Ainsi, de même que le rien possède deux sens, de même aussi « l'avancée dans le vide est double »[1] : l'une se dirige vers le néant pur, dans le sens inférieur, tandis que l'autre se dirige vers l'indicible au-delà de l'un. Les deux, le néant inférieur et le néant au-delà de l'un, sont indicibles, mais, de nouveau, l'un est indicible en un sens supérieur et l'autre en un sens inférieur. Et ce caractère indicible détermine notre avancée dans le vide ; il est intimement lié au sentiment que l'on a d'avancer dans le vide. Dans le cas du rien selon le pire, l'avancée dans le vide a été identifiée par Platon dans le *Sophiste*[2], lorsqu'il a dit que celui qui essaye de parler de *ce qui n'est pas* (au sens absolu du non-être), ne dit, en effet, rien et ne parle même pas, bien qu'il ait l'impression de dire quelque chose. En revanche, en son sens supérieur, l'avancée dans le vide consiste dans le rejet du principe incoordonné hors de toute modalité de pensée. Dès lors, nous nous rendons compte que, quoi que l'on dise de lui – y compris la négation de tous les prédicats – tout lui est inadéquat.

Avec le problème de κενεμβατεῖν, nous sommes aux prises avec deux manières différentes de garantir le non-accès au principe et sa transcendance. Proclus souligne une première nuance du problème : le principe doit être clairement distingué de l'être, ainsi que du néant inférieur à l'être. Il montre qu'au sujet de ce qui dépasse le niveau de l'être, il faut se garder de parler comme d'un être et, à plus forte raison, il faut se garder d'en parler comme d'un simple non-être – risquant ainsi d'avancer dans le vide, comme Glaucon. Proclus insiste sur le fait que, lorsqu'il est question du principe, il ne faut pas avancer dans le vide, il ne faut par confondre l'au-delà de l'être avec le vide entendu comme simple non-être. Proclus rejette par conséquent ce vide que l'âme projette sur le principe, lorsqu'elle est incapable de reconnaître le principe au-delà de l'être, de même que Plotin repoussait l'avancée de l'âme dans le vide, vers l'image vide que l'âme projette d'elle-même.

Pour Damascius, il ne suffit pas de considérer que le principe est au-delà de l'être, pour assurer la transcendance de celui-ci, parce que la pensée réintègre ce principe dans le *tout* de ce qu'elle pense. La transcendance du principe ne peut pas être imposée simplement en vertu de la distinction entre l'être et

1. *De principiis*, W. I, 8. 1 ; R. I, 6. 24.

2. Platon, *Sophiste*, 237e 1-7. Damascius (*De principiis*, W. I, 8. 3-4 ; R. I, 6. 25-26) renvoie indirectement à ce passage platonicien : pour Platon, *ce qui n'est pas* de manière absolue est indicible.

ce qui n'est plus de l'être. Le principe est totalement transcendant, dans la mesure où il sort complètement de la distinction entre l'être et le non-être. Le principe n'est pas un non-être qui est encore *quelque chose* (pour ne pas être confondu avec un néant d'infériorité), mais, au contraire, le principe est un néant absolu, parce qu'il n'est même pas un non-être supérieur à l'être. Damascius peut ainsi prôner la transcendance du principe non pas par l'interdiction d'avancer dans le vide (d'infériorité), mais par l'invitation à marcher dans le vide (de supériorité), tout en quittant l'espace de l'être et de la pensée.

Dans un cas, comme dans l'autre, force est d'admettre la transcendance du principe et l'impossibilité de le penser. Toutefois, chez Damascius, cette double conclusion est une conséquence du refus de concevoir quoi que ce soit du principe. Tant que l'on a encore une approche discursive du principe (y compris par une supposition ou par un hymne), on reste inexorablement éloigné du principe et acculé à ses apories. C'est seulement lorsque l'on marche dans le vide (de tout discours), que l'on s'approche enfin du principe qui est vraiment au-delà de la pensée. C'est la raison pour laquelle Damascius proposera l'avancée dans le vide comme une sorte de méthode pour asseoir la transcendance du principe[1]. Celle-ci s'impose non pas directement – du simple fait de le déclarer transcendant – mais plutôt au fil de notre avancée dans le vide. Le problème est double : d'une part, il faut avancer vers le principe au-delà de l'un, parce qu'autrement nous restons dans l'aporie du principe ; d'autre part, l'avancée est inévitablement dans le vide, parce que nous n'avançons pas comme vers un autre principe antérieur, distinct de ceux qui le précèdent, mais nous avançons dans ce qui est véritablement indicible et qui, dans cette avancée, se montre comme véritablement indicible et s'impose comme tel.

Dès alors, l'avancée dans le vide proposée par Damascius est, à l'évidence, totalement différente de celle de Glaucon, critiquée par Proclus. Premièrement, le rien au-delà de l'un est très clairement distinct du rien inférieur à l'être ; deuxièmement, comme nous allons le voir, l'avancée de Damascius n'est pas conforme au mode habituel du discours, mais elle suit une modalité aporétique, en tant que suppression de tout discours. En effet, par cette avancée dans le vide, notre pensée ne nomme plus rien et ne peut nommer ce vers quoi elle est maintenant attirée. Notre opinion au sujet du principe incoordonné « s'avance dans le vide en nous-mêmes » (ἐν ἡμῖν κενεμβατοῦν)[2], parce que nous avons l'impression de nommer le principe, alors que c'est impossible. Ainsi, si Glaucon semblait avancer dans le vide parce qu'il ne se rendait pas

1. Cette avancée n'est pas une simple « douleur stérile » de l'âme, comme le suggère P. Athanassiadi (*La lutte pour l'orthodoxie dans le platonisme tardif de Numenius à Damascius* [désormais *La lutte pour l'orthodoxie*], Paris, Les Belles Lettres, 2006, p. 210).

2. *De principiis*, W. I, 16. 15 ; R. I, 12. 23.

compte que l'un au-delà de l'être est supérieur à l'être et au discours, en revanche, maintenant nous avançons dans le vide parce que nous prenons conscience que le principe est totalement au-delà de tout discours et, donc, que rien de ce que l'on pourrait dire à son sujet ne s'applique au principe, mais reste seulement une opinion vide, qui ne parle pas de *quelque chose* de déterminé et n'a pas un référent qui lui corresponde. Mais, en ce cas, pourquoi encore continuer cette avancée dans laquelle on ne dit rien, on ne parle de *rien* et on sait l'impossibilité de parler de ce *rien* absolu ?

CHAPITRE VI

LE TRAVAIL D'ENFANTEMENT VERS LE PRINCIPE INCOORDONNÉ

LE PASSAGE INACCESSIBLE ET LA CONSCIENCE INDICIBLE

Même si, au premier abord, cette avancée vers le principe semble n'apporter aucun progrès de la connaissance – parce que le principe échappe à la connaissance humaine et a été déclaré « rien » –, toutefois, cela ne signifie pas que l'avancée dans le vide, telle que Damascius la conçoit, soit dépourvue de tout enjeu philosophique. Avancer en direction du principe signifie éveiller en nous la conscience de la présence d'un principe qui n'est plus déterminé, d'un principe auquel la connaissance proprement dite ne peut accéder en aucune manière, un principe que nous ne pouvons même pas nous représenter en tant que principe.

Nous sommes donc à la charnière entre la connaissance habituelle, discursive – qui identifie un objet et qui en décèle les caractéristiques – et une prise de conscience inhabituelle, qui ne désigne plus les choses, mais désire ou tend vers le principe. Dans ce passage, l'un joue un rôle de médiation ; en effet, même si l'un est inconnaissable, non identifiable et indescriptible dans les termes de notre pensée (si ce n'est en parlant sur un mode paradoxal d'une totalité absolument simple, ou d'une simplicité absolument totalisante), pourtant, on se réfère toujours à lui, on le projette comme un objet mental, puisqu'on le suppose encore. Au-delà de ce mode aporétique de supposer l'un, la seule manière d'avancer est celle de l'indicible « travail d'enfantement » (ὠδίς). Mais le passage au-delà de l'un n'est pas aisé, car la pensée s'y oppose, parce qu'elle tend à rester dans ce qui lui est plus connu et plus accessible :

> Si donc, aux prises avec ces apories, quelqu'un vient à dire qu'il se contente du principe de l'un, et s'il ajoute comme point final : puisque nous n'avons pas de notion ni même de conjecture plus simple que l'un, comment donc conjecturer quelque chose au-delà de la toute dernière conjecture et notion ? – si donc

> quelqu'un vient à parler ainsi, nous lui pardonnerons, certes, son embarras (car inaccessible, à ce qu'il semble, et impraticable est une telle pensée), mais cependant, à partir de ce qui nous est plus facilement connaissable, il faut que nous stimulions les indicibles travaux d'enfantement qui sont en nous, vers (je ne sais comment dire) l'indicible conscience de cette vérité sublime[1].

En définitive, l'aporie consiste dans le fait que l'un s'impose en tant que cause des choses plurielles, bien qu'il ne puisse pas être soutenu en tant que principe absolu. L'un se situe donc à la limite entre ce que la pensée peut concevoir de plus élevé et ce qu'elle ne peut plus concevoir (mais dont elle a besoin et dont elle pressent la présence). La pensée ressent à la fois le besoin d'un principe unitaire, cause des choses plurielles, mais c'est toujours la pensée qui identifie en elle-même le besoin de poursuivre la quête même au-delà de celui-ci.

Damascius entame un quasi-dialogue avec « quelqu'un » (τις) qui, « aux prises avec les apories », préfèrerait rester au niveau de l'un. À la fin d'une tradition qui se réclame des dialogues platoniciens, une tradition de commentaires de ces dialogues, nous retrouvons encore de minimes traces de la rhétorique dialogique[2]. Comme dans les dialogues platoniciens, on essaye de produire dans la pensée de l'interlocuteur ce travail d'enfantement. Mais ici le dialogue est plutôt généralisé : Damascius s'adresse à quelqu'un indéterminé, et lui répond du point de vue d'un « nous » général, qui peut désigner toute personne confrontée aux apories de la pensée. Ce personnage virtuel peut aussi bien désigner la tradition antérieure[3], ou la pensée habituelle, incapable de s'affranchir de ses concepts et de ses suppositions, enfermée dans sa propre logique, impuissante à en surmonter les apories. D'ailleurs, ce personnage semble être un Glaucon plus prudent, qui ne s'extasie plus face à une transcendance encore au-delà de l'un, transcendance qu'il comprend comme quelque chose de déterminé. Au contraire, il s'arrête à l'un et se contente de ce principe, qui correspond à notre dernière supposition, refusant d'aller plus loin. Ce personnage est la pensée même, qui ne veut plus continuer au-delà de ce qu'elle peut dire avec assurance.

Celui qui dit que l'un lui suffit en tant que principe demeure dans l'aporie et n'accepte pas facilement d'avancer dans le vide, au-delà de l'un. Par conséquent, l'aporie est liée à l'un (c'est-à-dire à la pensée qui se concentre sur

1. *De principiis*, W. I, 6. 7-16 ; R. I, 5. 15-20 (trad. Combès légèrement mod.). Nous gardons le pluriel « travaux d'enfantement », inhabituel pour la langue française mais imposé par l'expression grecque.

2. Cf. *ibid.*, W. I, 1. 8 ; R. I, 1. 6 : εἰ μὲν γὰρ τοῦτο φαίη τις ; W. I, 3. 25 ; R. I, 3. 13 : Εἰ γὰρ λέγοι τις ; W. I, 4. 9 ; R. I, 4. 3 : εἰ δὲ καὶ τοῦτο λέγοι τις. À chaque fois, Damascius est en dialogue avec « quelqu'un » qui essayerait de sauver la conception traditionnelle du principe, tout en assumant les apories.

3. G. Van Riel (« "N'essayons pas de compter..." », art. cit., p. 203) considère que dans ce contexte Damascius se réfère à Proclus.

l'un) mais aussi au refus d'aller au-delà de l'un et d'emprunter ce chemin impraticable. Inversement, celui qui accepte d'avancer dans le vide passe de l'aporie au travail d'enfantement. On refuse d'aller au-delà de l'un, parce qu'au-delà de l'un on ne peut plus rien supposer et parce qu'à vrai dire, on ne peut plus y aller. Mais, pour Damascius, l'enjeu de ce passage au-delà de l'un consiste à renoncer à la toute dernière supposition et aux apories inhérentes au fait de supposer. Il est difficile - pour l'interlocuteur virtuel - de supposer quelque chose au-delà de la dernière supposition (πῶς οὖν ὑπονοήσομεν ἐπέκεινά τι τῆς ἐσχάτης ὑπονοίας) ; cela est même contradictoire. Toutefois, en passant au-delà de la dernière supposition, Damascius cherche non pas à supposer une nouvelle fois autre chose - là où toute supposition est impossible - mais à ne plus supposer. Il veut avancer à contre-courant des suppositions.

Ce type d'avancée est infranchissable, car elle s'aventure sur un chemin qui refuse de se laisser marcher dessus (ἄβατος). Il y a l'idée que l'on se retrouve sur ce chemin sans pouvoir avancer. On est sans ressources (ἀμήχανος) sur cette route sans issue, de sorte que l'on ne peut jamais lui échapper et s'en libérer. Le terme ἀμήχανος est déjà employé par le personnage Socrate, pour qualifier l'exercice que Parménide lui propose, au sujet des hypothèses de la deuxième partie du *Parménide*[1]. Commentant ce passage, Proclus[2] relie le caractère impraticable (ἀμήχανος) et difficile à comprendre, avec la beauté de l'exposition platonicienne, qui n'est pas raffinée, ni apprêtée par des mécanismes imposés artificiellement (ὥστε καὶ ἀμήχανός ἐστιν), mais qui se construit de façon naturelle (αὐτοφυής) et correspond ainsi à la constitution des êtres[3]. Damascius pousse ce cheminement intrépide au-delà de l'un. Il faut marcher sur ce chemin qui se montre non seulement difficile, mais complètement impraticable. En effet, on ne peut pas y avancer à la manière habituelle de la pensée, mais l'on ne peut pas non plus s'empêcher d'emprunter un tel chemin (étant donné les apories de l'un qui nous poussent en avant), de même, il est impossible de sortir de ce chemin, de le dépasser. Cette épineuse situation ressemble finalement à ce que suggérait l'aporie dès le début : on ne peut pas penser le principe, mais on ne peut non plus renoncer à s'en préoccuper.

Damascius suggère donc de stimuler le travail d'enfantement de notre pensée et de continuer d'avancer vers le principe, bien que le chemin soit impraticable. Il faut inciter la pensée à s'approcher du principe et à prolonger ses efforts, bien que le résultat de cet exercice ne soit jamais un *objet* de pensée,

1. Platon, *Parménide*, 136c 6-8.

2. Proclus, *Commentaire sur le Parménide de Platon*, 1018. 5-24.

3. En ce sens, Proclus renvoie à la *République*, 509a 6, où le terme décrit la beauté du Bien qui est la source de la connaissance et de la vérité, mais les dépasse en beauté. La même idée d'une beauté extraordinaire (ἀμήχανον κάλλος) se retrouve dans le *Banquet*, 218e 2, cette fois s'agissant de la beauté d'esprit de Socrate.

doté d'un contenu précis. Tout le résultat de ce labeur réside dans la « conscience indicible » (ἄρρητον συναίσθησιν) de cette « vérité sublime » (τῆς ὑπερηφάνου ταύτης ἀληθείας)[1]. Damascius invite à prendre conscience de ce qui dépasse la connaissance habituelle, notamment par les apories ultimes de cette connaissance. Il construit cet indicible sur le sol du dicible, de la pensée, en exigeant d'elle une cohérence intégrale, sans concession avec les apories, même s'il est plus simple de s'arrêter à ce niveau du problème et de se contenter d'un principe que l'on peut encore supposer, à l'instar de l'interlocuteur fictif. Cette conscience (συναίσθησις) n'est pas une connaissance proprement dite du principe, qui fixerait le principe et risquerait de devenir aporétique. Elle ne fait qu'engager notre pensée dans la direction du principe, sans le donner en tant que tel. Elle reste suspendue entre la tendance constante de passer vers le principe incoordonné et l'impuissance de donner à ce principe une expression discursive déterminée. L'expression même de « conscience indicible » (ἄρρητον συναίσθησιν) est, au premier abord, paradoxale : c'est une conscience, mais non pas une conscience de quelque chose. C'est une conscience qui s'arrête dans l'acte de prendre conscience, sans jamais aboutir à un objet de connaissance.

Chez Damascius, le terme de συναίσθησις est employé différemment en fonction des différents niveaux de réalité. Elle peut être liée à la simple prise de conscience que l'âme a sur elle-même, sur son existence en tant que telle, sans y assimiler un contenu discursif explicite[2]. C'est une attention particulière à soi-même, une sorte de conversion à soi[3]. Elle désigne alors une forme de savoir qui précède la connaissance proprement dite et tout contenu déterminé, toute signification, toute information. Pourtant, elle peut aussi s'appliquer à l'un, au principe unitaire qui précède la pluralité. Damascius décrit alors la conscience (συναίσθησις) que l'on peut avoir de ce qui est de forme unique, même lorsque l'on est situé dans la division et dans la diversité[4]. Cette conscience, qui précède la connaissance et la déborde, est liée à la possibilité d'avoir une vue d'ensemble sur les choses (sur soi-même, par exemple, ou sur l'un), tandis que la connaissance discursive se concentre d'ordinaire sur les parties que la pensée détache mentalement d'une chose. La συναίσθησις vise « la saisie globale de l'un » (τὴν ἐκείνου ἀθρόαν ἀντίληψιν). De même, elle a pour caractéristique de se produire soudainement, elle sort ainsi du temps

1. *De principiis*, W. I, 6. 14-16 ; R. I, 5. 20-21. Platon se réfère à la connaissance de la cause de toutes choses, en la nommant « sublime » (ὑπερήφανος), cf. *Phédon*, 96a 8.

2. *De principiis*, W. I, 42. 22-43. 2 ; R. I, 29. 8-11. *Cf.* aussi *ibid.*, W. I, 154. 1 ; R. I, 184. 16.

3. Pour Plotin également, συναίσθησις décrit la conscience que l'on a de soi-même : cf. *Ennéades*, IV, 3, 26. 45 ; IV, 4, 24. 22-23 ; V, 3, 13. 13 ; V, 4, 2. 18 ; V, 6, 5. 4 ; V, 8, 11. 23.

4. *De principiis*, W. I, 82. 3-5 ; R. I, 54. 15-16 : « Cependant, toujours en train de nous hisser vers le sommet escarpé, à la recherche d'un plus indivisible, nous prenons quelque conscience, même dans la division, de ce qui est de forme unique ».

homogène et linéaire, propre à la compréhension discursive. La conscience que l'on a de ce qui est de forme unique consiste en ce que :

> [...] nous jugeons la division méprisable par rapport à la saisie globale de l'un, ce qui ne nous viendrait pas à l'esprit, si quelque trace de son intellection globale ne s'agitait fortement en nous, et c'est là ce qui fait qu'une lumière de vérité s'allume instantanément, comme il en est à partir de brindilles de bois frottées ensemble[1].

La συναίσθησις est un savoir qui se réfère à ce qui n'est pas un objet direct de la connaissance proprement dite, rationnelle et discursive. Elle offre plutôt le cadre à partir duquel chaque connaissance peut apparaître (qu'il s'agisse d'une âme qui se connaît en tant que conscience, avant de connaître les choses elles-mêmes, ou bien du principe unitaire, à partir duquel tous les objets de la pensée peuvent être conçus). Damascius propose effectivement d'éveiller cette conscience de la « vérité sublime » (τῆς ὑπερηφάνου ταύτης ἀληθείας)[2]. Toutefois, dans ce cas-là, cette conscience n'est pas encore donnée, nous ne l'avons pas d'ores et déjà (comme dans le cas de l'âme qui se tourne vers elle-même), mais, afin de l'atteindre, il faut passer par un certain type d'exercice, de préparation. C'est ce que Damascius appelle ὠδίς (travail ou douleurs d'enfantement), reprenant une expression platonicienne bien connue, présente tout autant chez les néoplatoniciens antérieurs, mais à laquelle il donne un sens plus précis.

Le travail d'enfantement de la pensée

Le « travail d'enfantement » (ὠδίς) désigne la tension et la douleur qui précèdent et annoncent la naissance. J. Combès traduit ce terme par « gestation »[3], mais ce mot est trop faible pour suggérer l'effort soutenu de la pensée qui s'acharne à s'approcher du principe. La gestation désigne une phase bien avant la naissance, qui se déroule lentement et passivement. Elle ne requiert pas d'y éveiller une conscience ardue, ni de rester concentré sur le processus que l'on subit. Or, dans le contexte philosophique dont on parle, l'ὠδίς ne peut appartenir qu'à un esprit parfaitement conscient des apories du principe et qui s'engage concrètement à s'en sortir. L'ὠδίς est déjà en nous, d'une certaine manière, mais il ne suffit pas de savoir cela : il faut le stimuler (ἀνερεθιστέον), afin de nous approcher de son terme, où son fruit sera manifeste. Or, on ne peut pas stimuler la gestation, qui justement est une « formation latente »[4], qui reste lente. Ce n'est que le travail d'enfantement qui

1. *Ibid.*, W. I, 82. 5-9; R. I, 54. 15-19.
2. *Ibid.*, W. I, 6. 14-16; R. I, 5. 20-21.
3. Sara Ahbel-Rappe traduit ce terme par « labor pains » (Damascius' *Problems and Solutions Concerning First Principles*, Oxford, OUP, 2010, p. 70).
4. Cf. *De principiis*, W. I, 6. 14 et la note complémentaire de J. Combès, p. 134-135.

peut être stimulé, intensifié ou calmé selon le cas[1]. En outre, pendant la gestation, le fruit est toujours présent sous une forme plus ou moins imparfaite, ce qui ne peut pas s'appliquer au cas du principe premier. Par contre, dans le travail d'enfantement, le fruit est présent et prêt à être mis au monde, mais il n'est pas encore manifeste. Le travail de la pensée se trouve dans l'effort pour faire passer le principe premier d'un état inapparent, à un état patent. Cette naissance reviendrait à lui donner une certaine expression; mais celle-ci ne se produit pas[2].

Dès l'œuvre platonicienne, le terme ὠδίς indique le rapprochement de la vérité, qui est parfois très douloureux pour l'âme et qui devient l'objet de la maïeutique socratique[3]. Le travail d'enfantement est le moment de fécondité de l'âme, quand elle essaye de saisir et d'exprimer la vérité, tout en ayant le pressentiment de sa présence, sans l'atteindre. La recherche de la vérité prend pour méthode la dialectique, grâce à laquelle, par des questions et des réponses, l'âme se voit soulagée de ses douleurs et dirigée vers l'opinion correcte. Reprenant cette idée, Plotin met en relation le travail d'enfantement et la difficulté (ἀπορία) dans laquelle se trouve l'âme lorsqu'elle tente de parler du principe premier (l'un absolu) sans savoir quel nom lui donner, parce qu'il est inexprimable[4]. L'âme est remplie de pensées, elle ressent les douleurs de l'enfantement lorsqu'elle s'approche de l'un et tente de le décrire[5]. La seule manière d'apaiser ces douleurs consiste à charmer l'âme avec des incantations[6], par la répétition des discours sur l'un, même si l'on sait que, lorsque nous essayons de comprendre l'un par la pensée, nous nous en éloignons. Il y a donc un double statut du discours : d'une part, l'aporie – c'est-à-dire l'impossibilité de nommer l'un – réside en lui, mais d'autre part, c'est toujours lui qui, par la répétition, apaise les douleurs d'enfantement provoquées par l'aporie qu'il porte en lui.

1. *Cf.* Platon, *Théétète*, 149d 1-2.

2. *Cf.* C. Metry-Tresson, *L'aporie*, *op. cit.*, p. 369-434, qui propose une expression assez paradoxale : « avortement ôdistique » (p. 424) ou « gestations toujours prometteuses, mais toujours avortées » (p. 439). Pourtant, un « avortement » impliquerait la fin de toute gestation et de tout travail d'enfantement, tandis que Damascius parle plutôt d'un travail d'enfantement qui se prolonge jusqu'au silence entourant le principe ; cf. *De principiis*, W. I, 27. 9-10 ; R. I, 18. 22-23.

3. Platon, *Banquet*, 206d, *Phèdre* 251e, *République*, 490b, 403b, *Théétète*, 151a, *Lettre II*, 313a.

4. Plotin, *Ennéades*, V, 5, 6. 23-25.

5. *Cf.* D. O'Meara, « Notes on the Aporetics », art. cit., p. 101.

6. *Cf.* Plotin, *Ennéades*, V, 3, 17. 15-18. *Cf.* Platon, *Charmide*, 157a ; *id.*, *Théétète*, 149c 9-d 3. W. Beierwaltes (*Selbsterkenntnis und Erfahrung der Einheit. Plotins Enneade V 3, Text, Übersetzung, Erläuterungen*, Frankfurt am Main, Vittorio Klostermann, 1991, p. 247-248) analyse le fond platonicien des deux métaphores et la manière dont celles-ci sont reprises par Plotin.

Chez Proclus, le désir d'aboutir à l'un et de le comprendre s'accompagne du travail et des douleurs de l'enfantement[1], parce que l'être ne peut, en définitive, comprendre l'un, même s'il tend vers lui. Toutefois, c'est justement ce désir qui nous fait parler de l'un, même si nous savons que l'on ne peut pas l'exprimer adéquatement[2]. On appelle le principe « un » et « bien » par concession à l'âme en quête du principe, tout en sachant que l'un et le bien ne sont que des noms qui ne peuvent pas saisir véritablement la transcendance du principe[3]. Pour Proclus, l'expression la plus radicale du travail d'enfantement se trouve dans la dernière phrase de la première aporie du *Parménide*. Après que Platon a développé tout un discours négatif sur l'un, il se demande finalement si toutes les choses qui ont été dites sont vraiment possibles. Proclus interprète cette dernière question et cet émerveillement comme relevant du travail d'enfantement mental qui se dirige vers l'un et qui fait que nulle expression ne peut être tenue pour irrévocable, et qui nous oblige à pousser plus loin notre recherche[4]. Même le discours le plus négatif et le moins descriptif possible laisse la pensée dans un état de travail d'enfantement de l'un ; cet ultime travail supprime une nouvelle fois toute la série d'attributs négatifs[5], accentuant l'idée que le principe échappe à tout discours. Il est vrai que Proclus entrevoit une fin au travail d'enfantement, en affirmant : « lorsqu'ils [les êtres] sont remontés jusqu'à cette cause, ils sont dans le calme, et ils mettent un terme au travail d'enfantement et à l'amour que tous les êtres possèdent par nature pour la bonté inconnaissable »[6]. En revanche, chez Damascius, on parle d'un travail d'enfantement qui n'a pas de fin, puisque l'on essaye à chaque fois d'exprimer ce qui, une fois exprimé, dépasse l'expression qu'on lui a donnée. Dans le traité *De principiis*, le terme ὠδίς a plusieurs sens, utilisés pour des niveaux de réalité distincts. D'une part, il s'applique à l'acte de génération de la pluralité : on parle alors du « premier travail d'enfantement de la pluralité » (τὴν πρώτην ὠδῖνα τοῦ πλήθους)[7]. Damascius se réfère au niveau de l'unifié, dans lequel se manifeste l'unification des choses plurielles, mais où l'on reconnaît aussi un premier effort de la pluralité pour se manifester. C'est un travail d'enfantement qui suit l'ordre de la procession, l'ordre de constitution de la réalité en tant que

1. *Cf.* Proclus, *Commentaire sur le Parménide de Platon*, 1115. 32 ; 1199. 20-25. C'est par ce travail d'enfantement que chaque chose reçoit son unité propre. Cf. *Théologie platonicienne*, I, 102. 18.

2. Proclus, *Commentaire sur le Parménide de Platon*, 1191. 9.

3. *Cf.* Proclus, *Théologie platonicienne*, II, 58. 24-59. 4.

4. Proclus, *Commentaire sur le Parménide de Platon*, 42 K (éd. Klibansky-Labowsky), ainsi que la note des éditeurs, p. 87-88.

5. *Cf.* C. Steel, « "Negatio negationis". Proclus on the Final Lemma of the First Hypothesis of the *Parmenides* », *in* J. J. Cleary (ed.), *Traditions of Platonism. Essays in Honour of John Dillon*, Aldershot, Ashgate, 1999, p. 351-368.

6. Proclus, *Théologie platonicienne*, II, 56. 25-57. 2 ; cf. *ibid.*, I, 8.10-13 ; III, 5. 13.

7. *De principiis*, W. I, 89, 13 ; R. I, 59, 13.

telle[1]. Par contre, le terme ὠδὶς possède communément le sens de « travail d'enfantement cognitif » (ὠδὶς γνωστική) ; celui-ci suit l'ordre de la conversion et indique la manière dont on essaye de passer du connaissable à l'inconnaissable, du pluriel à l'unitaire et de l'exprimable à l'indicible. En ce sens, le terme désigne la tentative de la pensée pour sortir de cette pluralité (qui a sa première apparition au niveau de l'unifié), en parcourant à rebours les niveaux de la génération de la pluralité. Bien que ces deux sens soient opposés, ils sont en effet liés, car tous les deux témoignent de la difficulté du passage de l'unité à la pluralité et de la pluralité à l'unité.

En ce qui concerne ce type de travail d'enfantement qui va de la pluralité à l'unité, au principe de cette pluralité, il convient de distinguer encore entre le travail d'enfantement qui se réfère à l'un, qui est appelé « travail d'enfantement cognitif » (ὠδῖνα γνωστικήν)[2], et celui qui se réfère au principe incoordonné, qui est appelé travail « indicible »[3]. Le travail d'enfantement qui concerne l'un se partage entre l'aspect dicible et l'aspect indicible de l'un, entre ce qu'il a de connaissable et d'inconnaissable. Ce travail possède deux enjeux. D'un côté, il s'agit d'essayer de comprendre l'unité de l'un, à partir de l'image plurielle que l'on en façonne :

> [...] pour le moment, en scellant ce discours sur cet un-là, nous disons qu'il n'est pas celui que nous disons, et que nous ne le connaissons pas comme un et comme tout ensemble, mais qu'il est celui que nous travaillons à enfanter à partir de ces derniers prédicats (je parle du travail d'enfantement cognitif) [...][4].

L'un est l'objet du « travail d'enfantement cognitif », parce qu'il n'est pas complètement ineffable, mais la pensée essaye toujours de le saisir, de le connaître, de l'approximer comme un et tout à la fois. On peut le supposer en tant que *quelque chose* qui correspond à ce travail, même s'il n'est pas non plus quelque chose de complètement connaissable. Ce travail d'enfantement correspond aux apories du principe exposées par Damascius au début de son traité, quand il montrait que, même si le principe ne doit pas être pensé, on le pense d'une certaine manière, lorsqu'on lui attribue le rôle de principe inconnaissable. L'un aussi joue un certain rôle pour la pensée : il suggère à la fois la simplicité et la totalité, bien que ces deux concepts, par lesquels on essaye de le saisir, ne peuvent pas vraiment le déterminer. Le travail d'enfantement concernant l'un est également appelé « aporétique »[5].

1. Proclus (*Théologie platonicienne*, III, 50. 2-4) décrit la procession, par degrés, des êtres à partir de l'un. Cf. *ibid.*, III, 54. 1-2 ; 89. 9-11 ; V, 40. 10-11 ; V, 138. 22.

2. *De principiis*, W. I, 86. 13 ; R. I, 57. 13.

3. *Ibid.*, W. I, 6. 14 ; R. I, 5. 19.

4. *Ibid.*, W. I, 86, 10-13 ; R. I, 57. 11-13 : Νῦν δὲ ἐκεῖνο περὶ τοῦ τοιούτου ἑνὸς ἐπισφραγιζόμενοι λέγομεν, ὅτι ὃ μὲν λέγομεν οὐκ ἔστιν οὐδὲ γινώσκομεν ὡς ἓν καὶ ὡς πάντα ὁμοῦ, ὃ δὲ ἀπὸ τούτων ὠδίνομεν (ὠδῖνά φημι γνωστικὴν) τοῦτό ἐστι (trad. Combès légèrement mod.).

5. *Ibid.*, W. I, 75. 21-76. 2 ; R. I, 50. 17-19 : τὰς ἀπορητικὰς ὠδῖνας.

Si le travail d'enfantement au sujet de l'un oscille entre l'aspect inconnaissable et ce que l'on peut toujours connaître ou soupçonner de l'un, en revanche, au sujet du principe incoordonné, le travail se réfère plutôt à l'impossibilité d'exprimer l'inconnaissable et l'inexprimable propres au principe. Dans ce cas, on rencontre des expressions comme « indicibles travaux d'enfantement » (τὰς ἐν ἡμῖν ἀρρήτους ὠδῖνας)[1] et « travaux d'enfantement de la vérité » (τὰς τῆς ἀληθείας ὠδῖνας)[2]. Chez Damascius, le terme ὠδίς – qui se réfère au principe incoordonné – reçoit une nuance supplémentaire par rapport à la tradition antérieure : le travail d'enfantement devient le seul effort adéquat que l'on puisse faire en direction du principe premier. En l'occurrence, un tel travail implique d'épurer constamment nos conceptions sur le principe, pour le préserver de toute expression inadéquate. C'est seulement par ce constant dépassement et raffinement que nous pouvons produire – comme dans un miroir – l'effet désiré : la prise de conscience du caractère incompréhensible du principe. Il s'agit d'un effet non pas direct, en vue de penser le principe, mais indirect : la conscience du principe naît sur le fond de ce travail d'enfantement incessant, qui n'aboutit pas à une naissance proprement dite. L'enjeu n'est pas de calmer les efforts et la tension du travail d'enfantement de l'âme en quête du principe, mais de stimuler le travail encore au-delà de la dernière supposition que l'on a sur le principe.

Ce travail d'enfantement – de la pensée en vue du principe incoordonné – perd toute finalité et ne peut plus se diriger vers un résultat concret, vers un discours proprement dit. Damascius s'éloigne en cela de Platon[3], car l'effort du travail d'enfantement intellectif ne s'achève jamais, puisqu'il est généré par quelque chose d'inaccessible discursivement, comme l'exige le principe premier, au-delà de l'un. Notre langage distingue ce qui n'est pas distingué, et c'est pourquoi il manque son but, car atteindre ce but suppose d'exprimer l'inexprimable. La naissance proprement dite est ajournée indéfiniment. Toutefois, le travail d'enfantement continu est la seule façon de se situer par rapport au principe, en le cherchant toujours, mais sans parvenir à le comprendre par une formule quelconque. Ce sens du travail d'enfantement se rapproche de celui de la *Lettre II*[4], où il est montré que les douleurs de l'enfantement ressenties par l'âme sont provoquées par la vaine tentative de comprendre « ce qui est » et « comment est » le roi de toutes choses – identifié par les néoplatoniciens au principe premier. En effet, non seulement

1. *Ibid.*, W. I, 6. 14; R. I, 5. 19.

2. *Ibid.*, W. I, 27. 9-10; R. I, 18. 23.

3. *Cf.* Platon, *République*, 490b 7, où il est montré que la délivrance des douleurs de l'enfantement s'installe seulement après que l'âme a touché la vérité et l'être véritable. *Cf.* le *Banquet*, 209a, où les discours sont appelés des enfants, ce qui montre que la naissance proprement dite se produit, après tout; cf. *Phèdre*, 261a, où Phèdre est appelé « père de beaux enfants », à savoir de certains discours.

4. Platon, *Lettre II*, 313a.

le travail d'enfantement ne vise pas de résultat concret, un *objet* de la pensée, non seulement l'on ne donne jamais naissance à ce qui constitue le *sujet* de ce travail, mais, de plus, le sens même du travail est renversé, car l'on ne cherche pas une connaissance proprement dite, de quelque chose, mais une « conscience indicible » (τὴν ἄρρητον συναίσθησιν)[1], qui précède toute connaissance déterminée. La pensée est en train de donner naissance à ce qui la précède, à ce qui la rend possible (sans que la naissance proprement dite arrive à se produire). C'est un travail d'enfantement à l'envers, tournée vers ce qui le devance et qui précède toute naissance, c'est un travail d'enfantement du père par son enfant. Un tel travail remplace la tendance habituelle du « fils » d'engloutir son « père », par la pensée totalisante. Au lieu de vouloir comprendre son principe et de l'englober dans le tout, la pensée passe par le travail d'enfantement du principe qu'elle pressent.

Ce type de travail a deux aspects complémentaires. D'une part, on identifie une tendance ou un désir de donner naissance au principe, de l'exprimer (et cette tendance a le sens d'une divination, d'un besoin toujours plus grand d'un principe absolu, d'un principe toujours plus inaccessible). D'autre part, le travail implique un sentiment d'impuissance à naître effectivement, ou même de nécessité à ne pas enfanter, pour ne pas rater le sujet du travail à cause d'un objet déterminé, mis au monde trop vite, qui ne correspond pas vraiment à ce que l'on cherche. Le travail d'enfantement est une pensée qui se prolonge, mais qui ne peut pas et qui ne veut pas s'achever par un résultat déterminé. Par ailleurs, même si nous ne pouvons pas passer effectivement au principe absolument incoordonné, seule la tentative constante de passer *au-delà* nous donne la certitude que notre pensée ne s'arrêtera point à une expression inférieure, inadéquate au principe. Le travail d'enfantement purifie notre pensée en quête du principe absolu[2], même s'il n'y aboutit jamais et reste toujours devant lui, comme « dans un vestibule » (ἐν προθύροις)[3]. Ce travail, qui constitue la remontée de la pensée vers le principe premier absolu (l'ineffable), suit le modèle de la première hypothèse du *Parménide*. Mais, tandis que dans l'aporie le personnage Parménide pose l'hypothèse de l'un, pour la supprimer ensuite (tout en disant que l'un n'est même pas un), Damascius, quant à lui, part des choses qui nous sont les plus connues et passe vers ce que nous ne connaissons pas, vers ce dont nous avons seulement un pressentiment, et finit par le silence qui entoure le principe. Et ce passage suit une règle : « ce qui est libre de toute relation est plus digne que ce qui est pris dans une relation, et le non-coordonné plus digne que le coordonné »[4]. Dans

1. *De principiis*, W. I, 6. 15; R. I, 5. 19-20.

2. *Cf.* D. O'Meara, « Notes on the Aporetics », art. cit., p. 105-106.

3. *De principiis*, W. I, 8. 16; R. I, 7. 5.

4. *Ibid.*, W. I, 6. 16-17; R. I, 5. 21-22. Une variante encore plus radicale de cette loi est formulée plus loin : « Mais ce qui est le plus vénérable doit être insaisissable à toute conception et à

les choses d'ici-bas, c'est-à-dire, dans la sphère de ce que nous appelons *tout*, il existe des degrés de coordination et de non-coordination, et ce qui est incoordonné est supérieur à ce qui est coordonné. Le travail consiste à retrouver la trace du non-relatif et du non-coordonné, à partir des choses que nous connaissons, afin de nous élever vers ce qui est hors de toute relation et de toute coordination[1], y compris celles que notre pensée impose, à son insu, sur le principe (comme dans le cas de l'un)[2]. Dans ce travail, on supprime progressivement toute manière de coordination par rapport au tout. Plus précisément, on propose une certaine expression pour le principe absolu, mais chaque expression se montre inadéquate, incapable de manifester le principe. Chaque expression n'est finalement qu'un effort inachevé pour enfanter le principe, qui sera suivi par un autre effort. Le point ultime à partir duquel Damascius veut entreprendre le travail d'enfantement et stimuler la conscience du principe absolument incoordonné sera justement la conception du principe premier comme un absolu, propre à la tradition antérieure. Celui-ci est le dernier auquel nous avons un accès minimal et qui reste dans une certaine relation et coordination avec le tout.

LA CRITIQUE DE L'UN ET LE TRAVAIL D'ENFANTEMENT DE L'INEFFABLE

L'institution de l'ineffable comme principe absolu, au-delà de l'un, s'esquisse dans la trace d'une critique - à plusieurs niveaux - de l'un absolu de la tradition, en tant que degré dernier jusqu'auquel la pensée peut s'élever. Une première partie de cette critique aporétique se trouve au début du traité *De principiis*, quand on a mis en lumière les limites inhérentes à l'un et à ses modes de compréhension, comme transcendance et causalité en même temps. Par « critique », nous ne comprenons rien d'autre que l'exposition des limites jusqu'auxquelles l'un peut servir de principe, ainsi que des difficultés face auxquelles la pensée de l'un s'arrête et se voit obligée de chercher un autre principe. La deuxième partie de cette critique reprend et discute divers aspects de l'un, déjà accentués dans la pensée de Platon ou dans la tradition néoplatonicienne. Si la partie aporétique est une critique générale du concept de principe et de la manière ultime dont nous pouvons le penser, en revanche,

toute conjecture, puisque, même dans les choses d'ici-bas, ce qui échappe sans cesse vers en haut à nos conceptions est plus digne que ce qui est davantage à notre portée, de sorte que ce qui a déjà fui toutes nos conjectures serait le plus digne. » (*Ibid.*, W. I, 7. 20-24 ; R. I, 6. 19-22).

1. *Ibid.*, W. I, 6. 20-22 ; R. I, 6. 1-2 : « plus digne que les causes absolues et leurs effets, que tous les principes et leurs principiés, sera ce qui transcende toutes ces sortes de choses et qui n'est supposé entrer en aucune coordination ni relation ».

2. *Cf.* M. Vlad, « Defying Words : Damascius and the Travail of the Unsayable », *Chora. Revue d'études anciennes et médiévales : philosophie, théologie, sciences*, 14, 2016, p. 223-250.

Damascius montre sur plusieurs niveaux que, pendant que l'un reste dans une relation avec le tout et qu'il est pensé d'une certaine façon, le principe incoordonné – qui sera l'ineffable – sort complètement de toute relation possible. En ce sens, il apporte trois arguments : concernant la relation de l'un avec ceux qui viennent après lui, concernant le fait que l'un est tout et concernant le fait que l'un est encore pensé. Selon le premier argument :

> [...] l'un se place par nature avant les choses plurielles, le plus simple avant ce qui est de quelque façon composé, le plus enveloppant avant ce qui est enveloppé en lui, tandis que l'au-delà, si tu veux l'appeler [ainsi], est au-delà même de toute opposition de ce genre, à savoir non seulement au-delà de l'opposition entre les termes de même rang, mais encore de celle qui se caractérise comme étant entre un premier et ce qui vient après lui [1].

Ces deux sont traditionnellement les caractéristiques de l'un : il est antérieur à la pluralité [2], mais, de la sorte, il garde une relation d'opposition avec la pluralité. Il est compris comme ce qui est le plus simple, or la simplicité précède et s'oppose à la composition; en outre, l'un doit être compris non pas comme un minimum [3], mais comme étant le plus enveloppant, aboutissant encore une fois à une relation – quoique d'opposition – avec les choses qu'il comprend. Or, le principe absolu ne doit plus entrer en opposition, ni en relation avec quoi que ce soit. Même si l'un est compris comme antérieur par rapport à toute autre chose, son antériorité est rapportée aux choses qu'il transcende. Par conséquent, l'un possède une antériorité relationnelle. Certes, toute la tradition s'est efforcée de concevoir une antériorité absolue de l'un par rapport à toute autre chose. Cependant, Damascius nous fait comprendre que toute antériorité de cette sorte est pensée à partir des choses ultérieures, ou, en tout cas, peut toujours être pensée sous un tel rapport. Par l'ineffable, il essayera lui-même d'aboutir à une antériorité et à une transcendance qui ne pourront plus être pensées à partir des choses inférieures.

Le deuxième argument et la deuxième critique de l'un concernent son identification avec le *tout* :

> Chacun des deux, donc, soit du point de vue de sa coordination, soit du point de vue de sa nature propre, [l'un] est tout; or, le tout ne peut pas être premier, ni principe, tant du point de vue de la coordination, parce que les derniers termes coexistent aussi avec lui, que [du point de vue] seulement de l'un qui est

1. *De principiis*, W. I, 6. 23-7. 4; R. I, 6. 3-7 (trad. Combès légèrement mod.).

2. Dès le début de la première hypothèse du *Parménide*, 137c 4-5, l'un est défini comme non-pluriel. Chez Plotin (*Ennéades*, V, 5, 6. 26) le nom de l'un apparaît comme une négation de la pluralité.

3. *De principiis*, W. I, 3. 9; R. I, 3. 1.

> le sien, parce qu'il est un et simultanément tout selon l'un, […] et parce que l'un est sommet des choses plurielles, comme cause de ses dérivés[1].

C'est le même argument, dans ses grandes lignes, discuté dans le cadre des apories initiales du traité : l'un est tout d'une manière simplifiée, unitaire, tandis que le tout – quoi que soit le sens qu'on lui donne – ne peut être principe. Finalement, le troisième argument concerne le fait que l'un soit encore pensé :

> À cela ajoutons que nous concevons l'un dans la purification intégrale de notre pensée vers ce qui est le plus simple et le plus enveloppant. Mais ce qui est le plus vénérable doit être insaisissable à toute conception et à toute supposition, puisque, même dans les choses d'ici-bas, ce qui échappe sans cesse vers en haut à nos supposition est plus digne que ce qui est davantage à notre portée, de sorte que ce qui a déjà fui toutes nos suppositions serait le plus digne[2].

En effet, le problème de la pensée de l'un est double : d'une part, nous pensons l'un d'une certaine façon, en tant que point virtuel de coïncidence de toutes choses et de toutes nos pensées, dont l'image la plus adéquate serait celle du centre d'un cercle. D'autre part, l'un même, dans cette simplicité que nous lui attribuons, ne peut être pensé comme tel, parce que notre pensée est duale et qu'elle approxime l'un par deux images : celle de la simplicité et celle de la totalité. Toutefois, ce statut équivoque de l'un, qui est d'une certaine manière pensé et qui ne l'est pas d'une certaine autre manière, pousse Damascius à envisager un principe qui ne comporte plus cette équivocité, mais qui soit totalement impensable, au-delà de tout exprimable. C'est en ce sens que le travail d'enfantement qu'il faut stimuler est « indicible » et non plus « cognitif ». En effet, il s'agit de tenter non pas de connaître ou d'approximer l'un, mais de découvrir l'inconnaissance du principe absolu. L'ineffable ne sera aucunement connaissable, et seule notre propre impuissance à le penser nous permettra d'en déduire la présence. La pensée devient alors le signe négatif du principe ; la présence de la pensée montre que l'on n'est pas encore en présence du principe. Par contre, la présence du principe se traduira par la suppression de la pensée, ou bien par une pensée suspendue, qui s'exerce en l'absence de toute prise concrète sur un objet de pensée.

Pour conclure ce chapitre, il faut dire que tous ces moyens para-discursifs, à la limite de la pensée, que nous rencontrons depuis le début du traité *De principiis*, entretiennent une forte relation entre eux. Ainsi – sans nous laisser entraîner par nos conceptions imparfaites et inadéquates sur le principe – *l'aporie* initiale nous éveille à la *divination* d'un principe incoordonné. À son tour, la *divination* d'un principe incoordonné implique la *suppression de tout discours* sur le principe et de toute coordination. Celle-ci

1. *Ibid.*, W. I, 7. 11-17 ; R. I, 6. 13-17 (trad. Combès légèrement mod.).
2. *Ibid.*, W. I, 7. 18-24 ; R. I, 6. 18-22 (trad. Combès légèrement mod.).

nous conduit vers un principe qui n'est rien, ou qui, d'une certaine manière, est *le rien* absolu. Dans ces conditions, notre pensée est contrainte d'*avancer dans le vide*. Mais ce n'est pas une avancée, à proprement parler, vers quelque chose de déterminé. Une telle avancée dans le vide consiste en un permanent travail d'enfantement de la pensée, qui essaye de s'approcher du principe mais qui, dans l'impossibilité de l'exprimer, se voit obligée de critiquer et de supprimer toute détermination et supposition, y compris celle de l'un[1], afin d'éveiller en nous la conscience indicible du principe.

Ces moyens para-discursifs analysés permettent adéquatement de passer au-delà de l'un. Cette façon spéciale de penser ne fixe jamais son objet, mais exprime seulement la présence et la nécessité du principe. À défaut de décrire le principe, cette pensée avance dans le vide, supprimant systématiquement les dernières suppositions dont elle dispose. Au lieu d'une pensée proprement dite, nous avons affaire à un travail d'enfantement indicible : la pensée prend conscience de la présence du principe, sachant qu'elle n'aboutira jamais à un résultat concret, à une connaissance véritable, car ce vers quoi elle s'avance reste toujours en face d'elle, dans un horizon inaccessible. Pourtant, dans l'ombre de cette analyse, s'esquisse le principe absolu. Il doit être absolument incoordonné à toute autre chose, un vide pur, sans aucune détermination. Il se montre comme un *rien* qui dépasse la simplicité et l'enveloppement de l'un. Et toutes ces suppressions successives, ces signes de la transcendance du principe absolu, se concentreront en une ultime expression totalement paradoxale de ce principe : l'*ineffable*, alors que notre auteur essaye de comprendre aussi l'impossibilité de connaître le principe, autant que la nécessité pour la pensée de se rapporter toujours au principe qui lui échappe.

1. Un exemple de travail d'enfantement est la première hypothèse du *Parménide*; *cf.* Damascius, *Commentaire du Parménide de Platon*, W. IV, 116. 2-6; R. II, 310. 24-27 : « la première hypothèse supposait 'si l'un est' et elle démontrait qu'il n'est même pas un, le supposant dans le travail d'enfantement de notre âme qui se tend vers lui, tout en le supprimant en vertu de sa transcendance absolument insaisissable à tous ».

TROISIÈME PARTIE

L'INEFFABLE

L'aporie récurrente nous conduit vers un principe absolument incoordonné. Dans les apories du discours, Damascius lit la présence d'un principe que le discours ne comprend plus. Sa recherche tente de voir ce que dit encore notre discours lorsqu'il ne peut plus rien dire directement. Que porte-t-il donc avec lui sans pouvoir dire, et vers quoi renvoie-t-il, lorsqu'il atteint sa limite, lorsqu'il accuse sa propre impuissance ? Le discours devient alors le signe de ce qui le dépasse.

Ce principe incoordonné – dont on a la divination et une sorte de « conscience indicible » (ἄρρητον συναίσθησιν)[1] – s'est déjà montré comme un *rien* supérieur. Il s'est révélé dans la suppression absolue et le dépassement de la dernière supposition possible, qui était celle de l'un. Néanmoins, nous n'avons pas encore une expression de ce principe, mais tous les phénomènes et expériences à la limite de la pensée que nous avons analysés antérieurement ont seulement affranchie la pensée de toute expression possible, de toute transformation du principe incoordonné en un objet déterminé de la pensée. Jusqu'à présent, Damascius semble s'être contenté de rompre avec la tradition et avec ses solutions insatisfaisantes concernant le problème du principe. Or, face à ce principe qui fuit la pensée et toute conception possible, il essaye lui-même de le suggérer ou plutôt de suggérer comment il se soustrait à la pensée. Ainsi apparait dans l'analyse l'ineffable (τὸ ἀπόρρητον), « l'expression »[2] la plus haute par laquelle Damascius se réfère au principe au-delà du tout et incoordonné au tout. En ce qui suit, nous mettrons en lumière le sens sinueux de ce principe qui cherche à illuminer l'espace totalement inabordable d'un *au-delà* absolu. À cette fin, nous allons détisser les fils des différentes trames

1. *De principiis*, W. I, 6. 14-15 ; R. I, 5. 19-20.

2. Nous mettons « expression » entre guillemets parce que celle-ci sera, elle aussi, ultérieurement supprimée et dépassée.

historiques, philologiques et philosophiques du terme *ineffable*. Quelle est l'histoire philosophique de ce terme ? Quelle est l'utilisation spécifique de ce terme chez Damascius ? Comment réussit-il à faire de l'ineffable le principe le plus éminent, donnant une dernière solution – peut-être la plus courageuse et surprenante – au problème néoplatonicien du principe au-delà du tout ?

Pour commencer, voyons comment intervient l'ineffable dans la pensée damascienne et quelles sont les raisons d'y recourir. L'avancée vers un principe absolu – dont l'autorité ne serait plus affaiblie par d'autres apories – s'impose dans la mesure où la pensée ne peut se contenter de conceptions partielles, inévitablement inadéquates, au sujet du principe premier. Damascius se demande lui-même pourquoi nous avons besoin d'un tel principe qui se présente comme une sorte de néant pur. Et sa réponse est que nous avons un impérieux besoin de celui-ci, parce que :

> [...] de là-bas, comme d'un sanctuaire inaccessible, tout procède à partir de l'ineffable et selon un mode ineffable. Car ce n'est pas en qualité d'un qu'il produit les choses plurielles, ni en qualité d'unifié [qu'il produit] les êtres en train de se distinguer, mais c'est comme ineffable, qu'il produit ineffablement toutes les choses de semblable manière [1].

Les principes proposés dans la tradition néoplatonicienne (tels l'un et l'unifié) entrent en opposition et en relation avec les choses causées. Le principe a un rôle précis : il explique la réalité en tant que pluralité de choses distinguées entre elles et, en tant que tel, il s'oppose aux choses qu'il explique. L'un produit les choses plurielles et il leur est coordonné, aboutissant finalement à sa réintroduction dans le tout [2]. Dans ces conditions, l'un ne peut pas vraiment être le principe absolu. La tentative damascienne pour sauver l'un – en proposant l'« un-tout avant le tout », antérieur à la pluralité – s'est elle-même avérée incapable de surmonter le problème de la coordination entre le principe et la réalité. En revanche, Damascius a démontré la nécessité d'un *au-delà* qui doit échapper à toute coordination. Celui-ci doit produire le tout sans s'y opposer, sans entrer dans une relation avec ce tout, donc, sans pouvoir être pensé et réintégré dans le tout.

1. *De principiis*, W. I, 8. 7-11 ; R. I, 6. 28-7. 2 (trad. Combès légèrement mod.).
2. *Ibid.*, W. I, 3. 21-25 ; R. I, 3. 10-13.

CHAPITRE VII

L'INEFFABLE ET SON HISTOIRE

Pourquoi choisir l'ineffable (τὸ ἀπόρρητον) pour indiquer le principe absolu ? Pour répondre à cette question, nous devons préciser le sens de ce mot et ses connotations implicites à la fin de l'Antiquité. Dès le début de ses réflexions, Damascius nous met sur la bonne piste, parce que, avant même de nommer le principe ineffable, il le compare à un sanctuaire (ἄδυτον), donc, à la partie inaccessible du temple, là où l'on ne peut entrer. Dans le néoplatonisme, le principe premier est assimilé au dieu premier et c'est pourquoi son lieu symbolique est un sanctuaire[1]. Toute la tradition pense ce sanctuaire comme éminemment soustrait aux regards profanes. Par cette présence cachée de la divinité, le monde intelligible devient un temple cosmique, avec des niveaux bien délimités[2].

Toutefois, Damascius ne se contente pas de reprendre les métaphores déjà utilisées dans la tradition qui le précède. Il situe au premier plan de sa pensée ce terme qui désignait le mystère même caché dans le sanctuaire : l'ineffable (τὸ ἀπόρρητον). À l'origine, le terme désigne le secret qui ne se divulgue jamais, la doctrine ésotérique. De manière adjectivale il signifie *interdit, secret, ce dont on ne parle pas*, soit en un sens supérieur, comme un mystère, ou bien en un sens plus faible, concernant par exemple des choses honteuses et abominables, qu'il serait de mauvais augure de mentionner. À la fin d'une tradition entièrement centrée sur le principe premier, impossible à comprendre dans le discours, Damascius nomme le principe avec le terme qui exprime par

1. Chez Plotin, l'âme s'approchant du principe premier est vue comme entrant dans un sanctuaire (*Ennéades*, VI, 9, 11). Proclus (*Théologie platonicienne*, III, 64. 8-12) reprend cette idée.

2. Proclus, par exemple, parle du sanctuaire comme d'un lieu du principe absolu : l'un-bien. En face de ce sanctuaire se trouve le vestibule (πρόθυρον), qui est le lieu des trois monades qui annoncent le principe premier (cf. *Théologie platonicienne*, III, 64. 11 et *Commentaire sur la République*, I, 295. 19-24).

excellence l'impossibilité – et même l'interdiction – de nommer quelque chose. Il ne cherche pas, par là, à dévoiler ce qui ne saurait être dévoilé, ni non plus à transgresser les limites permises – philosophiques ou théologiques. Au contraire, il intensifie ce mystère impossible à divulguer, afin de le soustraire à l'approche indiscrète de la pensée, mais aussi pour mettre la pensée en face du secret ultime de la réalité et pour lui faire prendre conscience de son existence. D'autre part, tout en introduisant ce terme qui indique l'impuissance de tout discours, la pensée de Damascius ne s'achève pas dans une suspension sceptique, dans une agnosie qui serait la fin de toute approche philosophique. Au contraire, avec ce principe extrême, au-delà même de l'un, il propose une pensée radicale, qui se rapporte constamment au principe, qui le garde toujours *en vue* et qui reconnaît sa présence silencieuse à chaque niveau de la réalité.

Avant d'analyser l'utilisation de l'ineffable dans le *De principiis*, nous allons passer en revue les occurrences importantes dans la tradition (néo)platonicienne. Chez Platon, le terme apparaît pour désigner l'enseignement secret[1], ou ce qui doit être dit seulement aux initiés[2]. Toutefois, dans l'interprétation damascienne, l'enjeu final de la pensée de Platon consisterait justement à faire tacitement signe – et notamment par le silence même – en direction de l'ineffable[3]. Pour Plotin, le principe premier est soustrait à toute connaissance et il est indicible (ἄρρητον)[4]. Même s'il l'appelle un, Plotin attire l'attention sur le fait que le principe ne peut être nommé aucunement[5]. Nous lui attribuons un nom uniquement par une nécessité intrinsèque à notre discours, en sachant que tout nom reste étranger au principe. En conséquence, il nous est impossible d'exprimer le principe même, nous parlons seulement à son sujet, en vue de nous convaincre de son existence[6]. Nous aboutissons ainsi à une saisie qui n'est pas une connaissance à strictement parler, et qui n'est pas discursive non plus. On peut atteindre le principe non pas par une connaissance qui le regarde de l'extérieur, mais par un contact (ἐπαφή)[7] direct avec lui,

1. Platon, *Phédon*, 62b 3 (ὁ μὲν οὖν ἐν ἀπορρήτοις λεγόμενος). *Cf.* Damascius, *Commentaire du Parménide de Platon*, W. III, 147. 5; R. II, 214. 7 et la note de J. Combès concernant le sens de l'expression « ἐν ἀπορρήτοις » à l'époque de Damascius.

2. Platon, *République*, 378a 4 (δι'ἀπορρήτων ἀκούειν); *Théétète*, 152c 10 (τοῖς δὲ μαθηταῖς ἐν ἀπορρήτῳ τὴν ἀλήθειαν ἔλεγεν).

3. Platon renvoie tacitement vers l'ineffable, car il ne parle pas de manière effective d'un tel principe d'au-delà de un; de même, il renvoie vers l'ineffable par le silence, justement en s'abstenant de parler de lui. S. Gersh (*Being Different. More Neoplatonism after Derrida* [désormais *Being Different*], Leiden-Boston, Brill, 2014, p. 146-150) parle d'un « silence performative », qui indique indirectement.

4. Plotin, *Ennéades*, V, 3, 13. 1 (Διὸ καὶ ἄρρητον τῇ ἀληθείᾳ). Tout ce que nous pouvons dire est *quelque chose*, tandis que celui qui n'est plus *quelque chose* ne peut être qu'indicible.

5. Plotin, *Ennéades*, V, 5, 6. 28-36.

6. *Ibid.*, VI, 8, 13. 1-4 : τῆς πειθοῦς χάριν.

7. *Ibid.*, V, 3, 17. 25-26; VI, 9, 7. 4.

un contact qui dépasse toute connaissance. Plotin utilise aussi des termes comme union (σύνεσις)[1] ou vision (θέα)[2]. Quant au terme d'ineffable (ἀπόρρητον), celui-ci n'apparaît qu'une seule fois, non pas en référence au principe[3], mais dans un contexte neutre, où Plotin reprend le passage du *Phèdre*[4] : on dit dans les mystères (ἐν ἀπορρήτοις) que l'âme est comme dans une prison[5].

JAMBLIQUE ET LE PRINCIPE ABSOLUMENT INDICIBLE

Dans l'œuvre conservée de Jamblique, l'ineffable n'apparaît pas comme un concept philosophique bien déterminé. À ce sujet, le *Protreptique*[6] renvoie aux doctrines secrètes, plus précisément à celles pythagoriciennes, interdites aux profanes. Le même sens se retrouve dans la *Vie de Pythagore*[7], où l'on parle des mystères ineffables, ou des symboles ineffables[8]. Dans le *De mysteriis*, le terme indique « la cause ineffable » des rites sacrés[9], « les symboles ineffables » qui transmettent des secrets inexprimables[10], les invocations ineffables, que seul le dieu comprend[11], le secret en général, à savoir le mystère d'un rite initiatique[12] et l'image ineffable du dieu[13]. Le terme d'ineffable n'est jamais utilisé pour indiquer le principe même.

L'exégèse moderne attribue à Jamblique l'introduction de l'ineffable dans la hiérarchie néoplatonicienne des principes[14], s'appuyant sur le témoignage du

1. *Ibid.*, VI, 9, 3. 11-12 ; VI, 9, 11. 6.

2. *Ibid.*, VI, 9, 4. 14.

3. Dans son article « Scepticism and Ineffability in Plotinus » (*Phronesis*, 45/3, 2000, p. 240-251), D. O'Meara parle d'« ineffabilité » chez Plotin. Il s'agit du caractère indicible du principe un. Plotin lui-même n'utilise pas le terme d'ineffable (ἀπόρρητον), qui apparaît seulement dans le néoplatonisme tardif. *Cf.* D. O'Meara, *Plotinus. An Introduction to the Enneads*, Oxford, Clarendon Press, 2005, chap. V : « Speaking of the One ».

4. Platon, *Phèdre*, 62b 3.

5. Plotin, *Ennéades*, IV, 8, 1. 31.

6. Jamblique, *Protreptique*, 8. 8 ; 105. 1 ; 106. 7-16 ; 111. 23.

7. *Id.*, *Vie de Pythagore*, 1. 2. 5 ; 23. 103. 7 ; 3. 14. 9 ; 6. 31. 3.

8. Sur le sens des symboles ineffables chez Jamblique, *cf.* A. Charles-Saget, « La théurgie, nouvelle figure de *l'ergon* dans la vie philosophique », *in* H. J. Blumenthal et E. G. Clark (eds.), *The Divine Iamblichus*, *op. cit.*, p. 111.

9. Jamblique, *De mysteriis*, I 11, p. 28. 13.

10. *Ibid.*, I 21, p. 49. 9 ; IV 2, p. 138. 5 ; VI 6, p. 183. 16.

11. *Ibid.*, III 24, p. 118. 12 ; V 23, p. 174. 14-15.

12. *Ibid.*, VI 5, p. 182. 23 ; VI 7, p. 184. 10.

13. *Ibid.*, VII 4, p. 190. 6.

14. *Cf.* R. T. Wallis, *Neoplatonism*, London, Duckworth, 1972, p. 158 ; É. des Places « La religion de Jamblique », in *De Jamblique à Proclus, Entretiens sur l'Antiquité classique*, 21, Vandœuvres-Genève, Fondation Hardt, 1975, p. 71 ; D. P. Taormina, *Jamblique critique de Plotin*, *op. cit.*, p. 8-9 et p. 11 ; V. Napoli, « Conoscibilità e inconoscibilità dell'Uno nella lettura di

De principiis. Pourtant, le texte invoqué ne dit pas que, pour Jamblique, le principe serait l'ineffable (τὸ ἀπόρρητον). Les deux principes de Jamblique mentionnés sont l'incoordonné à la triade et l'absolument indicible (πάντῃ ἄρρητος) :

> Après ce qui précède, soumettons à l'examen cette question : les premiers principes antérieurs à la première triade intelligible sont-ils au nombre de deux, à savoir le principe qui est absolument indicible et celui qui ne se coordonne pas avec la triade, comme l'a estimé le grand Jamblique [...] [1].

Damascius recourt volontiers au témoignage de Jamblique lorsqu'il s'agit de savoir le nombre des principes au-delà de la première triade intelligible. Il invoque Jamblique contre Porphyre, qui considérait que le sommet de la triade est le principe premier[2], et contre le reste de la tradition, qui admet un seul principe avant la triade. Pour Jamblique, comme pour Damascius, il y a deux principes avant la triade. On pourrait invoquer un passage du *De mysteriis*[3] qui confirme l'idée que Jamblique distinguait deux principes antérieurs à l'être. Dans ce contexte, il est question du « premier dieu et roi » et, avant celui-ci, du « dieu un » (θεὸς εἷς). L'exégèse moderne identifie les deux principes évoqués dans ce passage du *De mysteriis* avec les deux principes de Jamblique dont parle Damascius[4]. De la sorte, le « dieu un » serait la même chose que le « principe absolument indicible ». Néanmoins, ce principe de Jamblique est-il le même que l'ineffable de Damascius ?

Jamblique décrit le « premier dieu » comme étant le bien véritable, principe de l'être, principe des intelligibles et principe des dieux. Il est premier par rapport aux autres dieux ou êtres intelligibles, dont il est la source. Avant lui, le « dieu un » est décrit comme celui auquel aucun intelligible ne s'unit. Antérieur aux êtres réels, il est le modèle du bien véritable (παράδειγμα [...] τοῦ ὄντως ἀγαθοῦ). Selon Jamblique, ce principe est « immobile dans la

Damascio della Repubblica di Platone », *Pan*, 23, 2005, p. 183-208, notamment p. 184. Selon J. Dillon (« Damascius on the Ineffable », art. cit., p. 123), Jamblique aurait postulé l'ineffable au-delà de l'un : « Iamblichus, it seems, wished to postulate, above the Plotinian One [...] a "totally ineffable" (πάντῃ ἄρρητον) first principle ». L'auteur reconnaît qu'il n'y a aucun autre témoignage attestant que Jamblique aurait affirmé l'existence du principe ineffable.

1. *De principiis*, W. II, 1. 4-7 ; R. I, 86. 3-5.

2. *Ibid.*, W. II, 1. 11-13 ; R. I, 86. 3-10 : « ou bien [...] nous dirons avec Porphyre que le père de la triade intelligible est le principe unique du tout ? ». Le père de la triade intelligible (τὸν πατέρα τῆς νοητῆς τριάδος) est une expression inspirée des *Oracles chaldaïques*, qui indique le niveau le plus haut de l'intelligible.

3. Jamblique, *De mysteriis*, VIII 2, p. 194. 11-25.

4. *Cf.* P. Hadot, *Porphyre et Victorinus*, I, n. 1 p. 97 ; A. Linguiti, « Giamblico, Proclo e Damascio sul principio anteriore all'uno », *Elenchos*, IX, 1988, n. 2 p. 95 : « un dio (identificabile con il principio ineffabile) πρώτιστος persino rispetti al "primo dio e re" (identificabile con l'uno) ».

solitude de son unité » (ἀκίνητος ἐν μονότητι τῆς ἑαυτοῦ ἑνότητος)[1]. Il est donc caractérisé par une unité absolue et indicible, puisqu'aucun intelligible n'y a accès. Par contre, Damascius insiste sur le fait que l'ineffable est non seulement soustrait à l'intelligible, mais aussi « au-delà de l'un » (ἐπέκεινα τοῦ ἑνός)[2]. En outre, pour Jamblique le principe le plus haut était « absolument indicible » (πάντῃ ἄρρητος), en revanche, pour Damascius, le principe le plus haut est même « au-delà de l'indicible » (τοῦ ἀρρήτου ἐπέκεινα).

Certes, une certaine ambiguïté subsiste chez Damascius, qui – dans certains contextes très précis – se réfère à l'ineffable en l'appelant « absolument indicible » (πάντῃ ἄρρητον)[3]. Cette ambiguïté ne suffit pas à identifier le principe ineffable de Damascius à l'absolument indicible de Jamblique. En effet, dans le *De principiis*, cette expression n'est pas réservée à l'ineffable, elle est utilisée également pour indiquer l'un de la tradition. Selon la première aporie du *Parménide*, l'un est « absolument inconnaissable et indicible »[4], parce que, pour lui, il n'y a pas de discours possible. Pourtant, puisqu'on peut suggérer l'un par des négations[5], son caractère inconnaissable et indicible se relativise. Par conséquent, Damascius dit que l'un est indicible et inconnaissable, mais aussi dicible et connaissable[6]. Finalement, il dira explicitement que l'un n'est pas « absolument indicible » (τὸ ἓν οὐκ ἔστι πάντῃ ἄρρητον)[7].

Quand cette même expression est appliquée à l'ineffable, elle n'apparaît pas comme une appellation propre au principe premier damascien, mais comme une expression requise par le contexte, utilisée afin d'indiquer le principe absolu par rapport à l'un de la tradition, donc, afin de différencier entre ces deux principes[8]. Dans un premier contexte, on se demande comment on peut parler de l'ineffable. Peut-être par la suppression de ce qui vient après lui : « N'est-il pas vrai que, connaissant ce qui vient après lui, [...] nous le jugeons indigne d'être affirmé, pour m'exprimer ainsi, de ce qui est totalement indicible »[9]. Or, cette solution est énoncée de manière hypothétique (ἦ ὅτι), tandis que, plus tard, cette hypothèse sera niée : on ne peut pas vraiment parler de l'ineffable, pas même par des négations[10]. De plus, Damascius prend une

1. Jamblique, *De mysteriis*, VIII 2, p. 194. 13-14 (trad. H. D. Saffrey et A.-Ph. Segonds).

2. *De principiis*, R. I, 5. 6; R. I, 7. 16; R. I, 13. 17; R. I, 14. 7; R. I, 14. 28; R. I, 42. 5; R. I, 45. 20.

3. *Ibid.*, W. I, 14. 3-4; R. I, 11. 4 et W. I, 56. 15; R. I, 38. 23.

4. *Ibid.*, W. I, 9. 7-8; R. I, 7. 14: πάντῃ ἄγνωστόν τε καὶ ἄρρητον τὸ ἕν (trad. Combès légèrement mod.).

5. *Ibid.*, W. I, 56. 2-3; R. I, 38. 13.

6. *Ibid.*, W. I, 56. 8-10; R. I, 38. 17-19.

7. *Ibid.*, W. II, 22. 12; R. I, 99. 12-13.

8. L'un est « tout avant le tout » de manière absolument indivisible (*De principiis*, W. I, 3. 8; R. I, 2. 25), tandis que l'ineffable est « tout avant le tout » de manière « absolument indicible » (*De principiis*, W. II, 12. 12-14; R. I, 93. 1-2 :Ἴστω δὲ καὶ ἡμᾶς τὸ ἀπόρρητον ἐπ' ἴσης πάντα πρὸ πάντων ὑποτιθεμένους κατὰ τὸ πάντῃ ἄρρητον).

9. *Ibid.*, W. I, 14. 1-4; R. I, 11. 2-4.

10. *Ibid.*, W. I, 21. 15-17; R. I, 15. 20-22.

certaine précaution : le principe est absolument indicible « pour m'exprimer ainsi » (ἵνα οὕτως εἴπω). Telle n'est pas sa vraie compréhension du principe, ce n'est pas la manière la plus juste de le décrire. Dans ce cadre hypothétique, le principe apparaît comme « absolument indicible » seulement par rapport aux choses plus ou moins connues.

L'expression « absolument indicible » réapparait dans un autre contexte, lorsque Damascius essaye d'entreprendre le travail d'enfantement du principe, à partir des choses plus connues. Une fois parvenu jusqu'à l'un, il nous dit que celui-ci est indicible, mais qu'il porte aussi en lui une trace de dicible. Voilà la raison pour laquelle, avant l'un, il faut y voir le « purement et absolument indicible (τὸ ἁπλῶς καὶ πάντῃ ἄρρητον), non-posable, incoordonable et inconcevable »[1]. C'est le principe premier qui est suggéré, mais, dans ce contexte, il n'est pas identifié comme étant l'ineffable lui-même. Ces indications ne font que propulser le travail d'enfantement au-delà de l'un, sans vraiment saisir le principe au-delà. Celui-ci nous apparaît comme « absolument indicible » seulement par rapport à l'un, qui est à la fois indicible et dicible, mais aussi coordonné aux choses plurielles et toujours concevable par des négations. Damascius utilise donc l'expression « absolument indicible » – expression qu'il attribue à Jamblique – mais son principe premier n'est appelé tel qu'en de rares contextes, où il s'agit de le mettre en opposition avec l'indicible relatif de l'un ou des autres choses. L'ineffable ne saurait être compris seulement comme un degré plus haut d'indicibilité. Effectivement, on peut dénicher une ambigüité encore plus profonde dans la pensée de Damascius, lorsqu'il essaie de démontrer l'existence de l'ineffable et l'appelle non seulement « absolument indicible », mais aussi « indicible » tout court, disant qu'il s'agit d'un indicible dans un sens supérieur, comme un rien au-delà de l'un[2], qui ne peut pas être nommé. Cependant, dans ce cas aussi, Damascius est forcé par le contexte de s'exprimer ainsi, puisqu'il met en opposition l'indicible inférieur et l'indicible supérieur. Ensuite, il va amender cette manière de parler, montrant qu'il distingue clairement l'ineffable de l'indicible, car l'ineffable n'est pas seulement indicible, ni même absolument indicible, mais « au-delà de l'indicible » (τοῦ ἀρρήτου ἐπέκεινα)[3].

Il faut donc distinguer l'ineffable de l'indicible et de ses degrés, dont le plus haut serait l'absolument indicible. L'indicible (τὸ ἄρρητον) s'oppose toujours aux choses dicibles (τὰ ῥητά), en sorte que tout indicible soit lié au dicible, par rapport auquel il se définit. Par contre, l'ineffable (τὸ ἀπόρρητον) sort de cette

1. *Ibid.*, W. I, 56. 15 ; R. I, 38. 23.
2. *Ibid.*, W. I, 8. 1-5 ; R. I, 6. 24-26 ; cf. *ibid.*, W. I, 18. 20-21 ; R. I, 14. 1-3.
3. *Ibid.*, W. I, 9. 8-9 ; R. I, 7. 15.

opposition[1]. Ainsi, l'un est indicible (ce qui implique paradoxalement qu'il est aussi dicible, puisqu'on le détermine en tant que celui dont on ne peut rien dire et dont il faut tout nier)[2], alors que l'ineffable n'est pas même ineffable[3]. En outre, tandis que l'indicible s'exprime par des négations, la trace ultime de l'ineffable n'est pas un discours, mais le silence[4]. Pour conclure, Damascius attribue à Jamblique la doctrine d'un principe « absolument indicible » et reprend cette expression pour indiquer l'un, ainsi que l'ineffable. Pourtant, il cherche un principe premier au-delà de l'indicible. Cela explique pourquoi il introduit l'ineffable dans son traité en invoquant non pas la perspective de Jamblique, mais le silence de Platon[5].

Proclus et le principe ineffable

La majorité des occurrences du terme ἀπόρρητον chez Proclus se réfèrent aux doctrines secrètes : à commencer par l'enseignement platonicien au sujet du principe premier et des niveaux divins successifs. Ce sont des doctrines secrètes que Platon aurait reçues des traditions antérieures[6], comme l'orphisme et le pythagorisme. En conséquence, les enseignements théologiques de Platon – comme la première hypothèse du *Parménide* – sont considérés par Proclus comme des vraies initiations mystiques[7]. Hormis ces indications assez nombreuses, d'ailleurs, le terme est parfois transposé, de manière adjectivale, sur le principe lui-même, auquel conduisent ces initiations mystiques. Proclus parle de la nature ineffable du bien[8], du « désir ineffable » de toutes les choses vers le bien[9], ou du « mystère ineffable » du bien[10]. Ce caractère ineffable du principe doit être compris en relation avec le fait que l'un ou le bien soit la cible des enseignements platoniciens, qui sont considérés comme ineffables, cachés et théologiques par excellence. L'un est ce vers quoi mène la philosophie la plus

1. V. Béguin (« Ineffable et indicible », art. cit., p. 563) distingue l'ineffable de l'indicible. Tandis que l'indicible est la simple négation du dicible, « le sens de l'ἀπόρρητος est d'abord celui d'une *fuite* ou d'un *retrait* ».

2. Cf. *De principiis*, W. I, 55. 14-16 ; R. I, 38. 4-5, où il est montré que Platon a tout nié de l'un, mais il n'a pas nié l'un lui-même, qui est paradoxalement déterminé par la négation de toutes les choses.

3. *Ibid.*, W. I, 10. 23-24 ; R. I, 8. 23.

4. *Ibid.*, W. I, 11. 15 ; R. I, 9. 9 : ἐκεῖνο δὲ παντελεῖ σιγῇ τετιμήσθω.

5. *Ibid.*, W. I, 9. 16-18 ; R. I, 8. 1-2.

6. *Cf.* Proclus, *Théologie platonicienne*, I, 7. 5-8, où l'on parle des traditions reçues en secret (ἐν ἀπορρήτοις) et transmises par Platon.

7. Cf. *ibid.*, II, 61. 15. Le dialogue *Parménide* conduit à l'« ineffable initiation aux mystères » (πρὸς τὴν μυσταγωγίαν τὴν ἀπόρρητον), cf. *ibid.*, III, 83. 16-17.

8. *Ibid.*, II, p. 60. 4 (περὶ τοῦ ἀγαθοῦ [...] καὶ τῆς ἀπορρήτου ταύτης φύσεως).

9. *Ibid.*, III, p. 63. 28.

10. *Ibid.*, III, p. 64. 5.

haute, qui prend le rôle d'une initiation mystique. La première hypothèse platonicienne devient pour Proclus l'hymne le plus éminent pour se rapprocher du principe ; en même temps, elle contient la doctrine secrète, ineffable, qui nous conduit vers ce mystère de l'un ineffable.

En revanche, lorsque Damascius propose l'ineffable comme principe absolu, il ne veut pas seulement indiquer le caractère caché et ineffable des textes platoniciens sur lesquels la tradition s'appuie, en les recevant comme des textes révélés. Certes, il ne conteste en rien l'autorité de l'héritage platonicien, mais il interprète autrement ces textes, estimant qu'ils conduiraient vers un principe antérieur à celui de la tradition. En outre, le terme d'ineffable n'a plus une valeur adjectivale, il n'indique pas seulement le caractère mystérieux, caché et inexprimable du principe un, mais il constitue un principe autonome et finalement le seul principe. Pourtant, ce qui compte pour Damascius, ce n'est pas le terme qualifiant le principe, qu'il soit indicible ou ineffable. Ultimement, il ne retient pas même ce dernier terme, ni aucun autre. Ce qui importe, c'est l'expérience particulière de la pensée en face de ce principe, expérience qui se cache derrière le terme d'ineffable. Il s'agit d'une expérience paradoxale : d'un côté, on avance incessamment dans l'impossibilité de dire la source et le point de surgissement unitaire de la pensée (ou ce que l'on appelle le principe unique du tout) ; d'un autre côté, cette avancée impossible constitue la seule manière adéquate de saisir le principe, de le maintenir dans la pensée sans l'objectiver, sans le perdre sous un concept quelconque. C'est une expérience mentale dans laquelle coïncident sans conflit deux mouvements radicalement opposés : l'effondrement systématique de tout concept et le surgissement d'une conscience non-conceptuelle.

Damascius et le secret de Platon

Même s'il veut dépasser la tradition, Damascius ne saurait se passer de l'autorité platonicienne. En bon penseur platonicien authentique, il ne peut se dispenser de la source commune à toute la tradition. Ainsi, bien que l'ineffable comme tel soit absent du corpus platonicien, Damascius lit les textes fondateurs comme une indication de ce principe, considérant que, finalement, ils renvoient au-delà de l'un. Son interprétation met en scène une double fondation : d'une part, il enracine sa propre pensée dans l'héritage platonicien ; d'autre part, il donne à la source platonicienne un sens inédit, par une nouvelle investigation de l'enjeu ultime du platonisme, à partir de sa propre perspective. L'interprétation damascienne se fonde sur l'ambivalence du discours platonicien au sujet de l'un : l'un est soit absolument inconnaissable, soit connaissable. Pour Damascius, cette hésitation platonicienne indique implicitement le principe suprême. D'une part, il rappelle les références concernant l'impuissance à exprimer l'un. Il s'agit de la première et la septième hypothèse du

Parménide[1] : « Car l'un, comme le dit Platon, s'il est, n'est même pas un ; et s'il n'est pas, aucun discours ne lui conviendra, de sorte que [de lui] il n'y a même aucune négation, ni aucun nom (car le nom n'est pas simple), aucune opinion, ni aucune science [...] »[2]. D'autre part, il renvoie aussi à des textes de Platon où l'un serait pensé, il existerait donc un discours lui convenant : « Platon a fait voir, dans le *Sophiste*, qu'il conçoit l'un à l'état pur dans une certaine affirmation, en montrant qu'il est en soi présubsistant à l'être »[3]. Platon garde l'un en tant que tel, en l'affirmant comme principe de l'être. Mais comment comprendre cette apparente contradiction entre, d'une part, l'un, pensé comme un antérieur à l'être, et, d'autre part, l'un comme n'étant même pas un et comme échappant à l'analyse discursive ? Pour Damascius, l'un n'est pas vraiment le principe absolu. On ne peut pas s'arrêter à l'un, puisque Platon lui-même suggère qu'il faut le supprimer. L'un n'est que le moyen par lequel Platon nous dirige vers le principe ultime. Or, Platon ne fait pas ce dernier pas. Il suggère un au-delà, mais sans dire explicitement ce qu'implique un tel au-delà. Par la suppression des choses plurielles, il nous conduit vers l'un[4]. Mais, lorsqu'il supprime l'un – en disant qu'il n'est même pas un, ni connu, ni nommé –, Platon ne dit plus vers quoi nous conduirait une telle suppression. Il s'arrête à l'un et garde le silence sur l'au-delà. Pour Damascius, cette situation paradoxale – d'un principe supprimé, mais sans faire le pas au-delà – indique subtilement un autre principe :

> C'est que peut-être Platon, par la médiation de l'un, nous a fait monter ineffablement vers l'ineffable dont il s'agit maintenant, l'ineffable au-delà de l'un, précisément par la suppression même de l'un, de même que, par la suppression des autres choses, il nous a amenés par un détour vers l'un [...][5].

Si la suppression des choses plurielles a pour but de découvrir l'un, alors, la suppression de l'un – à savoir l'idée que l'un n'est même pas un et n'a aucun nom – doit découvrir l'ineffable, ou, du moins, mettre la pensée sur la trace de l'ineffable[6]. Pourtant, Platon ne nous dit pas vers quoi nous allons en supprimant l'un. C'est Damascius qui opère cette suppression et en tire la

1. Platon, *Parménide*, 141e 10-142a 8 et 163b-164b.

2. *De principiis*, W. I, 9. 3-6 ; R. I, 7. 11-13.

3. *Ibid.*, W. I, 9. 14-16 ; R. I, 7. 19. Damascius se réfère ici au passage du *Sophiste* 245a-b, qui considère l'un comme préexistant à l'être et comme lui apportant son unité. Cf. *ibid.*, W. I, 65. 5-10 ; R. I, 44. 1-5 : Damascius rappelle que Platon nomme le bien (identifié par les néoplatoniciens à l'un) « le plus important objet de la science » (*cf.* Platon, *République*, 505a 2-3 et 519c 9-10).

4. C'est ce que montre la première hypothèse du *Parménide* (137c 4-142a 8) : si l'un est un, alors il n'est rien d'entre les choses plurielles.

5. *De principiis*, W. I, 9. 10-13 ; R. I, 7. 15-18 : Ἢ τάχα μὲν ὁ Πλάτων διὰ μέσου τοῦ ἑνὸς ἀνήγαγεν ἡμᾶς ἀπορρήτως εἰς τὸ νῦν δὴ προκείμενον ἀπόρρητον ἐπέκεινα τοῦ ἑνός αὐτῇ γε τῇ ἀναιρέσει τοῦ ἑνός, ὥσπερ τῇ ἀναιρέσει τῶν ἄλλων εἰς τὸ ἓν περιήγαγεν.

6. *Cf.* aussi Damascius, *Commentaire du Parménide de Platon*, W. IV, 70. 3-5 ; R. II, 284. 4-6.

conclusion finale : celle d'un principe au-delà de l'un, qui n'est même pas un. En mettant les deux textes en corrélation[1] et en soulignant la nécessité du principe ineffable, antérieur à l'un, il offre une interprétation tout à fait surprenante du message ultime de l'œuvre platonicienne. Pour lui, la première aporie du *Parménide* n'est pas seulement une description négative du principe un, mais elle renvoie implicitement au principe ineffable, parce qu'elle suggère la suppression de l'un. En conséquence, le principe absolu est antérieur à l'objet de la première hypothèse.

Cependant, comment peut-on supposer l'existence d'un tel message dans le sous-texte de l'enseignement platonicien, si celui-ci n'est pas explicite? Pourquoi Platon lui-même n'a-t-il jamais parlé de ce principe? Pour Damascius, le silence de Platon[2] est tout à fait justifié, au moins pour deux raisons : d'une part, à cause de la nature de ce thème, qui ne peut être discuté et explicité par la pensée habituelle; d'autre part, à cause des précautions méthodologiques empêchant d'exposer un sujet aussi important et complexe philosophiquement à des non-initiés[3]. Il s'agit de l'antique coutume[4] de préserver le secret de la religion des mystères. Damascius reprend – comme terme ultime de son système – le mystère ineffable face auquel Platon s'est arrêté. Il continue, pourrait-on dire, là où Platon se tait. Il y a une autre explication du silence de Platon : l'un est le principe du discours. Érigeant sa pensée autour de ce principe, Platon n'a pas besoin d'aller plus loin et peut-être n'en a-t-il plus la possibilité :

> L'un est donc le principe du tout. Platon, lui aussi, après être remonté jusqu'à lui n'a pas eu besoin d'un autre principe dans sa philosophie. En effet, cet [autre] principe ineffable, ce n'est pas des discours qu'il est principe, ni des connaissances; car il n'est principe ni des vies, ni des êtres, ni des uns, mais il l'est absolument de tout, et il est placé au-dessus de toute pensée. C'est pourquoi Platon n'a fait aucune suggestion au sujet de ce principe-là, mais à partir de l'un il a procédé aux négations de toutes les autres choses, à l'exception de l'un lui-même; en effet, en dernier lieu il a nié [de lui] le fait d'être un, mais non pas l'un [...][5].

1. Platon, *Sophiste*, 245a-b et *Parménide*, 141e 10-142a 8.

2. *Cf.* F. Trabattoni, « Le "silence de Platon", ou le renversement du discours dialectique chez Damascius », *in* A. Longo, D. Del Forno (eds.), *Argument from Hypothesis in Ancient Philosophy*, Naples, Bibliopolis, 2011, p. 413-435, notamment p. 434-435.

3. *De principiis*, W. I, 9. 16-19; R. I, 8. 1-3 : « Toutefois si, après s'être élevé jusqu'à l'un, Platon s'est tu, c'est qu'il lui a paru convenable, vis-à-vis de ce qui est absolument secret, de garder un silence absolu selon l'antique coutume; en effet, le discours [à ce sujet] est, savons-nous, réellement très téméraire, quand il vient à tomber dans des oreilles simples [...]. »

4. Cette coutume antique vient peut-être des pythagoriciens (*cf.* Jamblique, *Vie de Pythagore*, § 104-105). En ce qui concerne le silence chez Platon, cf. *Lettre II*, 312d 7-e 1, 314c 1-7; *Lettre VII*, 341c 9-d 6; *Timée*, 28c 5, 53d; *Parménide*, 136d-e.

5. *De principiis*, W. I, 55. 9-17; R. I, 37. 26-38. 6.

Platon n'a pas nié l'un. Qu'est-ce à dire? Les hypothèses de la deuxième partie du *Parménide* sont autant de questions sur l'un et, plus précisément, sur ce qui se passe – avec l'un et avec les autres choses – si l'un est et s'il n'est pas. La question fondamentale ne consiste pas à décider si l'un *est* ou s'il *n'est pas*, mais à savoir ce qu'il se passe avec lui et avec les autres choses dans les deux cas. Platon ne met pas en doute l'existence de l'un, et il ne rejette pas non plus son inexistence. Au contraire, tout en acceptant les deux alternatives comme des hypothèses de travail, il essaye de déterminer les conclusions qui en découlent. Certes, dans la première hypothèse, Platon dit que l'un n'est pas et qu'il n'est même pas un. Mais cette négation se fait toujours sous l'hypothèse que *l'un est*, en sorte que, à vrai dire, il ne s'agit pas d'une négation proprement dite de l'un, mais d'une conclusion paradoxale pour la pensée qui accepte l'un comme hypothèse. En somme, même si toutes les hypothèses analysées s'achèvent par des difficultés, l'un reste toujours le cadre indubitable de cette analyse.

Platon n'a pas nié l'un, parce que l'un est le principe du discours et donc, il ne pouvait pas nier l'un, dans le cadre du discours sur l'un. Le discours ne peut pas supprimer son propre principe, même si la présence discursive de l'un nous mène vers des conclusions paradoxales, jusqu'à nier le fait que l'un soit un. Platon donne seulement des indications en direction de l'ineffable, notamment en affirmant, par une formule paradoxale, que « l'un n'est pas un »[1]. Cependant, il ne va pas plus loin et ne dit rien de cet ineffable, qui n'est même pas un et qui n'est pas seulement principe du discours. La pensée de Platon – comme de toute la tradition – reste centrée sur l'un. C'est pourquoi la suppression de l'un n'est pas menée jusqu'à son terme. Platon la suggère, mais cette suppression s'inscrit dans le cadre discursif imposé par l'un, en tant que sujet de la première hypothèse. Par contre, Platon ne regarde jamais cette suppression de l'autre côté, à partir de ce qu'elle impliquerait, à partir du niveau de réalité qu'une telle suppression ouvre. En revanche, Damascius nie l'un complètement : non pas pour dire seulement que l'un n'est pas un, mais pour dire que le principe premier n'est même pas l'un. Il le nie non pas de lui-même, restant toujours dans la condition imposée par l'un, mais il le nie à propos d'un autre, d'un *au-delà*. Il passe ainsi vers l'ineffable. Nier l'un – ce que Platon n'a pas fait, mais ce que Damascius fera – c'est poser un autre principe avant lui et dire que celui-ci n'est même pas un. Ce principe n'est plus inaccessible et accessible à la fois, mais il est complètement inaccessible.

Mais que signifie la soustraction de l'ineffable à toute pensée? Toute la tradition néoplatonicienne a insisté sur le caractère inconcevable du principe, donc de l'un. Alors, pourquoi l'ineffable serait-il vraiment soustrait à toute pensée, davantage encore que l'un même? C'est parce que, pour Damascius,

1. Damascius explique la manière paradoxale dont Platon parle de l'un, précisément par le fait que l'un soit proche de l'ineffable (*ibid.*, W. I, 85. 1-3 ; R. I, 56. 11-14).

l'un oscille entre son rôle de principe de la réalité et son caractère inaccessible à la pensée. Or, notre auteur veut avancer vers un principe soustrait à toute relation avec la réalité et à l'espace le plus large dans lequel notre pensée est possible. En effet, il n'est plus pensé par rapport au *tout* – ni même dans une opposition quelconque avec le tout –, mais il impose la suppression de toute relation avec le tout. De la sorte, il n'est plus pensé d'aucune manière, mais la pensée qui veut y accéder se renverse. Le dernier signe que nous avons de ce principe est le renversement (περιτροπή) de la pensée.

CHAPITRE VIII

LE RENVERSEMENT DE LA PENSÉE

LE RENVERSEMENT AVANT DAMASCIUS

Un argument se renverse lorsqu'une idée que nous acceptons à un certain moment produit son contraire ou arrive à se supprimer elle-même, dans le cadre d'un l'argument. Le début du *Parménide* en est une illustration, avec les contradictions nées de l'affirmation de l'un, mais aussi avec les contradictions qui découlent de l'affirmation d'une pluralité pure, dépourvue d'unité. Un exemple encore plus clair se trouve dans le *Sophiste*[1]. Même si Platon n'utilise pas le terme de « renversement » (περιτροπή) dans ce contexte, on a cependant la structure d'un argument qui se retourne contre lui-même et dit le contraire de ce que l'on veut dire. Platon se réfère au non-être et remarque que celui-ci ne peut même pas être réfuté, car lorsque nous essayons de dire que le non-être *est* impensable et inexprimable, on lui attribue de nouveau l'être qu'on lui a refusé auparavant. On essaye d'exprimer le non-être, mais on ne peut le faire que dans un langage relevant de l'être et qui, implicitement, dit que le non-être *est*, ratant son objet même. Le discours sur le non-être est ainsi tourné contre ce que l'on a l'intention de dire.

Un autre exemple de renversement platonicien – que Damascius lui-même indique – est celui des hypothèses concernant l'un[2]. En effet, dans la première hypothèse, on commence avec l'idée que l'un est, mais cette hypothèse produit la conclusion inverse : à savoir que l'un n'est pas et qu'il n'est même pas un, ce qui contredit l'hypothèse. À son tour, l'hypothèse contredit la conclusion, car, si la conclusion montre que l'un n'est pas et qu'il n'est pas un, en revanche, cette conclusion dépend de l'hypothèse qui dit que l'un est un. La conclusion

1. Platon, *Sophiste*, 238c-d.

2. *De principiis*, W. I, 9. 4-5 ; R. I, 7. 11-12 : « Car l'un, comme le dit Platon, s'il est, n'est même pas un ; et s'il n'est pas, aucun discours ne lui conviendra [...]. »

n'est donc possible qu'à condition que son contraire soit vrai, de telle sorte que le discours se renverse.

Le renversement devient une vraie méthode philosophique chez les sceptiques. Ceux-ci le pratiquaient délibérément, en produisant des arguments contradictoires[1], afin de mettre en évidence non seulement l'inconsistance de tout concept dont se servent les dogmatiques, mais également l'impossibilité d'avancer une affirmation vraie et d'en prouver la vérité. Pour les sceptiques, la pensée est coincée entre le renversement et la régression infinie. Quoi qu'on affirme, il faut dire soit que c'est faux, et alors notre jugement se renverse, soit que c'est vrai, et alors il est nécessaire d'apporter une preuve et une preuve de la preuve, etc., selon une régression à l'infini[2]. Il n'y a qu'une appréhension possible : suspendre le jugement et se contenter d'une seule certitude, à savoir que l'on ne sait rien de certain. La pensée s'arrête, sans rien affirmer[3], afin d'éviter la régression infinie et le renversement du discours.

Pour les sceptiques, le renversement possède trois sens : premièrement, il s'agit des arguments qu'ils produisent eux-mêmes afin de montrer que le discours dogmatique est inconsistant. Par exemple, on démontre que rien n'est vrai, car les choses vraies sont soit manifestes, soit non-manifestes, soit en partie manifestes et en partie non, mais à chaque fois l'argument se renverse[4]. Deuxièmement, le renversement peut être appliqué à rebours, puisque les dogmatiques aussi peuvent reprocher aux sceptiques leur propre position philosophique, qui peut toujours être interprétée comme une perspective philosophique proprement dite et se transformer en une position dogmatique. Par exemple, les dogmatiques considèrent que l'argument sceptique contre les preuves se renverse : car soit cet argument ne prouve rien, soit il apporte une preuve, mais alors il accepte ce qu'il nie[5]. Troisièmement, les sceptiques eux-mêmes appliquent un dernier renversement à propos de cette objection dogmatique, afin de montrer que leur propre position n'a rien de dogmatique et consiste non plus en une affirmation proprement dite. C'est une affirmation probable, qui renverse toutes les autres affirmations et finalement se renverse elle-même. Elle agit à la manière d'un remède qui, après avoir éliminé les autres substances, s'auto-élimine à la fin[6]. En somme, la perspective sceptique cherche à affirmer non pas quoi que ce soit sur la réalité, mais notre propre état

1. *Cf.* J. Annas, J. Barnes, *The Modes of Scepticism. Ancient Texts and Modern Interpretations*, Cambridge, CUP, 2003, p. 19-30.

2. *Cf.* Sextus Empiricus, *Esquisses pyrrhoniennes*, I, 122. 4.

3. *Ibid.*, I, 10. 5-6 : ἐποχὴ δέ ἐστι στάσις διανοίας δι' ἣν οὔτε αἴρομέν τι οὔτε τίθεμεν.

4. *Ibid.*, I, 88-91. De même, on renverse l'argument concernant les preuves (*ibid.*, II, 179. 6) et la notion de cause (*ibid.*, III, 28. 2).

5. *Ibid.*, II, 186. 1. Les dogmatiques pourraient encore objecter que les sceptiques ne peuvent pas nier l'existence du critère de la vérité, car, s'ils ont un critère quand ils disent cela, alors le raisonnement se renverse. *Cf.* Sextus Empiricus, *Adversus mathematicos*, VII, 440.

6. Sextus Empiricus, *Esquisses pyrrhoniennes*, II, 188. 1-7.

(à savoir l'impossibilité de comprendre les choses), en sorte qu'aucune objection dogmatique ne puisse renverser la position sceptique[1].

Plotin reprend ce type d'argumentation renversée – ou plutôt cet avertissement concernant ce que l'argumentation introduit subrepticement – lorsqu'il remarque qu'au sujet de l'un on ne peut même pas dire qu'il ne se pense pas lui-même[2]. Nous disons que l'un ne se connaît pas ; il n'est pas un acte de pensée tourné vers lui-même en tant qu'objet de pensée. Pourtant, en disant cela, nous l'imaginons comme s'il avait besoin de se connaître lui-même et on se le représente déjà de manière plurielle. On réintroduit la *structure* de notre pensée dans ce dont on nie la *fonctionnalité* proprement dite de cette pensée. Dès lors, notre propos est renversé dans le sens contraire de ce que l'on veut dire[3]. Proclus note aussi que, en face de l'indicible, le discours se renverse. La fin de la première aporie sur l'un est un cas exemplaire : puisque l'un se montre innommable et inconnaissable, le discours qui porte sur lui – à savoir l'hypothèse même – se prouve inadéquate à l'un et se contredit. En effet, tout discours qui tente de parler de l'indicible se combat et se renverse lui-même[4]. La solution de Proclus consiste à parvenir à la communion avec l'indicible en bannissant les connaissances multiples. Damascius, quant à lui, trouve la solution du problème dans le renversement même et, en ce sens, il va nous proposer un discours qui s'exerce au renversement, afin de parvenir à une découverte paradoxale du principe.

LE RENVERSEMENT DAMASCIEN

Renversement de la connaissance

Pour Damascius, le renversement[5] est lié en premier lieu et de façon exemplaire avec l'ineffable, bien qu'ultérieurement il parlera d'un renversement que l'on éprouve aux niveaux principiels inférieurs[6]. Il introduit l'ineffable dans le

1. *Ibid.*, I, 200. 10.

2. Plotin, *Ennéades*, V, 3, 13. 6-12.

3. Comme S. Rappe (« Scepticism in the Sixth Century ? », art. cit.) le souligne, l'utilisation du mot περιτροπή par Damascius est presque unique dans le néoplatonisme, à l'exception de Syrianus. Toutefois, quoique de manière isolée, l'idée du renversement de la pensée apparaît déjà chez Plotin (*Ennéades*, V, 3, 13. 9), lequel constate que la pensée n'arrive pas à dire ce qu'elle a l'intention de dire, mais dit l'inverse, contre elle-même.

4. Proclus, *Théologie platonicienne*, II, 64. 1-9.

5. Sur le renversement chez Damascius, *cf.* Ph. Hoffmann, « L'expression de l'indicible », art. cit., p. 345.

6. L'aporie initiale est elle-même une première forme de renversement : c'est le renversement de l'idée du « principe du tout », lequel principe ne peut être accepté ni en tant qu'intégré dans le tout, ni en tant qu'au-delà du tout.

discours non pas en l'affirmant, mais tout en montrant dès le début que l'ineffable n'entre plus dans le discours, ou qu'il entre seulement pour en sortir instantanément, ou bien pour faire éclater tout discours qui essaye de l'accueillir. C'est cet éclatement que l'on appelle « renversement ». La première expérience du renversement fait appel au terme même d'« ineffable » (ἀπόρρητον). Ce terme met notre pensée dans un état tout à fait paradoxal, car dans le même terme sont comprises son affirmation et sa négation, en même temps. Il y a comme un double jeu entre les deux aspects – qui à la fois s'impliquent et se suspendent mutuellement. Finalement, le sens même de l'ineffable – ou ce qu'il faut comprendre par ce terme – s'obtient non pas directement, mais de manière contorsionnée, en rejetant dès le début ce qu'exprime le terme. Ainsi, immédiatement après avoir annoncé que le principe doit être comme un sanctuaire ineffable, d'où procèdent ineffablement toutes les choses, Damascius constate : « en disant de lui justement ceci, à savoir qu'il est ineffable, qu'il est le sanctuaire inaccessible du tout, qu'il est incompréhensible, nous éprouvons le renversement de notre discours »[1]. Nous voulons dire que le principe est ineffable et incompréhensible. Mais dans cette affirmation – à savoir que « le principe est ineffable » – il y a deux types de négation, de suppression de ce que nous voulons dire. D'une part, en affirmant « qu'il est ineffable » (ὅτι ἀπόρρητον), nous disons qu'il est soustrait à la pensée et donc, que nous ne pouvons pas renvoyer à lui. Mais alors, il ne peut pas même être nommé ineffable ou incompréhensible. Ces deux prédicats, non plus, ne sauraient être affirmés au sujet de ce qui est totalement soustrait à la pensée. De cette façon, notre discours sur le principe – à savoir le fait de dire qu'il est ineffable – est supprimé, parce qu'il affirme que nous ne pouvons pas renvoyer à lui. C'est comme si le discours affirmait qu'aucun discours n'était plus possible; le discours se supprime et se retourne contre lui-même. On est alors renversé dans le discours et par le discours (περιτρεπόμεθα τῷ λόγῳ). D'autre part, même si nous voulons dire que nous ne pouvons plus rien affirmer de lui, cependant, nous affirmons toujours quelque chose à son sujet, à savoir ce prédicat même d'ineffable. De cette façon, le discours est tourné et renversé encore une fois, parce que nous parlons de quelque chose au sujet duquel nous avons affirmé que nous ne pouvons pas parler. Ce que nous disons du principe – à savoir qu'il est ineffable – est renversé deux fois : une fois en tant qu'insoutenable (parce qu'il ne peut pas s'appliquer au principe, car par l'ineffable on suggère justement l'impossibilité d'en parler), et une autre fois en tant qu'inadéquat (parce que le discours qui affirme l'ineffable fait du principe quelque chose d'exprimable, en sorte qu'il marche contre ce qu'il veut dire au sujet du principe). Dans le premier cas, ce que nous disons s'auto-suspend (car l'ineffable ne peut être nommé ni même ineffable); dans le deuxième cas, le fait

1. *De principiis*, W. I, 8. 12-14; R. I, 7. 2-4 : Εἰ δὲ αὐτὰ ταῦτα περὶ αὐτοῦ λέγοντες, ὅτι ἀπόρρητον, ὅτι ἄδυτον τῶν πάντων, ὅτι ἀπερινόητον, περιτρεπόμεθα τῷ λόγῳ.

même de parler de lui (en le nommant ineffable) s'auto-contredit et s'oppose à ce que nous voulons dire (à savoir au fait qu'il soit ineffable, donc soustrait à toute pensée, tel un sanctuaire ineffable). Le renversement – ce comportement paradoxal de la pensée face au principe ultime, ineffable – se manifeste en cela que, en essayant de parler du principe, nos affirmations sont contraires à ce que nous voulons dire. Ainsi, à son sujet, nous ne pouvons pas parler, et ce que nous disons ne renvoie ni n'aboutit plus à lui[1].

Même si notre discours semble se référer encore au principe – qu'il décrit comme ineffable et incompréhensible – en disant qu'il est ineffable, nous affirmons quelque chose de lui et nous contredisons ce que nous avons dit, en l'occurrence qu'il est ineffable. En ce sens, le principe ineffable se soustrait à la pensée qui essaye de dire qu'il est ineffable. Par conséquent, le principe sera ineffable – donc soustrait à la pensée – non pas dans la mesure où nous *disons* qu'il est ineffable (car cette affirmation se contredit), mais en ce que nous ne pouvons même pas affirmer son ineffabilité, car ce que nous énonçons à son sujet est supprimé au moment même où nous l'affirmons et à cause de notre affirmation. Le principe est saisi comme ineffable, non pas dans le sens où nous affirmons cela de lui, mais parce que, par cette affirmation, notre discours se renverse et le principe reste en dehors de ce que nous disons de lui, au-delà de ce que nous exprimons.

Pourtant, chez Damascius, le renversement de la pensée n'implique pas l'inexistence ou la contradiction de l'ineffable (comme dans l'argument platonicien concernant le non-être). En outre, ce n'est pas un renversement partiel – comme dans la dispute avec laquelle s'ouvre le dialogue *Parménide*, où le renversement de la pluralité visait à instaurer l'unité, tandis que le renversement de l'unité cherchait à légitimer la pluralité comme unique perspective acceptable. Chez Damascius, le renversement est total, mais en même temps positif. Face à l'ineffable, toute perspective de pensée est supprimée. En conséquence, ce renversement vise à instaurer non pas une autre perspective, mais une *autre chose* par rapport à la pensée. Il ne s'agit pas de nier toute pensée et de tout nier, comme dans les arguments sceptiques, qui ne mettent rien à la place du renversement et qui suppriment simplement toute pensée. Il est question d'un renversement qui échappe à tout cadre mental, pour ouvrir notre esprit à ce qui n'est plus accessible à la pensée.

1. Selon S. Rappe (« Scepticism in the Sixth Century ? », art. cit, p. 343) : « Predicating anything of the Ineffable is [...] a very interesting and important form of self-contradiction in Damascius' philosophy of language ». Toutefois, l'auto-contradiction dont il est question ici ne se situe pas au strict niveau du langage. Damascius veut indiquer ici un saut ontologique : de la pensée, qui est ainsi renversée, au principe qui, par le renversement, arrive à être mis en évidence. Ce n'est donc pas une contradiction qui ne *dit* rien, mais une auto-contradiction de la pensée qui fait signe en direction de ce qui n'est plus de l'ordre de la pensée.

Tous les noms suggérant le principe premier sont en effet supprimés, lorsque nous aboutissons au niveau de l'ineffable. D'ailleurs, quand nous disons que le principe est ineffable, notre pensée paraît se contredire – même si « ineffable » est le terme le plus éminent qu'utilise Damascius au sujet du principe absolu, au-delà de l'un. C'est la raison pour laquelle il affirme que, au sujet du principe, nous ne pouvons rien dire, pas même qu'il soit ineffable : « Et peut-être l'absolument ineffable est-il tellement [ineffable] qu'on ne peut même pas poser de lui qu'il est ineffable »[1]. Toutefois, le renversement de l'attribut de l'« ineffable » ne constitue nullement un autre attribut, qui serait de nouveau appliqué au principe[2], même si, de façon strictement formelle, le fait « qu'il n'est même pas ineffable » semble être encore un attribut. En effet, on a affaire à un attribut sans contenu prédicatif. Bien que, dans chaque suppression d'un attribut, la pensée soit encline à voir un nouvel attribut, Damascius nous met face à la provocation d'un attribut qui se détruit en tant qu'attribut. C'est une tentative de nous situer par rapport à ce qui n'a aucune présence discursive. Même si l'on ne peut pas parler par le silence[3], cependant, on essaie de parler par la suppression de la pensée ; il s'agit d'un autre type de silence, qui se laisse entendre et expliquer, mais qui ne dit plus rien[4].

L'essentiel n'est pas de dire que le principe est inaccessible et inexprimable, mais de produire dans le discours une expérience de cette impuissance à le dire. Damascius nous montre que le principe – si l'on suit jusqu'au bout son exigence d'antériorité et d'incoordination – s'auto-exclut du discours, laissant à sa place un constant mais inachevé essai de le dire. Le vrai principe est celui qui ne reste nullement accroché au discours. Ainsi, Damascius renverse systématiquement les suggestions essentiellement négatives du principe, par lesquelles lui-même avait dépassé la perspective traditionnelle, pour parler d'un principe absolument incoordonné, qui s'avère un rien absolu : « Donc, même ces prédicats, le rien, l'au-delà de tout, le supracausant, l'incoordonné à tout, et les autres prédicats semblables, ne constituent pas sa nature, mais ce sont seulement des suppressions de ce qui vient après lui »[5]. Notre auteur nie ce qu'il a affirmé auparavant. En effet, il a dit de l'ineffable qu'il est un rien supérieur[6] ; maintenant, il assure que l'ineffable n'est même pas rien[7]. C'est

1. *De principiis*, W. I, 10. 22-24 ; R. I, 8. 23-24 : Καὶ μήποτε τὸ μὲν πάντῃ ἀπόρρητον [ἀπόρρητον] οὕτως ὡς μηδ' ὅτι ἀπόρρητον [οὕτως] τιθέναι περὶ αὐτοῦ. Cf. *ibid.*, W. I, 61. 3-4 ; R. I, 41. 17-18 : « [...] tellement ineffable qu'il n'est même pas unique, ni même englobant, et qu'il n'est même pas du tout ineffable ».

2. *Cf.* L. Kolakowski, *Metaphysical horror*, Oxford, Blackwell, 1988, p. 44.

3. *Ibid.*, p. 44 : « One cannot speak with silence ; it is as simple as that ».

4. W. Franke (« Of the Ineffable ». art. cit., p. 22) caractérise la pensée de Damascius comme « apophatic writing, or as a writing of silence ».

5. *De principiis*, W. I, 13. 20-24 ; R. I, 10. 25-11. 1.

6. *Ibid.*, W. I, 7. 24-25 ; R. I, 6. 22-23.

7. *Ibid.*, W. I, 18. 9-11 ; R. I, 13. 22-23.

parce que, précédemment, il avait besoin d'indiquer le principe ineffable comme « rien » (οὐδέν) – pour aller au-delà de la dernière supposition (celle de l'un). Désormais, il avertit que même le rien ne doit pas être compris comme *quelque chose*, qui fixerait le principe, qui le transformerait en une nature déterminée, dans *un* rien ou dans *le* rien. Même le rien (οὐδέν) n'est pas autre chose qu'une « suppression de ce qui vient après lui ». Ce n'est finalement que la suppression de l'un : οὐδὲ ἕν. En somme, le principe dont parle Damascius est un « rien » (μηδὲ ἕν)[1] qui n'est même pas « le rien » (τὸ οὐδέν), un rien qui ne se convertit jamais en *quelque chose*, un rien qui ne définit et ne détermine plus rien. De même que dans le cas de l'ineffable (τὸ ἀπόρρητον), dans le cas du rien se produit ce renversement de la pensée dans le moment même de son avancée. Dire qu'il est rien implique qu'il n'est pas un rien quelconque, un rien déterminé, ce qui nous conduit à estimer qu'il n'est même pas le rien (τὸ οὐδέν).

De plus, l'ineffable n'est même pas « incoordonné au tout » (τὸ ἀσύντακτον πρὸς πάντα)[2]. Précédemment, l'exigence de l'incoordination a poussé Damascius à passer de l'un – qui est encore coordonné, d'une certaine façon – à l'ineffable complètement incoordonné. Pourtant, en fin de compte, l'incoordination, elle aussi, doit être repoussée. Damascius veut montrer que l'exigence de l'incoordination ne doit pas se transformer en une détermination du principe et ne peut pas constituer sa nature. Cela renverse la pensée et lui fait dépasser la perspective commune et objectivante dans laquelle elle fonctionne d'habitude. La pensée saisit ainsi ce qui ne lui est pas accessible. Là réside le véritable enjeu de la pensée damascienne, et non dans la seule insistance sur notre ignorance au sujet du principe. Bien qu'il s'agisse d'une ignorance au niveau du contenu de nos concepts – qui échouent à décrire le principe –, le renversement reste une manière paradoxale de saisir le principe sans le dire, de le découvrir à travers les concepts, mais contre les concepts, sans le fixer dans une connaissance proprement dite. Ce n'est pas une pure ignorance – malgré l'exclusion de toute connaissance conceptuelle – mais une conscience sans contenu conceptuel, qui se produit par renversement.

Tandis que même les termes extrêmement négatifs (y compris le « rien ») conservent toujours une fonction intentionnelle et se réfèrent à quelque chose, risquant de transformer le principe en un objet de pensée, le renversement va justement à l'encontre de cette fonction intentionnelle, en sorte que les mots dirigés vers le principe ne se réfèrent plus à quelque chose de déterminé. Les prédicats négatifs les plus hauts, ainsi que leurs négations, ne s'appliquent plus à l'ineffable, mais ils se renversent, indiquant par là le principe, sans en rien dire. Damascius reprend chaque mot pour voir s'il exprime vraiment et adéquatement ce que l'on veut dire par lui et découvre que, effectivement, dans

1. *Ibid.*, W. I, 5. 20-21 ; R. I, 5. 4-5.
2. *Ibid.*, W. I, 13. 22 ; R. I, 10. 25.

le cas du principe absolu, les mots ne disent plus la vérité [1]. Les mots ont une logique et une unité dans laquelle ils fonctionnent, et chaque mot renvoie toujours à un autre, tant et si bien que l'affirmation d'un seul attribut (même négatif) appelle d'autres attributs et finit par produire à nouveau tout un discours sur le principe inexprimable. C'est la raison pour laquelle il faut supprimer même l'idée de la transcendance elle-même, parce qu'elle implique une forme de relativité et donc, elle se contredit quand elle qualifie le principe absolu, ineffable :

> En effet, le transcendant est toujours transcendant à quelque chose et n'est pas absolument transcendant, attendu qu'il garde une relation avec ce à quoi il est transcendant et, bref, une coordination dans un certain devancement ; si donc il doit être posé comme réellement transcendant, qu'il soit posé comme même pas transcendant ! En effet, pris en toute rigueur, le nom, dans sa propriété, ne dit pas la vérité quant au transcendant, car le transcendant est déjà simultané et coordonné, de telle sorte qu'il est nécessaire de nier même ce nom de lui [2].

Il n'y a pas de mot absolument isolé, qui puisse indiquer l'absolument incoordonné. Même la transcendance, qui indique le dépassement et l'isolement par rapport à toute autre chose, nous la concevons toujours dans une logique relationnelle : on transcende quelque chose, de sorte que l'au-delà parle déjà d'un en-deçà, bien que pour le nier ou pour s'en séparer. Chez Damascius, il y a un sens très aigu de la différence entre ce qu'indique un mot et ce qu'il suggère implicitement. Analysant chaque concept et identifiant la relation que celui-ci entretient avec le reste de notre pensée, Damascius montre que chaque concept appartient à un réseau de sens, qui le rend relatif. Les mots – même ceux qui se réfèrent à l'au-delà – n'arrivent pas à se détacher complètement de la logique qui les a produits, qui est finalement la logique du tout. La seule manière de dépasser l'inadéquation des mots consiste à l'identifier comme telle, en récupérant l'implicite que chaque mot porte en lui. La seule façon de saisir l'existence du principe dont nous avons la divination consiste à démontrer qu'aucun mot ne lui est adéquat, mais que les mots l'indiquent seulement en se détachant de lui, en perdant toute prise sur lui.

1. W. Franke (« Of the Ineffable », art. cit., p. 19) montre que le traité *De principiis* est le produit et l'expression d'une crise du Logos à la fin de l'âge hellénistique. La conversion de Damascius à la philosophie s'explique par son manque de confiance dans la rhétorique et dans les mots en général. *Cf.* J. Combès, « Introduction », *in* Damascius, *Traité des premiers principes*, I, *op. cit.*, p. XIII. Toutefois, le manque de confiance dans les mots que manifeste Damascius est contrebalancé par une confiance dans l'existence de quelque chose encore plus subtil, qu'il faut suggérer même au prix du renversement des mots, du langage et de la pensée. Afin de suggérer ce principe, Damascius met en œuvre un type de rhétorique renversée : les mots sont déjoués, de sorte qu'ils ne peuvent plus véhiculer des significations contraires au principe. C'est une rhétorique qui cherche à convaincre de ce que les mots ne peuvent plus exprimer adéquatement.

2. *De principiis*, W. I, 21. 8-13 ; R. I, 15. 15-20.

Damascius exclut, donc, un par un, les concepts qui ont suggéré jusqu'alors la place occupée par le principe (notamment par l'un) dans le cadre de la réalité. Si l'un est par excellence transcendant, dans le cas de l'ineffable, la transcendance même ne peut plus s'appliquer. Damascius ne contredit pas ce qu'il a dit plus haut – à savoir que le principe doit être transcendant au tout –[1], mais il précise cette affirmation. Si l'aporie initiale du principe montre que le principe absolu doit être transcendant à l'un et au tout, désormais on découvre que la transcendance ne peut pas être non plus une expression adéquate du principe vraiment transcendant. Dans la transcendance même du principe est compris le sens du *tout* par rapport auquel s'institue cette transcendance. Or, le transcendant par rapport à quelque chose est relativement transcendant. En revanche, pour l'absolument transcendant, la transcendance n'est plus une expression adéquate. En effet, il n'y a pas d'antériorité absolue, tant qu'on la considère de cette façon. L'absolu redevient absolu, seulement lorsqu'on accepte de lâcher notre emprise intellectuelle sur lui, lorsqu'on ne le détermine plus – comme antérieur ou comme autre chose –, mais quand on abandonne nos prétentions à nous en emparer, à le posséder, à le comprendre. En conclusion, au sujet de l'ineffable, il faut supprimer la transcendance[2], ainsi que tout autre prédicat négatif qui tente de le décrire. Ainsi, l'ineffable n'est même pas simple : le simple est la privation des choses plurielles et, par conséquent, il ne peut être conçu que dans cette relation à la pluralité. Si l'on peut appliquer ce prédicat à l'un (et dire, à l'instar de la première aporie du *Parménide*, que un, s'il est vraiment un, n'est pas les choses plurielles), en revanche, l'ineffable ne se définit pas même en tant que suppression des choses plurielles[3].

Renversement de l'inconnaissance

Après avoir montré que le renversement est inhérent au terme même d'« ineffable », donc à sa propre manière d'indiquer le principe premier, Damascius affirme qu'au sujet de ce principe nous ne pouvons même pas dire qu'il est *inconnaissable*. De celui qui est vraiment inconnaissable, nous ne pouvons pas même savoir qu'il est inconnaissable. Supposons que nous le sachions inconnaissable, il serait déjà connu en tant qu'inconnaissable, et il ne serait plus vraiment inconnaissable. Le problème découle du statut même de l'inconnaissance : peut-on savoir que l'on ne connaît pas ? Peut-on affirmer l'inconnaissance absolue ? Peut-on connaître le fait même que quelque chose soit inconnaissable, sans que cette connaissance même atteigne

1. *Ibid.*, W. I, 4. 10-11 ; R. I, 4. 3-4.

2. La même idée se retrouve plus haut (*ibid.*, W. I, 13. 17-20 ; R. I, 10. 21-24), lorsque Damascius remarque qu'au sujet de l'ineffable on ne peut rien affirmer, de sorte que, finalement, on ne peut même pas dire qu'il serait « au-delà du tout » (οὐδὲ ἐπέκεινα πάντων).

3. *Ibid.*, W. I, 54. 23-55. 3 ; R. I, 37. 19-21.

l'inconnaissable et lui enlève son statut d'inconnaissable ? Damascius identifie les différentes manières par lesquelles la connaissance s'insère dans l'inconnaissance au sujet de l'ineffable. Force est de constater que l'expression « absolument inconnaissable » est problématique[1]. De l'absolument inconnaissable on ne peut rien dire, tandis que de ce principe on affirme plusieurs choses : ce principe devrait être incoordonné et sans relation, « rien du tout » (οὐδὲν τῶν πάντων) et « même pas un » (οὐδὲ αὐτὸ τὸ ἕν)[2]. Or, ces indications relèvent toujours de la connaissance, car par elles on identifie toujours une certaine nature que l'on décrit négativement. En outre, l'inconnaissance de ce principe est la conclusion de tout un discours sur lui, qui retranche, pas à pas, toutes ses relations avec le tout. Toutefois, ce discours même apporte avec lui une autre forme de connaissance.

La question repose sur la possibilité même de parler de l'ineffable, en le disant incoordonné, rien, etc. S'il est absolument inconnaissable et on en parle, on risque de « fabriquer des fictions »[3] à son sujet ; en outre, si nous pouvons affirmer tous ces prédicats sur lui, alors il est connaissable. Autrement dit, tous les prédicats négatifs (et toutes les suppressions) dont on se sert au sujet de l'ineffable se regroupent pour former une nature de l'ineffable qui, en tant que telle, est toujours connaissable. Il y a donc une double inadéquation en ce qui concerne l'inconnaissance de l'ineffable, si bien que l'on ne peut dire ni qu'il est connaissable, ni qu'il est inconnaissable[4]. Le caractère d'inconnaissable pose problème, car il ne peut pas s'accorder avec la logique de la connaissance, mais il se renverse. La connaissance du caractère inconnaissable vient contredire ce caractère même :

> De plus, son caractère inconnaissable même, ou bien nous savons qu'il est inconnaissable, ou bien nous l'ignorons. Mais, si nous l'ignorons, comment disons-nous qu'il est absolument inconnaissable ? Et si nous le savons, il est donc par là connaissable, en tant que, [étant] inconnaissable, il est reconnu comme tel[5].

Le caractère inconnaissable n'entre aucunement dans la logique de la connaissance : il ne peut être ni connu, ni inconnu. Dans les deux cas, l'inconnu perd son sens véritable. Il faut remarquer que le problème surgit

1. *De principiis*, W. I, 11. 17-18 ; R. I, 9. 11-12 : « Eh bien donc, examinons ce second point précisément : comment peut-on dire que l'ineffable est absolument inconnaissable » (trad. Combès légèrement mod.).

2. *Ibid.*, W. I, 12. 1-2 ; R. I, 9. 14-15.

3. *Ibid.*, W. I, 11. 20 ; R. I, 9. 13.

4. En ce sens, S. Lilla identifie une similitude entre Damascius et Pseudo-Denys l'Aréopagite (*cf.* « Pseudo-Denys l'Aréopagite, Porphyre et Damascius », *in* Y. de Andia (éd.), *Denys l'Aréopagite et sa postériorité en Orient et en Occident*, Paris, Institut d'Études Augustiniennes, 1997, p. 117-152, et plus spécialement p. 141-143).

5. *De principiis*, W. I, 12. 3-7 ; R. I, 9. 16-19.

lorsque sur l'inconnaissable on superpose de nouveau la logique de la connaissance : soit dans l'hypothèse que l'inconnu est *connu* en tant que tel (et alors cette connaissance superposée contredit son objet), soit dans l'hypothèse que l'on ne connaît pas l'inconnu (car même en ce cas-là, bien que l'on suppose que l'inconnu n'est pas connu, on se demande, dans un second temps, comment l'on *affirme* et comment l'on *sait* qu'il est inconnu). Autrement dit, même dans l'hypothèse que l'on ne connaît pas l'inconnu, la connaissance est déjà présente, car il faut au moins le connaître en tant que quelque chose d'inconnaissable. Damascius met en lumière l'impossibilité de s'échapper de la logique de la connaissance, même lorsque l'on suppose un principe que nous ne connaissons pas. Effectivement, ce que l'on appelle « inconnaissable » n'est pas vraiment inconnaissable, mais est déjà aussi connaissable, en quelque sorte. C'est le cas de l'un, qui est à la fois connaissable et inconnaissable, dicible et indicible, suivant le témoignage de Platon lui-même. Par contre, le vrai et absolument inconnaissable, à savoir l'ineffable, n'est même pas inconnaissable, parce que dans son cas l'inconnaissance risque de devenir un attribut, un mode indirect de le dire et de le connaître. Dans notre pensée, l'inconnaissable soit accompagne le connaissable et alors il est relatif, soit se renverse et devient le signe du véritablement inconnaissable, qui ne peut plus être pensé en tant que tel, qui ne peut plus être considéré inconnaissable. La même chose se passe dans le cas de l'indicible, quoique Damascius ne l'analyse pas explicitement. Il dit toutefois que l'un est dicible et indicible[1], donc il est relativement indicible ; en revanche, le vrai et absolument indicible n'est même pas indicible, mais au-delà de l'indicible (τοῦ ἀρρήτου ἐπέκεινα)[2], car il est au-delà de cette distinction entre dicible et indicible, entre connaissable et inconnaissable[3].

On constate une similitude entre les arguments de type sceptique et l'argument damascien appliqué au terme d'« inconnaissable » (τὸ ἄγνωστον). Celui-ci est soit connu en tant que tel (et alors il n'est plus inconnu, au sens stricte), soit inconnu (et alors on ne peut pas même savoir qu'il est inconnaissable, et donc, on ne saurait même parler de lui et le dire inconnu). Comme dans un argument typiquement sceptique, le terme « inconnaissable » est inconsistant : on ne peut pas proposer l'inconnaissable en tant que tel, car le fait même d'en parler ou de l'*affirmer* comme inconnaissable entre en contradiction avec le sens même de l'inconnaissable. Autrement dit, le fait de dire l'inconnaissable (de le reconnaître en tant que tel) implique qu'il n'y ait plus d'inconnaissable. S'approcher de l'inconnaissable ou même le mettre à distance c'est déjà une manière de s'en défaire, tout en le supprimant. La pensée est incapable de laisser l'inconnaissable être inconnaissable. Elle ne peut pas

1. *Ibid.*, W. I, 11. 14-15 ; R. I, 9. 8 : Τὸ μὲν δὴ ἓν οὕτω ῥητὸν καὶ οὕτως ἄρρητον.

2. *Ibid.*, W. I, 9. 8-9 ; R. I, 7. 15.

3. *Ibid.*, W. I, 56. 1-2 ; R. I, 38. 12-13 : le caractère indicible de l'un est considéré en parallèle avec son caractère inconnaissable.

soutenir l'absolument inconnaissable, parce qu'elle sait déjà ce qu'elle affirme, et même ce qu'elle nie. En conséquence, le discours qui propose l'inconnaissable est renversé. Toutefois, par rapport à la pensée sceptique, Damascius n'applique pas le renversement à un attribut positif, pour tirer la conclusion que, finalement, on ne peut pas l'affirmer. Il cherche à renverser l'*impossibilité* de connaître et d'affirmer quoi que ce soit. Il montre que l'impossibilité même (de la connaissance) est impossible et inadmissible. À la différence des sceptiques qui usent du renversement afin d'imposer l'inconnaissance, Damascius découvre le renversement dans les profondeurs de l'inconnaissance elle-même. Il démontre que l'on ne peut ni s'arrêter à cet état d'inconnaissance (comme le proposent les sceptiques), ni l'assumer comme tel, parce qu'alors on est obligé d'admettre que nous connaissons l'inconnaissable en tant qu'inconnaissable.

Néanmoins, ce renversement damascien au sujet de l'inconnaissable ne nous renvoie pas de nouveau à une connaissance directe (comme dans l'objection dogmatique à l'adresse des sceptiques), mais nous situe hors de cette distinction entre connaissance et inconnaissance et nous oblige à projeter l'ineffable hors de notre pensée qui se renverse tant du côté du connaissable, que du côté de l'inconnaissable. En effet, quand on montre qu'il est impossible d'admettre un principe inconnaissable, il y a deux sortes de renversement impliquées : d'un côté, on ne peut pas *dire* de lui qu'il est inconnaissable, donc la *connaissance* (implicite) est renversée, mais, d'un autre côté, on ne peut pas dire qu'il est inconnaissable, donc, l'*inconnaissance* est aussi renversée. Damascius reprend un argument platonicien :

> Outre cela, certes, il n'est pas possible de nier une chose d'une autre, si l'on ne sait pas de quoi on la nie, et il n'est pas possible de dire que celle-ci n'est pas celle-là, si l'on n'a absolument aucune saisie de celle-là ; car, ce qu'on sait, on ne saurait dire ni que c'est ni que ce n'est pas [identique à] ce qu'on ne sait pas, selon les propos de Socrate dans le *Théétète*. Comment donc, de notre côté, ce que nous connaissons de quelque manière, le nions-nous de ce principe que nous ignorons absolument[1] ?

Ce que l'on connaît ne peut être ni affirmé ni nié de ce que l'on ne connaît pas, donc, le connu n'est ni identique, ni différent de l'inconnu. Autrement dit, le connu ne peut rien nous dire de l'inconnu : ni affirmativement, ni négativement. Il faut remarquer dans ce contexte que l'on nie ou affirme seulement quelque chose que l'on connaît déjà. Nier ou affirmer revient à appliquer quelque chose de connu à une autre chose connue. La conclusion est claire :

1. *De principiis*, W. I, 12. 7-12 ; R. I, 9. 19-25. Le sens du passage du *Théétète* est un peu différent de ce qu'explique Damascius. Selon Platon, on ne saurait croire que ce que l'on connaît soit identique à ce que l'on ne connaît pas, ni que ce que l'on ne connaît pas soit identique à ce que l'on connaît (*cf.* Platon, *Théétète*, 188c 2-3). De cette affirmation, on pourrait déduire que ce que l'on connaît doit être différent de ce qu'on ne connaît pas.

à ce que l'on ne connaît pas du tout, l'on ne peut appliquer quelque chose de connu (ni en affirmant, ni en niant). À chaque fois, l'affirmation, autant que la négation, lie entre elles des choses connues et ne se réfère jamais à des choses inconnues.

Si l'on applique à l'ineffable cette condition de ne pas mélanger le connu avec l'inconnu, on aboutit à une situation contradictoire : on admet que l'ineffable nous est inconnaissable, mais, en disant cela, on affirme et on nie à son sujet quelque chose que l'on connaît. On nie la connaissance et on affirme l'inconnaissance. Lorsque l'on essaye de dire qu'il n'est pas connaissable, on parle de lui comme si on le connaissait, en superposant ainsi ce que l'on connaît et ce que l'on ne connaît pas. L'inconnaissance de l'ineffable est paradoxale et difficile à admettre, puisqu'il en résulterait que l'inconnaissable n'est même pas admissible en tant que tel, car tout ce que l'on affirme ou nie est à chaque fois quelque chose de connu. L'inconnaissable ne peut pas entrer dans le cadre de la pensée, ni en tant que sujet de la pensée (car de lui on ne peut ni affirmer, ni nier quelque chose), ni non plus en tant que prédicat (car l'inconnaissable ne peut être ni affirmé, ni nié, si à chaque fois on affirme et on nie quelque chose de connu). Cela étant donné, il est même absurde de parler de l'inconnaissable, de le nommer en tant que tel et de l'admettre dans ce discours qui démontre justement que l'on ne peut ni affirmer, ni nier l'inconnaissable.

Effectivement, l'inconnaissance même ne renvoie plus à quelque chose d'inconnu, à quelque chose doté de cette nature inconnue, mais l'inconnaissance reste en nous. Elle n'est vraie qu'en ce qui nous concerne. Elle ne dit rien du principe lui-même, elle parle uniquement de nous. De même qu'un aveugle de naissance, affirmant que la couleur n'est pas chaude, ne parle pas vraiment de la couleur, mais de sa propre ignorance, de même « nous aussi, en disant que ce principe est inconnaissable, nous ne rapportons rien qui lui appartienne, mais nous faisons l'aveu de notre propre état envers lui. [...] [C]'est en nous, assurément qu'est l'ignorance de ce principe que nous ignorons »[1]. Ce que nous disons du principe se réfère non pas vraiment au principe, mais – par un effet inattendu – à nous-mêmes, et indique seulement ce que nous ressentons envers le principe. Si l'on ne peut pas vraiment parler de l'inconnaissable (affirmativement ou négativement), alors, la seule manière de se rapporter à l'inconnaissable consiste à annoncer « notre propre état envers lui » (τὸ περὶ αὐτὸ πάθος ἡμῶν)[2], à savoir cet état d'être renversé, cet état même d'impossibilité de se rapporter à lui. Le renversement nous renvoie à

1. *De principiis*, W. I, 12. 19-23 ; R. I, 10. 5-8.

2. Cf. *ibid.*, W. I, 8. 17 ; R. I, 7. 6 ; W. I, 14. 8 ; R. I, 11.7 ; W. I, 16. 7-8 ; R. I, 12. 17. Sur nos propres états ou affectations (τὰ οἰκεῖα πάθη) concernant le principe *cf.* Plotin, *Ennéades*, VI, 9, 3. 51-54 ; Porphyre, *Commentaire sur le Parménide*, IV. 35-V. 1 ; Proclus, *Commentaire sur le Parménide de Platon*, 1073. 29-30.

l'inconnaissable même et nous met dans une certaine relation avec lui, mais une relation qui n'est plus discursive et descriptive. Cet état de renversement – qui est le seul témoignage que nous avons de l'absolument inconnaissable, donc du principe ineffable – est au-delà de l'affirmation et également de la négation, car il résulte de la suppression de tout discours. « Notre propre état »[1] est la manière dont la pensée est affectée lorsque, tout en essayant de nommer le principe, elle n'arrive à nommer qu'elle-même. Cet état ne se reflète que sur la pensée, tandis que l'objet vers lequel elle se dirige lui échappe complètement. La pensée nomme ce qui lui est familier et apparenté. En revanche, du fait que la pensée soit forcée de rentrer en elle-même – tout en appliquant ses dénominations à ses propres efforts – le principe (que, malgré ses efforts, la pensée ne parvient plus à nommer) reste au-delà. Ainsi, on éveille en nous la conscience de l'au-delà par le simple renversement de la pensée en elle-même, qui montre que l'au-delà échappe à tout ce qui est en-deçà. La pensée est affectée par elle-même et reste en elle-même aporétique, voire contradictoire, mais elle ne peut pas affecter ce qui la dépasse. La contradiction ne se transfère pas à l'au-delà, au contraire, celui-ci se détache sur le fond de cette incapacité de la pensée à le saisir, à en faire un objet, ou, du moins, à le déclarer inconnaissable[2].

Comme dans la perspective sceptique, on ne peut affirmer que notre état par rapport aux choses[3]. Du point de vue sceptique, cet état est indifférent aux choses, quant à leur sens ultime. Cependant, pour Damascius, cet état nous lie au principe et nous indique la présence du principe, sa nécessité. L'inconnaissance demeure en nous et ne se reflète pas sur le principe lui-même (comme sur un objet de la pensée), néanmoins, l'inconnaissance se détermine par rapport au principe, sans que le principe lui-même se détermine par rapport à notre inconnaissance. Notre inconnaissance nous indique le principe, sans devenir un attribut de celui-ci. Par là, Damascius établit l'absolument inconnaissable, non pas à la manière de la pensée (dans laquelle l'inconnaissable est toujours connaissable, du simple fait de l'admettre en tant que tel), mais en dépassant cette logique et en montrant que la pensée ne peut pas contenir le véritable et absolument inconnaissable, qui lui échappe toujours. L'inconnaissable possède deux sens : d'un côté, il désigne ce qui échappe à notre pensée, d'un autre côté il peut aussi signifier l'*attribut* d'inconnaissance, qui, en tant que tel, entre dans le cadre de la pensée, donc, qui est toujours

1. *Cf.* Jamblique (*De mysteriis*, I 21, p. 49. 19) qui critique ceux qui utilisent l'analogie dans la connaissance du divin, tout en appliquant à la divinité leurs propres états et passions humaines. Il s'oppose à ceux qui croient que la divinité peut être connue par le raisonnement.

2. Commentant le passage cité plus haut, C. Metry-Tresson (*L'aporie*, *op. cit.*, p. 366) remarque : « Lorsque nous disons que les premiers principes sont inconnaissables, ce n'est pas leur découvrir une propriété, celle d'être inconnaissables, mais c'est avouer ou reconnaître notre propre incapacité à les connaître, notre propre ignorance. »

3. *Cf.* Sextus Empiricus, *Esquisses pyrrhoniennes*, I, 200. 10.

connu. Le renversement de la pensée se réfère justement à cet attribut et révèle qu'il est en lui-même contradictoire, qu'il n'arrive pas à indiquer adéquatement ce qu'il veut indiquer : « Car nous ne le disons même pas inconnaissable seulement, en sorte que, tout en étant quelqu'autre chose, il aurait pour nature l'inconnaissable »[1]. Le renversement – qui a pour effet de renoncer à tout attribut possible – montre que le principe ineffable est inconnaissable, mais sans que cela devienne une caractéristique du principe, car c'est ce caractère inconnaissable (τὸ ἄγνωστον) qui crée l'aporie. Le renversement vise donc à supprimer toutes les attributions au sujet du principe (en montrant qu'elles sont incohérentes), afin de nous laisser en face du principe pur, c'est-à-dire non-déterminé, soustrait à la logique de l'attribution. Si, dans le contexte sceptique, « notre état » exprime tout simplement l'impuissance à décrire les choses, chez Damascius, notre propre état se renverse aussi, parce que nous ne pouvons même pas conclure à une simple inconnaissance du principe. Cet état qui est le nôtre a donc un sens actif. Il exprime tout ce que ressent l'âme ou la pensée durant cette tentative constante de saisir le principe, d'y accéder. Par conséquent, il ne s'agit pas d'une impossibilité qui impose la suppression de la pensée ; au contraire, il faut parcourir toutes ces affectations, toutes ces πάθη, ainsi que leur renversement, afin d'épurer notre relation avec le principe et de découvrir sa présence paradoxale.

La pensée doit s'arrêter là où elle n'a absolument aucune prise, là où elle ne peut même pas déclarer sa propre inconnaissance. Si, pour la tradition, le principe – à savoir l'un – est inconnaissable, Damascius impose en tant que principe premier ce au sujet de quoi l'inconnaissance même se renverse, et ne peut lui être attribuée, ni même niée. Ainsi, l'affirmation damascienne selon laquelle on ne saurait nier quelque chose de ce que l'on ne connaît pas semble aller à l'encontre de la pensée de Proclus, qui indique l'un absolu (qui est inconnaissable) par la série de négations de la première hypothèse[2]. Aux yeux de Proclus, la première hypothèse du *Parménide* « célèbre le caractère indicible, inconnaissable et au-delà de tout ce qui existe du principe »[3]. Toutefois, si l'un même est inconnaissable, on pourrait dire, en suivant Damascius, que l'on ne peut rien nier de lui. Soit, au contraire : on comprend que, si l'on peut toujours nier quelque chose de l'un (c'est-à-dire, en somme, toute la pluralité de l'être), c'est parce que l'un n'est pas complètement inconnaissable, mais on a sur lui un dernier mode d'accès, puisque du vrai inconnaissable on ne peut rien nier.

1. *De principiis*, W. I, 13. 17-18 ; R. I, 10. 21-22.

2. *Cf.* Proclus, *Commentaire sur le Parménide de Platon*, 1191. 34-35 et *Théologie platonicienne*, II, 65. 5-15.

3. Proclus, *Théologie platonicienne*, I, 42. 1-2 (τὸ ἄρρητον καὶ ἄγνωστον καὶ παντὸς ἐπέκεινα τοῦ ὄντος ἀνυμνεῖν). Pour le caractère inconnaissable du principe, cf. *ibid.*, I, 31. 27 ; I, 55. 5 ; I, 102. 16-21 ; II, 37. 9-11 ; II, 41. 9-11.

Paradoxalement, il est toujours possible de dire que l'un est inconnaissable, tandis qu'au sujet du véritablement inconnaissable on ne peut même pas dire qu'il est inconnaissable. Si, dans le cas de l'un absolu, toute la tradition antérieure a souligné le fait qu'il est inconnaissable, en revanche, Damascius met en lumière le fait que l'inconnaissable perçu par notre pensée n'est pas vraiment inconnaissable (car il est contradictoire), alors que le véritable inconnaissable se montre plutôt par le simple fait que la pensée ne peut pas le dire inconnaissable, mais qu'elle se renverse en face de lui. Finalement, il s'aperçoit qu'au sujet du principe ineffable nous ignorons même le fait qu'il soit inconnaissable, ce qui opère un renversement encore plus profond. Le principe est « tellement inconnaissable qu'il n'a même pas l'inconnaissable pour nature, que nous ne l'atteignons même pas comme inconnaissable, enfin que nous ignorons même s'il est inconnaissable »[1]. L'inconnaissable (τὸ ἄγνωστον) n'est plus un simple attribut. Il indique l'impossibilité d'entrer en relation avec le principe, en tant que connaissable ou qu'inconnaissable. Son sens résulte d'une double suppression : on ne connaît pas le principe, de surcroît, on ignore même que l'on ne le connaît pas. Il n'est pas quelque chose d'inconnaissable, qui aurait cette nature, et qui pourrait se faire connaître en tant que tel. Nous ne connaissons que notre impossibilité à l'identifier en tant qu'inconnaissable.

D'ailleurs, Damascius ne dit pas que le principe *est* inconnaissable, mais seulement que l'on *ignore* s'il est inconnaissable (ἀγνοεῖν δὲ καὶ εἰ ἄγνωστον). L'inconnaissance procède davantage de l'impossibilité à décider l'inconnaissance du principe, même pour le dire inconnaissable. Il s'agit donc d'une inconnaissance qui n'est pas affirmée en tant que telle au sujet du principe. C'est une inconnaissance qui n'entre jamais dans le discours et qui n'est jamais affirmée, ni non plus niée. Cette inconnaissance provient de la suppression même de l'inconnaissance en tant qu'attribut ou en tant que nature du principe. Une inconnaissance qui se relève contre elle-même, et qui donc, ne se concrétise jamais dans un attribut et dans une connaissance indirecte. En ce sens, l'inconnaissance du principe est non pas une pure et simple ignorance au sens d'un objet inconnu, mais une inconnaissance paradoxale. D'un côté, elle ne correspond à aucun objet inconnu et ne détermine pas le principe en tant que tel ; pourtant, d'un autre côté, elle révèle le principe par son propre renversement, par le fait même qu'elle n'entre pas dans le discours, qu'elle ne devient jamais un cas d'inconnaissance, mais reste la manière particulière dont se manifeste le non-objectivable, le principe au-delà de l'un.

Cet état – dans lequel on ne sait même pas qu'on ignore le principe – est appelé « surinconnaissance » (ὑπεράγνοια)[2] : « ce que précisément nous

1. *De principiis*, W. I, 18. 5-7 ; R. I, 13. 17-19.

2. *Cf.* R. Mortley, *From Word to Silence. II. The Way of Negation, Christian and Greek*, Bonn, Hanstein, 1986, chap. VII : « Damascius and Hyperignorance », p. 119-127, notamment p. 127. *Cf.* G. Van Riel, « Damascius », art. cit., p. 677.

avouons ne pas connaître ni ignorer, avouant que nous sommes même dans un état de surinconnaissance »[1]. Ce n'est pas tout simplement une inconnaissance encore plus grande, mais c'est une inconnaissance que l'on ne peut affirmer en tant que telle. Dans le cas de l'ineffable, nous ne pouvons dire ni que nous le connaissons, ni que nous l'ignorons, car il ne nous est même pas connu en tant qu'ignoré et inconnaissable. C'est une inconnaissance qui n'est même pas connue en tant que telle, et donc, qui ne peut pas être affirmée sans se renverser instantanément. Si l'inconnaissable est « ce qui se contre-distingue du connaissable »[2], dans le cas de l'ineffable, l'inconnaissance ne se définit plus par rapport à *ce* que nous ne connaissons pas. La surinconnaissance dépasse la contre-distinction entre le connaissable et l'inconnaissable. L'idée que « nous ignorons s'il est inconnaissable » décrit une sorte de discours qui se construit par rapport au principe, mais sans le déterminer. C'est un discours qui se prolonge dans la condition paradoxale du renversement. En effet, dire que « nous ignorons s'il est inconnaissable » implique à la fois que nous *savons* que nous ne le connaissons pas (et cela de deux manières : parce que nous le disons inconnaissable et parce que nous disons que nous l'ignorons), mais cela implique aussi que, finalement, cette connaissance de l'inconnaissance est vide, car elle ne renvoie à rien, ou elle renvoie à quelque chose que nous ignorons complètement.

Ignorer que nous l'ignorons, c'est dire que nous ne savons même pas à quel point nous l'ignorons. Mais cela implique aussi que, par cette affirmation paradoxale et renversée, on établit l'existence ou la présence de *ce* que l'on ignore, de *ce* dont on ignore à quel point on l'ignore[3]. En conséquence, le renversement exclut la connaissance directe, mais il crée l'espace propice pour se rapporter à l'ineffable, espace dans lequel on peut avoir cette conscience sans connaissance de l'ineffable. Dans un tel espace, l'ineffable s'impose sans que l'on puisse lui appliquer de connaissance. Par la surinconnaissance, on découvre la trace du principe, on se rend compte de sa présence et de sa façon paradoxale de stimuler la pensée. La surinconnaissance – qui implique le dépassement de la simple inconnaissance ou ignorance – se transforme en prise de conscience du principe : c'est la « conscience indicible »[4], qui ne se cristallise jamais en un objet de connaissance. La surinconnaissance est un état

1. *De principiis*, W. I, 84. 17-18 ; R. I, 56. 7-8 : ὅπερ οὔτε γινώσκειν οὔτε ἀγνοεῖν ὁμολογοῦμεν, ἀλλ' ἔχειν πρὸς αὐτὸ καὶ ὑπεράγνοιαν.

2. *Ibid.*, W. I, 84. 15-16 ; R. I, 56. 6-7 : Τὸ μὲν δὴ ἀντιδιῃρημένον τῷ γνωστῷ ἄγνωστον.

3. M. Viau (« La théologie pratique peut-elle être apophatique ? », *Laval Théologique et Philosophique*, 60/2, 2004, p. 283-299) affirme que Damascius « a poussé à sa limite la plus extrême la voie négative [...] en mettant l'accent sur le silence, en tenant pour acquis l'échec de la raison et en mettant en avant l'idée de l'hyperignorance. » (p. 298). Pourtant, même si, de prime abord, il semble s'agir d'un échec, celui-ci nous conduit vers une manière encore plus subtile et plus adéquate de garder conscience du principe ineffable.

4. *De principiis*, W. I, 6. 14-16 ; R. I, 5. 20-21.

dans lequel il n'y a plus d'objet concret de notre pensée, on ne pense et on ne connaît plus rien, mais on a, plus que jamais, la conscience – ou la surconscience – de ce *rien* qui suscite cette pensée sans objet. Cette conscience n'est pas relative à quelque chose. Elle est indicible, car on ne pourrait pas dire de quoi on est conscient. C'est une conscience de la pensée détournée et détachée de tout objet possible, qui n'est même pas une pensée proprement dite, parce qu'elle ne se concrétise pas en un contenu de sens quelconque, ni en une simple ignorance ou inconnaissance. L'état d'esprit, dont il est question, témoigne de *ce* qu'elle éprouve, sans que *celui-ci* lui appartienne en propre et sans qu'elle puisse en rendre compte.

Rappelons que ce sont les apories qui ont poussé la pensée à admettre en elle-même ce principe sur-inconnaissable, lequel maintient la pensée éveillée à lui, sans qu'on puisse s'en débarrasser en tant qu'inconnaissable. En d'autres termes, les apories – et donc, la logique même de la pensée – nous amènent à découvrir que la pensée a en son sein ce type de surinconnaissance, qui constitue comme le point le plus intime de conscience de la pensée. C'est la suite logique d'une pensée qui a suivi sa propre exigence de rationalité, d'unité et de non-contradiction, refusant d'admettre des compromis dans sa perspective sur elle-même, sur la totalité de ce qu'elle peut concevoir et sur le principe de cette totalité. Dans ce contexte, on dépasse la position des sceptiques, qui s'arrêtent à l'impossibilité pure et simple de connaître les choses. Pour ces derniers, on connaît seulement notre propre état d'inconnaissance. Mais pour Damascius, on ne peut même pas savoir que le principe nous reste inconnaissable. D'une part, formellement, sa perspective est plus radicale que celle des sceptiques, dans la mesure où il montre qu'au sujet du principe même l'inconnaissance n'est pas acceptable. D'autre part, et de manière essentielle, il profère un anti-scepticisme radical : pour lui, le renversement de l'inconnaissance est un moyen de rester conscient de cette présence indéterminable du principe. Le problème du principe chez Damascius ne tient pas simplement à son inconnaissance et à l'échec constant de toutes tentatives pour l'exprimer. Ce problème est plus nuancé, car le principe n'est pas inconnaissable, pas plus que connaissable. Le principe échappe à cette dualité et ne peut être situé en aucune de ces deux classes d'objets : les connaissables ou les inconnaissables. C'est en cela que réside le problème, mais c'est aussi d'ici que jaillit la solution. Le principe se manifeste et s'impose à notre pensée paradoxalement, en tant que ce qui renverse complètement notre pensée, refusant d'être identifié.

Bien que nous appelions le principe inconnaissable, plutôt que connaissable, nous ne sommes pas en droit de l'appeler inconnaissable non plus, parce que même en ce cas, nous nous contredisons. En ce qui nous concerne, dans notre état par rapport à lui, c'est l'inconnaissance qui l'emporte; pourtant, si cette inconnaissance nous appartient, elle ne se réfère pas à lui. Nous sommes dans l'inconnaissance, mais le principe n'est pas déterminé par notre inconnaissance, en sorte qu'il s'impose comme tout autre chose, ni connaissable, ni inconnaissable. Nous retrouvons la trace du principe, par sa résistance à la détermination comme connaissable ou inconnaissable. Notre inconnaissance à son égard produit un effet paradoxal : elle soustrait le principe au simple statut de chose inconnaissable, ignorée. Le principe n'est ni ignoré, ni connu, mais il se montre comme ce qui sort complètement de cette dualité. L'enjeu, pour Damascius, est de montrer que c'est précisément le tout – l'espace ultime de notre pensée – qui, par ses apories, éveille la conscience d'un tel au-delà, ni connu, ni inconnu.

Renversement de l'opinion

Le principe, qui ne peut pas être accepté dans les termes de notre pensée, ne peut pas non plus être supprimé ou annulé par elle, car la pensée cherche toujours une origine propre, une antériorité absolue par rapport à tout ce qu'elle peut dire, et sa dynamique consiste à remonter toujours vers une explication du tout. Encore moins peut-il être ignoré et exilé dans l'espace de l'inconnu, parce qu'on ne peut même pas le dire inconnu. Au contraire, le principe se maintient dans la conscience philosophique par cet exercice de renversement de tout concept. Il s'impose en se soustrayant à la pensée, qui ne peut pas l'admettre en tant que tel, ni l'assumer en tant qu'objet. Il s'agit d'une conscience entretenue justement par cette expérience de la suppression de toute expression discursive et par le barrage de tout accès discursif. Si l'on aboutissait finalement à l'exprimer d'une quelconque façon (opinion ou conjecture), le principe ne serait qu'un fantasme, une invention de notre pensée : « ce que l'on *appelle* le principe »[1]. Or, Damascius veut montrer ici que la pensée persiste jusqu'au bout dans cet état de renversement – sans cesse stimulée par ce qu'elle ne peut plus dire – précisément parce que l'on est en face de quelque chose qui n'est plus de l'ordre de la pensée. La pensée peut trouver en elle-même la trace de ce qui la dépasse. C'est pourquoi Damascius continue sa démarche jusqu'au renversement total, qui consistera en une tentative de voir si toute cette série de suppressions peut s'arrêter finalement dans une expression discursive quelconque. Ainsi, le principe ne peut même pas être démontré en tant que tel, à partir d'une connaissance préalable, car l'on ne possède pas une telle connaissance :

> [...] en parlant ainsi nous faisons une démonstration encore à son sujet (περὶ ἐκείνου), mais lui nous ne le démontrons pas, et le démontrable n'est pas en lui ; [...] mais nous démontrons notre ignorance et notre aphasie à son égard (περὶ αὐτό), et c'est là l'objet de la démonstration[2].

1. *Ibid.*, W. I, 1. 4 ; R. I, 1. 4.
2. *Ibid.*, W. I, 15. 1-5 ; R. I, 11. 17-20.

L'idée se retrouve chez Plotin, qui montre que l'on peut parler au sujet du principe premier sans l'exprimer lui-même[1]. Ce que l'on exprime alors, ce n'est pas le principe lui-même, mais seulement notre façon de nous y rapporter. Proclus[2] utilise aussi cette distinction, en montrant que, tout ce que nous disons est à chaque fois *quelque chose*, tandis que le principe n'est pas quelque chose de déterminé; de ce fait, on peut parler du principe à partir de ce qu'il produit, mais nous ne pouvons pas exprimer le principe lui-même.

Pour Damascius, parler « à son sujet » (περὶ ἐκείνου) a un sens différent. Il ne dit plus que l'on peut rabattre sur l'ineffable les choses qui le suivent, pour dire qu'il n'est pas ces choses-là (en tant qu'il les produit). La seule chose que l'on puisse dire au sujet de l'ineffable, c'est notre ignorance (τὴν ἡμετέραν ἀποδείκνυμεν περὶ αὐτὸ ἄγνοιάν). Chez Plotin, on pouvait dire du principe ce qu'il n'est pas. Chez Damascius, en revanche, on ne peut même pas dire (et démontrer) ce que l'ineffable n'est pas. On ne peut même pas dire qu'il est « rien, l'au-delà de tout, le supracausant, l'incoordonné à tout »[3]. Bien que l'on se réfère à l'ineffable, ce que nous disons de lui ne le touche ni directement, ni indirectement, pour dire ce qu'il n'est pas. Par contre, nos démonstrations montrent que l'on ne peut plus démontrer l'ineffable et que nous l'ignorons complètement. Comme il l'a montré auparavant, il y a ignorance parce que l'on ne peut même pas dire que l'ineffable est inconnaissable, donc, parce que notre inconnaissance par rapport à lui ne peut plus aboutir à lui et dire quelque chose de lui. On démontre par là que cette inconnaissance, qui se trouve en nous, se réfère à lui, mais sans rien dire de lui-même[4].

Nous avons donc la preuve de notre ignorance du principe. En outre, Damascius montre que, même lorsque nous exprimons la suppression de toute connaissance (et de toute inconnaissance) envers l'ineffable, c'est une opinion qui reste en nous sans renvoyer au principe, quoiqu'elle tente maintes fois de s'immiscer de nouveau en tant qu'opinion proprement dite sur le principe. Ainsi, il se demande :

> Quoi donc? N'avons-nous pas une opinion de lui dans ce que nous en disons? Or, s'il y a une opinion de lui, il est aussi objet d'opinion. Oui, mais notre opinion est qu'il n'est pas, et cette opinion est vraie, comme le dit Aristote. Eh bien donc, si cette opinion est vraie, c'est qu'il y a aussi une chose, par conformité à laquelle l'opinion est constituée comme vraie, car c'est parce que la chose est, que l'opinion aussi est vraie[5].

1. Plotin, *Ennéades*, V, 3, 14. 1-3.
2. Proclus, *Théologie platonicienne*, II, 55. 22-25.
3. *De principiis*, W. I, 13. 21-22; R. I, 10. 24-25.
4. Cependant, Damascius dira que la seule démonstration de l'ineffable réside justement dans le renversement de la pensée qui l'aborde (*ibid.*, W. I, 21. 18-20; R. I, 15. 22-23).
5. *Ibid.*, W. I, 15. 6-11; R. I, 11. 20-12. 3.

Il y a, dans ce type d'affirmation, un piège introduit par le discours même, qui profère une opinion : dire que cette opinion est vraie, c'est rentrer dans le giron de l'être, car la vérité a du sens seulement en relation avec l'être. Mais alors, l'ineffabilité du principe – en tant qu'objet d'une opinion vraie – est transférée dans les termes de l'être. Nous remarquons comme un combat entre l'opinion qui veut s'emparer de l'ineffable et cette pensée seconde qui tente de faire sortir l'ineffable de toute opinion. Nous avons une opinion sur lui, et par suite il doit aussi *être*, en tant qu'objet de cette opinion. Mais notre opinion est que l'ineffable n'est pas. Néanmoins, cette opinion requiert un objet d'opinion, l'ineffable rentre donc de nouveau dans le cadre de l'opinion.

Le contexte est lié à une affirmation aristotélicienne se référant au non-être : « Quant au non-être, il n'est pas vrai de dire que puisqu'il est objet d'opinion, il est : en effet, l'opinion qui porte sur lui est, non pas qu'il est, mais qu'il n'est pas »[1]. Damascius identifie un renversement dans cet argument. Pour Aristote, l'opinion sur le non-être (qui serait vraie) consiste à dire que le non-être n'est pas. Damascius en déduit que, si cette dernière opinion est vraie, alors, il faut de nouveau trouver un objet pour cette opinion, un objet qui *est* et qui fait que l'opinion même soit vraie. De même, dans le cas de l'ineffable, dire qu'il « n'est pas », c'est proférer une nouvelle opinion qui, à son tour, prétend que l'ineffable *serait*, pour que l'opinion même puisse être vraie. De la sorte, l'opinion même est renversée, parce qu'elle ne peut pas vraiment soutenir *ce qui n'est pas*, mais le transforme à chaque fois en quelque chose qui *est*. Damascius pousse encore plus loin ce combat entre l'opinion et l'inopinable :

> Toutefois, l'ineffable comment pourrait-il avoir l'être et comment pourrait-il être vrai, lui qui est parfaitement inconnaissable ? On pourrait dire que son non-être et son caractère inconnaissable sont vrais, au sens où est vrai le véritablement faux, car il est vrai que ce dernier est faux[2].

Les privations se mêlent aux affirmations, aux caractères positifs. Sans la lumière, il n'y a pas d'ombre non plus; le faux présuppose le vrai. Pourtant, l'ineffable n'est pas une privation. Il n'est pas obtenu à partir de quelque chose dont on supprime telle ou telle détermination. Toute privation se greffe sur une affirmation préalable, tandis que l'ineffable est justement ce qui sort de cette logique duale, de l'affirmation et de la privation. Damascius nous révèle que la pensée tente de transformer le principe en une privation, et cela par le simple fait qu'elle le détermine, même négativement. En réalité, à l'ineffable, on ne peut même pas attribuer le non-être, car il n'entre plus dans la logique de

1. Aristote, *De l'interprétation*, 21a 32 (trad. J. Tricot). Aristote ne dit pas que cette opinion (à savoir que le non être n'est pas) est vraie; toutefois, Damascius présuppose que si l'on repousse l'opinion « que le non être est », alors on retient l'opinion que « le non-être n'est pas ».

2. *De principiis*, W. I, 15. 11-14; R. I, 12. 3-6.

l'affirmation (qui peut toujours être appliquée à toute négation), ni du vrai (qui peut être attribué même à ce que l'on dit être faux). Damascius en conclut :

> [...] dans le cas de ce qui n'est en aucune façon ni sous aucun rapport, rien de ce qui est de quelque manière que ce soit ne peut être attribué, comme le dit Platon, donc même pas le non-être, ni en général une privation ; sans compter que l'expression « ce qui n'est en aucune façon ni sous aucun rapport » est impropre à signifier l'ineffable ; car cette expression est de l'être, sa signification aussi est quelque chose qui fait partie des êtres, et ce qui est objet d'opinion est encore de l'être [...] [1].

Pour notre auteur, dans ce contexte, il y a deux manières de sortir de l'espace de l'opinion et de l'être : d'une part, « ce qui n'est en aucune façon ni sous aucun rapport » ne peut plus recevoir ni affirmation ni négation (ni l'être, ni le non-être), car il n'est pas une privation relative, laissant de la place pour d'autres affirmations relatives. D'autre part, à un niveau encore plus radical, même « ce qui n'est en aucune façon ni sous aucun rapport » [2] ne peut plus être attribué à l'ineffable, parce que, bien que celui-ci se soustraie à tout *contenu* d'opinion (affirmative ou négative), il garde toujours l'*acte* formel de l'opinion, parce qu'immanquablement on profère une opinion lorsque nous affirmons ce néant absolu : « même si l'on est d'avis que l'objet d'opinion n'est en aucune façon, néanmoins cet objet d'opinion lui-même fait partie des êtres » [3]. Autrement dit, même lorsque l'opinion porte sur « ce qui n'est en aucune façon ni sous aucun rapport », elle nous fournit, en tant qu'opinion, un objet qui relève de l'être. En revanche, l'ineffable se soustrait non seulement à toute opinion qu'on puisse proférer, mais aussi à l'acte d'opiner. Le vrai inopinable (à savoir celui dont on peut dire avec raison qu'il n'accepte aucune opinion sur lui), c'est « ce qui n'est en aucune façon ni sous aucun rapport », c'est-à-dire le néant selon le pire[4]. De l'ineffable on ne peut même pas dire qu'il est inopinable, car alors c'est encore dire et opiner à son sujet. Mais alors, dans un effort désespéré de la pensée, on pourrait dire du moins que l'ineffable n'est même pas inopinable : « Quoi qu'il en soit, nous avons l'opinion que l'ineffable n'est pas objet d'opinion. Avouons que le discours se renverse, comme le dit Platon, et que réellement nous n'avons même plus d'opinion » [5]. On remarque ici un double renversement, tant de la part de la pensée (qui veut réintégrer le

1. *De principiis*, W. I, 15. 18-23 ; R. I, 12. 9-12.

2. Damascius arrive à réintégrer « ce qui n'est en aucune façon ni sous aucun rapport » (τὸ μηδαμῇ μηδαμῶς ὄν) dans l'être. Cette expression est construite en faisant appel à l'être (τὸ ὄν).

3. *De principiis*, W. I, 15. 23-16. 1 ; R. I, 12. 12-13.

4. *Ibid.*, W. I, 16. 1-4 ; R. I, 12. 13-15 : « C'est pourquoi avec plus d'exactitude Platon dit indicible et inopinable le néant absolu selon le pire, comme, nous, nous disons indicible et inopinable le néant absolu selon le meilleur ».

5. *Ibid.*, W. I, 16. 5-6 ; R. I, 12. 15-16 : Ἀλλὰ γὰρ δοξάζομεν ὅτι ἀδόξαστον. Ἦ περιτρέπεται, φησίν, ὁ λόγος, καὶ τῷ ὄντι οὐδὲ δοξάζομεν.

principe en tant qu'objet d'opinion), que de la part du principe (qui, une fois réintégré en tant qu'objet d'opinion, se dissipe et se soustrait à l'opinion à laquelle on lui fait correspondre). D'ailleurs, même lorsqu'on pense que le principe n'est pas objet d'opinion (δοξαστόν), cette pensée se constitue dans une autre opinion, qui tente à nouveau de dire que le principe est objet d'opinion. De l'autre côté, lorsqu'on réintègre le principe en tant qu'objet d'opinion, notre opinion sur lui consiste à dire qu'il n'est pas objet d'opinion, ce qui renverse ce que l'on a dit avant. Dire que l'on n'a aucune opinion sur lui, c'est le transformer en l'objet de cette opinion même, tandis que faire de l'ineffable un objet d'opinion c'est le perdre en tant qu'ineffable et, donc, en tant qu'objet d'opinion.

D'une part, dire qu'il est inopinable signifie qu'il est impossible de formuler une opinion à son sujet, et donc, qu'il est à la limite impossible de dire qu'il est inopinable (car là aussi il s'agit d'une opinion). Le discours est donc déjà renversé. Mais, d'autre part, même si nous avons dit qu'on ne peut pas avoir une opinion sur ce principe, on a déjà proféré une opinion sur lui (même négative), par conséquent, l'idée même qu'il soit inopinable est renversée. On ne peut pas décider si l'on a une opinion sur lui, ou si l'on n'en a pas, car dire que l'on n'a pas d'opinion, c'est déjà donner une opinion, tandis que, si l'on dit que l'on a une opinion sur lui, alors cette opinion ne porte plus sur le principe ineffable, donc, elle n'est pas vraiment une opinion. Dans le cas du principe, le renversement est double : d'un côté, on ne peut pas l'exprimer, mais d'un autre côté, on ne peut même pas fixer cette idée, à savoir que l'on ne peut l'exprimer par aucune opinion. Le premier semble être un renversement d'ordre sceptique, qui estime que l'on ne peut pas l'exprimer ni le déterminer d'aucune manière. Or, la deuxième partie renverse ce premier renversement, parce que l'on ne peut pas même accepter l'idée de l'impossibilité d'exprimer et de déterminer le principe. Si les sceptiques se contentent du fait que l'on ne peut pas déterminer, Damascius note que la présence du principe nous oblige à ne pas nous arrêter à cette impossibilité première, et à nous rendre compte que même cette impossibilité de déterminer (et d'opiner) se transforme en une « opinion » (δόξασμα) :

> N'estimons-nous pas et ne sommes-nous pas persuadés que l'ineffable est ainsi ? Oui, mais ce sont là nos propres états envers lui, comme on l'a dit souvent. Néanmoins, nous avons en nous cette opinion. Alors, c'est une opinion vide, comme celle du vide et de l'illimité. […] si nous nous faisons quelque opinion […] au sujet de l'ineffable dont nous écrivons cela, cette opinion est notre œuvre, et en nous elle s'avance dans le vide ; alors, en la saisissant, nous croyons le saisir, mais lui n'est rien pour nous, tant il passe hors de notre pensée[1].

1. *Ibid.*, W. I, 16. 6-16 ; R. I, 12. 17-24 (trad. Combès légèrement mod.).

Si l'opinion présuppose une certaine relation entre ce que l'on pense et ce qu'on en pense, en revanche, le terme δόξασμα désigne la représentation que l'on s'en forge, sans que celle-ci renvoie directement à un objet concret de la pensée[1]. Cette δόξασμα est une production de notre pensée qui non seulement ne peut plus indiquer l'objet (à savoir l'ineffable), mais qui, de plus, risque de se substituer à lui et de nous faire croire qu'on le connaît, bien qu'il nous échappe.

Le problème réside dans le fait que cette opinion n'a de légitimité qu'en nous, sans s'appliquer comme telle à l'ineffable. Proférer une opinion – et même nier une opinion, ou bien supprimer toute opinion – relève toujours de l'être, où fonctionne la distinction entre vrai et faux ; mais l'ineffable ne relève plus de l'être, il n'est plus exprimable par les distinctions spécifiques à l'être, de sorte que cette opinion, qui peut être vraie en nous, ne s'applique pas à lui. Damascius sépare l'ineffable de l'opinion que nous en avons, mais qui nous fait perdre de vue l'ineffable, tout en nous donnant l'impression que nous l'avons finalement saisi. Par suite, il y a un double détachement : de l'opinion par rapport à la réalité et de la réalité par rapport à l'opinion. Tandis que les sceptiques s'arrêtent au premier détachement (tout en concluant que l'on ne peut rien dire sur les choses, et donc, qu'il faut arrêter toute pensée, toute opinion), chez Damascius, dans le filigrane de ce premier détachement, la réalité dont on parle (à savoir le principe ineffable) se détache à son tour et s'impose comme une réalité indéterminable, inaccessible, mais indubitable, une réalité qui doit être gardée comme telle, en prenant conscience de sa présence, en la distinguant de toute opinion (de toute δόξασμα) le concernant[2]. L'ineffable est ainsi démontré par le fait de le séparer des opinions et des représentations que l'on s'en forge.

1. Le terme δόξασμα n'indique pas l'objet de l'opinion, mais bien l'opinion même, à savoir le contenu mental qui correspond en nous à l'objet de l'opinion. De la même manière, ἀγνόημα (*ibid.*, W. I, 16. 19 ; R. I, 12. 25) n'indique pas l'objet de l'inconnaissance, mais « l'ignorance qui se forme en nous » (*cf.* la traduction de M.-Cl. Galpérine, p. 163), donc l'objet qui se forme en nous et qui correspond au fait que nous ne connaissons pas le principe. De même, le terme γνῶσμα n'indique pas l'objet de la connaissance, mais le contenu qui se forme en nous et qui correspond à l'objet de la connaissance : cf. *ibid.*, W. II, 149. 16-19 ; R. II, 182. 1-5, où Damascius distingue entre γνῶσμα et τὸ γνωστόν. *Cf.* aussi C. Andron, « Damascius on Knowledge and its Object », *Rhizai*, 1, 2004, p. 3 ; D. Cohen, « L'assimilation par la connaissance dans le *De Principiis* de Damascius », *Laval Théologique et Philosophique*, 66/1, 2010, p. 61-83, notamment p. 83, et S. Gertz, « Knowledge, Intellect and Being in Damascius' *Doubts and Solutions Concerning First Principles* », *Ancient Philosophy*, 36/2, 2016, p. 479-494, ici p. 6-7.

2. Proclus exprime lui aussi l'idée que le divin ne peut pas être compris et transmis aux autres « si l'on ne maintient pas cette exposition des noms divins au-dessus de la variété des opinions (τῶν πολυειδῶν δοξασμάτων) et de la diversité contenue dans les mots » (*Théologie platonicienne*, I, 8. 1-4). Damascius montre explicitement combien les opinions sur le principe nous éloignent de lui.

Démonstration de l'inconnaissance

Toutefois, c'est une manière paradoxale de démontrer cette présence de l'ineffable, au moyen de l'inconnaissance qui renvoie à l'ineffable. Car d'où vient la certitude d'une telle inconnaissance qui correspond à l'ineffable? « Comment donc l'ignorance à l'égard de l'ineffable, dans la mesure où elle se forme en nous, est-elle démontrable ? »[1]. Autrement dit, si nous ignorons totalement le principe, alors comment savoir que nous l'ignorons ? Comment nous rendre compte qu'il y a en nous cette ignorance (ἀγνόημα) et qu'elle renvoie à l'ineffable? Si l'ignorance est totale, comment pouvons-nous la découvrir en tant qu'ignorance de quelque chose? Et s'agit-il toujours d'ignorance, si l'on sait que l'on ignore *quelque chose*? En outre, cette inconnaissance même ne risque-t-elle pas de comprendre le principe, de faire de lui un objet de l'inconnaissance (de l'ἀγνόημα) ? Effectivement, démontrer notre ignorance à l'égard de l'ineffable, c'est démontrer indirectement l'ineffable lui-même, en tant qu'objet auquel renvoie l'ignorance.

On peut considérer l'inconnaissance du principe selon deux significations différentes : d'un côté, c'est affirmer que le principe serait en lui-même inconnaissable. Mais Damascius a déjà démontré que l'on ne peut pas affirmer cela[2]. D'un autre côté, le principe est inconnaissable au sens où nous ne le connaissons pas, parce qu'il y a en nous une inconnaissance, une ἀγνόημα renvoyant à ce principe qui ne peut être connu même en tant qu'inconnaissable. C'est dans ce deuxième sens que Damascius se demande : « Comment, en effet, le disons-nous inconnaissable ? »[3]. Il expose trois arguments justifiant l'existence de ce principe que nous ne connaissons pas et dont nous ne gardons qu'une ἀγνόημα. Le premier consiste à dire que :

> [...] ce qui est au-dessus de la connaissance nous le trouvons toujours plus digne, de sorte que ce qui serait au-dessus de toute la connaissance, si toutefois cela pouvait être trouvé, serait aussi trouvé le plus digne même ; mais il suffit pour notre démonstration que cela ne puisse pas être trouvé[4].

On nous propose ici une sorte d'argument ontologique, qui s'appuie sur la gradation de la connaissance et des objets de la connaissance. Selon cette gradation, le plus digne objet de la connaissance serait au-dessus de toute connaissance. Mais ce qu'il fait qu'il est vraiment au-dessus de toute connaissance c'est l'impossibilité de le trouver en tant que tel ; sinon, il ne serait plus au-dessus de la connaissance. Il doit nécessairement rester introuvable. L'impossibilité de le trouver devient la preuve que le principe est inconnaissable et qu'il est le plus digne. Autrement dit, il doit y avoir un τιμιώτατον (le

1. *De principiis*, W. I, 16. 18-19 ; R. I, 12. 24-25.
2. *Ibid.*, W. I, 12. 3-7 ; R. I, 9. 16-19.
3. *Ibid.*, W. I, 16. 19 ; R. I, 12. 25-26 : πῶς γὰρ ἐκεῖνο ἄγνωστον λέγομεν ;
4. *Ibid.*, W. I, 16. 20-17. 3 ; R. I, 12. 26-28 ; *cf.* aussi *ibid.*, W. I. 7. 20-24 ; R. I, 6. 19-22.

plus digne), étant donné la structure ascendante de la connaissance, mais alors, celui-ci ne peut être trouvé en tant que tel, il est donc inconnaissable. Le deuxième argument reprend l'idée que le principe est « au-dessus du tout » et qu'il ne peut rien avoir en commun avec le tout, donc il ne peut être connaissable, tandis que le tout indique justement « ce que nous connaissons »[1]. Le troisième stipule que l'inconnaissance n'est pas une privation du connaissable, au contraire, l'inconnaissable est supérieur au connaissable et, de même que le connaissable présubsiste, l'inconnaissable doit aussi présubsister, lui qui est supérieur au connaissable[2].

Dans ces arguments, Damascius cherche à éviter que l'argument ne dégénère en une détermination du principe. Par exemple, dans le premier argument, le principe est ce qu'il y a de plus digne non pas parce qu'il est pensé comme étant au-dessus de la connaissance, mais en tant qu'il ne peut pas être trouvé. Cet argument fonctionne dans le cadre de notre pensée, cependant il nous fait signe en direction de ce qui est au-delà de la pensée. La connaissance nous indique ainsi ce qui est au-delà de la connaissance. Nous ne pouvons pas penser cet au-delà en tant que tel, mais c'est la connaissance même qui indique et réclame un au-delà, un inconnaissable en soi, qui soit plus digne que ce que nous connaissons. Damascius en déduit que :

> Si donc l'un est le dernier connaissable parmi les choses que, de quelque façon, nous connaissons ou conjecturons, alors l'au-delà de l'un est ce qui est éminemment et totalement inconnaissable, ce qui revient à dire tellement inconnaissable qu'il n'a même pas l'inconnaissable pour nature, que nous ne l'atteignons même pas comme inconnaissable, enfin que nous ignorons même s'il est inconnaissable. Complète est, en effet, notre ignorance à son égard et nous ne le connaissons ni comme connaissable ni comme inconnaissable[3].

On remarque que l'inconnaissance (ἀγνόημα) évoquée plus haut ne devient jamais une détermination du principe ineffable, elle ne se réfère pas à lui directement, mais elle indique seulement la partie de l'inconnaissance qui nous concerne. Si ce qui nous lie au principe c'est l'inconnaissance, alors, de notre côté, l'inconnaissance est l'état qui nous est propre, tandis que, du côté du principe, l'inconnaissance ne fonctionne plus, car le principe ne peut être identifié en tant qu'inconnaissable. L'inconnaissance complète (παντελὴς ἄγνοια) vise le principe sans le transformer en un objet inconnaissable. Il ne s'agit pas de quelque chose déterminé en tant qu'inconnaissable; au contraire, notre connaissance même, qui peut atteindre jusqu'à l'un, reconnaît qu'elle ne saurait aller plus loin, qu'elle ne peut pas dire plus. La pensée se tourne vers une unité parfaite, dont elle a besoin pour se concevoir de manière unitaire,

1. *Ibid.*, W. I, 17. 3-9; R. I, 12. 29-13. 3.
2. *Ibid.*, W. I, 17. 9-18; R. I, 13. 3-10.
3. *Ibid.*, W. I, 18. 2-7; R. I, 13. 16-20.

mais cette unité même ne reste absolument unitaire que si la pensée n'arrive pas à la concevoir, que si la pensée démontre cette inconnaissance nécessaire, sans que cette inconnaissance ait un objet concret. Il est donc question d'une inconnaissance qui ne dit rien sur le principe qu'elle ignore : celui-ci n'est ni un, ni transcendance, ni inconnaissable.

Renversement de la négation

Pourtant, la négation – comme l'affirmation – implique un sens déterminé, tandis que le principe ineffable ne peut être compris en aucun sens déterminé. En conséquence, il échappe et à l'affirmation et à la négation. Tel est le renversement du discours : l'ineffable ne reçoit aucun discours, ni affirmatif, ni négatif[1]. Tandis que la négation transmet, elle aussi, une signification quelconque[2], le renversement montre seulement que ce que nous disons est rejeté par le principe auquel nous essayons d'attribuer de tels prédicats. De cette façon, le renversement n'impose au principe aucune signification, mais il nous indique la suppression absolue de toute détermination en ce qui le concerne. Ce qui se renverse ne laisse plus de place pour la négation du prédicat renversé. Si la négation est une suppression d'un prédicat déterminé et, implicitement, une affirmation du prédicat opposé, le renversement, quant à lui, est une sorte de négation absolue, qui n'oscille plus entre un prédicat et son opposé, mais qui supprime les deux à la fois. Le renversement du discours n'est plus à proprement parler un discours, c'est l'expérience du fait que le principe sort de tout discours possible et que nous ne pouvons même pas exprimer ce dépassement du discours.

Aucun des prédicats spécifiques du principe ne résiste face à cette analyse radicale. Le sens de tous ces prédicats se contredit et se renverse, lorsqu'ils s'appliquent au principe ou lorsqu'on les nie. L'ineffable ne peut aucunement être nommé, car aucun des noms du principe absolu ne lui est adéquat, ni affirmativement, ni négativement.

> Mais la négation encore est un certain discours, et le niable une réalité, tandis que lui n'est rien, donc même pas niable, ni du tout exprimable, ni même connaissable de quelque façon que ce soit, de sorte qu'il n'est même plus possible de déclarer la négation [...][3].

1. *Cf.* L. Lavaud, « L'ineffable et l'impossible », art. cit., p. 53 : « Damascius introduit cette notion [le renversement] en faisant le constat que le discours négatif n'est pas plus apte à exprimer le premier principe que le discours positif ».

2. *Cf.* C. Metry-Tresson, « Comment l'âme peut saisir l'un : l'anagogie damascienne comme transgression de l'*apophasis* », *Chora. Revue d'études anciennes et médiévales : philosophie, théologie, sciences*, 14, 2016, p. 195-221, notamment p. 201-208.

3. *De principiis*, W. I, 21. 15-18 ; R. I, 15. 20-22.

Dans cette affirmation, on peut identifier une critique subtile à l'adresse de Proclus, pour lequel le principe (l'un) produit la réalité par sa négativité, parce qu'il n'est rien des choses qui proviennent de lui. Proclus lui aussi estime finalement que les négations doivent être supprimées lorsque l'on se réfère au principe au-delà de l'être[1]. Toutefois, il y a une certaine ascension dans sa réflexion : on nie, puis on supprime les négations elles-mêmes. Par contre, chez Damascius, l'ineffable s'impose dès le début par le renversement de tout discours, affirmatif ou négatif. On ne nie pas[2], pour supprimer la négation ensuite, mais en face de l'ineffable la négation elle-même se renverse. Si les négations nous conduisent vers l'un, l'ineffable est indiqué non plus par la négation, mais par le renversement.

Nous assistons à une véritable lutte entre l'ineffable qui se soustrait à toute forme de discours[3] – même négatif, supprimant tout contenu de pensée – et notre pensée, qui, en niant et en supprimant tout contenu, croit toujours renvoyer au principe, du moins par la négation de toute opinion et de tout nom à propos du principe ineffable. La pensée se voit mise dans une posture paradoxale : d'une part, elle tente de dire quelque chose sur le principe ; d'autre part, chaque tentative de dire est déjouée, car elle ne peut pas se concrétiser en une opinion à proprement parler. La pensée suit ici le mouvement d'une vague qui s'avance vers un point non déterminé, mais qui ne peut pas le comprendre, et se retourne en arrière ; ensuite, ainsi niée et renversée, la pensée essaye de nouveau de comprendre le principe, au moins par les négations des prédicats antérieurs. Les premiers prédicats renversés sont les plus éminents concepts de la tradition concernant le principe absolu (*principe*, *transcendant*, *un*, *cause*). Après l'échec de ces prédicats, la pensée applique les négations de ces principes. Il ne reste que les négations de ces mêmes négations, à condition que ces négations ne se transforment pas en un discours indirect, et qu'elles soient à leur tour supprimées. Damascius dira que l'ineffable n'est ni négation, ni affirmation, mais « une absolue suppression qui [...] elle-même, n'est absolument pas »[4]. Dans le cas de l'un, la plus importante suppression (celle concernant le caractère de l'un même)[5] laisse cependant intact l'objet

1. Selon Proclus (*Théologie platonicienne*, II, 63. 20-24 ; *Commentaire sur le Parménide de Platon*, 70-72 K), bien que Platon ait indiqué le principe premier par toute une série de négations, néanmoins, la fin de l'hypothèse supprime les négations, ainsi que la puissance de l'un d'engendrer toutes les choses, ce qui met l'un au-delà de la puissance, comme il est au-delà de l'être.

2. Pour Damascius (*De principiis*, W. I, 21. 17 ; R. I, 15. 22), il est impossible de « déclarer la négation » (ἀποφῆναι τὴν ἀπόφασιν).

3. V. Béguin (« Ineffable et indicible », art. cit., p. 562) montre que l'ineffable « indique l'écart, la distance, le retrait permanents de ce qui se dérobe toujours aux tentatives de nomination *mais ne se laisse entrevoir qu'à travers elles*, et fait signe vers le toujours-déjà-se-retirant dont la seule "démonstration" est le renversement des discours ».

4. *De principiis*, W. I, 62. 6-9 ; R. I, 42. 1-3.

5. *Ibid.*, W. I, 9. 12 ; R. I, 7. 17.

de l'hypothèse (à savoir l'un, que Platon ne nie pas), qui est d'une certaine façon affirmé dans le *Sophiste*[1], tandis qu'ici, dans le cas de l'ineffable, il s'agit d'une suppression absolue, qui ne laisse plus aucune place, ni pour une affirmation, ni pour une négation.

Démonstration de l'ineffable

Avec tous ces renversements qu'il met en lumière, Damascius cherche non pas à proférer encore plus de négations au sujet du principe, mais à montrer qu'on se trouve face à quelque chose dont on ne peut parler d'aucune manière (affirmative ou négative) ; car l'impossibilité d'en parler ne supprime pas le « référent »[2] de ce discours impossible, mais au contraire : nous le révèle. D'un côté, on a ce discours qui se déjoue et qui n'accède jamais à son objet ; d'un autre côté, par l'impossibilité d'en parler, on fait signe au-delà de ce que l'on dit. Ce discours brisé met en évidence le principe qui, impossible à indiquer en tant que tel, est indiqué du simple fait de ne pas pouvoir l'indiquer. Ce discours brisé a toujours un correspondant, qui n'est plus de l'ordre du discours, mais qui n'est pas pour autant inexistant. « [C]e complet renversement des discours et des pensées, c'est la démonstration, imaginée par nous, de ce dont nous parlons »[3].

Damascius *parle* de ce principe dont il reconnaît que l'on ne peut rien *dire* ; il le démontre précisément par l'impossibilité radicale de le dire. Il y a une subtile distinction entre parler et appliquer ce que l'on dit au sujet dont on parle, ce qui n'est plus possible ici. Dans le cas du principe, parler ne signifie plus déterminer, mais éveiller la conscience à l'inexprimable. Parler de lui, c'est dire qu'il se soustrait à la discursivité, à tout ce que l'on en dit. Parler de lui revient à l'identifier en tant que ce qui se soustrait à tout discours possible, bien que tout discours possible y renvoie et le requiert à titre d'exigence ultime de rationalité et de cohérence de tout discours et du *tout* dans lequel se déploie le discours. Si le renversement nous amène à la « limite du discours » (πέρας τοῦ λόγου)[4], qui est le constat de l'impossibilité de dire l'ineffable, cependant, c'est par cette limite du discours – qui se réduit au silence – que nous découvrons le principe en tant qu'inexprimable. Le détour aporétique nous amène à la limite du discours, mais aussi à la conscience du principe qui impose cette limite et ce silence. L'enjeu de l'analyse damascienne n'était pas de décrire ou d'exprimer l'ineffable, mais de récupérer sa présence inexprimable. C'est pour cela que Damascius parle du renversement comme d'une démonstration de l'ineffable. Le renversement produit deux effets : d'une part,

1. *Ibid.*, W. I, 9. 13-16 ; R. I, 7. 18-19.

2. S. Gersh (*Being Different*, *op. cit.*, p. 126) appelle l'ineffable « the ultimate referent of discourse ».

3. *De principiis*, W. I, 21. 18-20 ; R. I, 15. 22-23.

4. *Ibid.*, W. I, 21. 20 ; R. I, 15. 24.

la conscience que l'on ne peut pas déterminer le principe, mais d'autre part, la conscience que l'on ne peut s'empêcher de s'y rapporter, ou la conscience que – même sans détermination et malgré sa fugacité – l'on ne peut renoncer à s'y référer, bien que toute référence soit ensuite déjouée et renversée de nouveau[1]. En somme, l'expérience de l'impossibilité de le déterminer est indirectement l'expérience de *ce* que nous ne pouvons plus déterminer, de *ce* qui nous échappe. Plus on découvre cette impossibilité de tout accès de la pensée, plus on éprouve cette présence inaccessible[2].

On identifie, dans ce type de démonstration indirecte, trois strates de la discursivité : tout d'abord, il y a ce que l'on dit, mais qui ne se réfère plus à l'ineffable. Deuxièmement, il y a le fait de parler toujours de quelque chose. À ce niveau, on a affaire au renversement : c'est une manière de parler qui n'a plus de correspondant direct, qui n'a plus d'objet, qui ne se reflète plus sur quelque chose. Mais on continue de parler, simplement pour dire que l'on ne peut plus le dire, ni parler de lui, si ce n'est pour dire notre inconnaissance à son sujet. Troisièmement, il s'agit de l'effet que produit le renversement. Tout en ne disant rien sur le principe, tout en reconnaissant que le discours se renverse à chaque fois, on acquiert la certitude de sa présence, qui refuse toute expression directe. Le principe n'est pas *quelque chose* d'inconnaissable, qui s'isole dans son inaccessibilité, marquant une simple limite de la connaissance. Au contraire, son inconnaissance se joue *en* nous et *par* notre tentative d'en prendre conscience. Notre inconnaissance n'est pas alors ce qui nous sépare du principe, mais ce qui nous relie à lui. C'est donc en démontrant à nous-mêmes notre ignorance, que nous découvrons la présence du principe et retrouvons la certitude de son existence. Ne pas connaître le principe et demeurer dans cette inconnaissance – et dans l'exercice d'intense ignorance entrepris par Damascius – n'est pas pure et simple ignorance, par rapport à quelque chose qui nous provoquerait et nous « frustrerait »[3] par son inaccessibilité. Demeurer dans cette inconnaissance, c'est déjà une manière de découvrir l'inconnaissable, vers lequel nous nous dirigeons constamment, sans jamais pouvoir lui donner une expression adéquate. C'est une manière de discerner sa présence, vers laquelle notre pensée nous éveille dès le début, par ses apories.

1. J. Opsomer (« Syrianus, Proclus, and Damascius », *in* J. Warren et F. Sheffield (eds.), *The Routledge Companion to Ancient Philosophy*, London, Routledge, 2014, p. 1479-1518) suggère qu'il est impossible de ne pas se référer au principe : « Damascius has to find *some* linguistic expression to refer to it » (p. 1507). Il faut cependant remarquer que toute expression linguistique va se supprimer au sujet du principe premier, qui ne nous est pas accessible directement, mais par des expressions infiniment renversées. Cf. *De principiis*, W. I, 22. 15-19 ; R. I, 16. 11-14.

2. Le renversement ne se réduit pas à un simple geste d'anéantissement du discours, comme le suggère P. Athanassiadi (*La lutte pour l'orthodoxie*, *op. cit.*, p. 212).

3. *Cf.* C. Metry-Tresson, *L'aporie*, *op. cit.*, p. 78.

Mais comment l'inconnaissance (et même l'impossibilité absolue de dire quoi que ce soit) peut-elle être considérée comme une démonstration de ce que l'on ne peut connaître ? Pour répondre, il faut comprendre que l'inconnaissance n'est pas tout simplement une impossibilité concrète, une limite de la pensée, mais une puissance extrême et paradoxale de la pensée. L'inconnaissance est la découverte des néoplatoniciens en matière de connaissance. Elle devient chez eux une quasi-connaissance supérieure, une conscience de ce qui dépasse la connaissance proprement dite. À la fin de cette tradition, Damascius affirme de manière surprenante que c'est l'inconnaissance du principe (et le renversement de toute pensée) qui démontre le principe[1]. On pourrait croire que cet argument est mal fondé, car, si on ne connaît pas le principe, comment l'inconnaissance pourrait-elle en démontrer l'existence ? Lorsqu'il parle d'inconnaissance, il s'agit non pas d'une impossibilité particulière de connaître, mais d'une inconnaissance nécessaire, qui découle de la manière dont on conçoit les limites de la pensée (ainsi que du tout), une inconnaissance que l'on ne peut pas éviter. Par conséquent, de l'impossibilité de connaître le point maximal de la pensée et du tout, et de l'impossibilité de renoncer à ce point maximal, découle cette inconnaissance qui nous lie au principe absolu (tandis que toute connaissance nous en sépare et nous fait perdre le principe).

L'argument de Damascius est donc le suivant : le principe est impossible à connaître ; donc, le principe ineffable est ce qui suscite au plus haut point notre inconnaissance, ce qui se soustrait le plus à notre connaissance. La pensée discursive et descriptive nous enferme dans le tout et nous donne l'impression de tout savoir, de tout posséder et de n'avoir plus besoin d'autre chose. Elle nous donne également l'impression qu'il n'y a rien au-delà de ce que l'on pense déjà. Dans la pensée discursive et descriptive, on n'a plus besoin d'autre chose, on ne tend plus vers autre chose, on ne ressent pas ce travail d'enfantement de la vérité. L'horizon de la pensée descriptive est fermé. Mais l'inconnaissance et le renversement créent l'effet d'un dépassement des limites, non pas vers quelque chose de connu, mais vers le principe inconnaissable de tout ce qui peut être connu.

Il n'y a donc pas de principe sans l'expérience du principe, ou, plus exactement, sans l'expérience de l'inaccessibilité du principe. Le principe se révèle précisément dans l'expérience de son inaccessibilité. C'est en cette expérience même que consiste l'ineffable : non pas un principe déterminé, une unité qui comprend tout et qui rend compte du tout, mais ce qui stimule incessamment

1. S. Rappe (*Reading Neoplatonism*, *op. cit.*, p. 213) considère que : « If the Skeptics embrace *epoche*, suspension of belief, as their solution to the impending danger of *peritrope*, one could argue that, in a parallel way, Damascius embraces silence or ineffability ». Mais dans le contexte que nous discutons, le renversement n'est pas un danger pour Damascius, mais c'est la seule manière de se rapporter à l'ineffable, sans le rendre accessible à la discursivité.

la pensée, ce en quoi la pensée peut avancer continuellement sans jamais s'arrêter comme en une chose déterminée (et déjà comprise dans le tout). Le principe est l'horizon ultime de la pensée, dans lequel on peut tout dire, sans pour autant déterminer quoi que ce soit. Le tout est ainsi récapitulé dans le principe, non pas en tant que somme de déterminations, mais parce que le tout suggère le principe dans sa soustraction, dans son absence ; le tout nous oblige à lui chercher un principe radical, un principe que l'on ne peut pas décrire, même si on dit tout à son sujet. Le tout suggère le principe de manière aporétique, par sa propre inadéquation au principe dont il a tant besoin.

Renversée, la pensée suggère la présence du principe[1], même sans pouvoir s'y rapporter. Il s'agit d'une présence du principe en dépit de la pensée, car la pensée, même si elle fonctionne bien comme avant, est invitée à fonctionner dans les conditions même du renversement, comme pour arriver à la conscience de *ce* qui n'a plus besoin de l'exercice habituel de la pensée, pour être ce qu'il est. Le principe est donc découvert non pas par la suppression de la pensée (que proposent les sceptiques), mais par le pouvoir de suggestion de la pensée, lorsqu'elle ne nomme plus, lorsqu'elle ne définit plus, parce qu'elle est renversée. Il s'agit d'utiliser le pouvoir de suggestion d'une chose brisée, qui n'est donc plus ce qu'elle est d'habitude, mais qui, dans cet état désabusé, peut dire plus qu'elle ne dit d'habitude. On découvre un état pré-cognitif, où la pensée a régressé totalement, afin de voir d'où elle surgit. Car elle ne peut être que pensée *de* quelque chose (en l'occurrence de quelque chose qui s'oppose à la pensée et s'en distingue) ; cependant, afin de voir sa propre source, l'objet direct de la pensée doit être supprimé. Lorsqu'elle ne pense plus quelque chose, mais elle pense encore, la pensée se découvre dans son état originel, en elle-même, avant d'être consumée par autre chose, par la chose qui devient son objet. C'est un état de contemplation, qui ne se focalise pas sur un objet, mais qui prend conscience de ce qui la dépasse et en même temps l'institue, l'établit.

Cette pensée paradoxale – où chaque avancée vers le principe est systématiquement renversée – est le travail d'enfantement de notre pensée. C'est un effort constant, quoique inachevé par un discours déterminé, pour comprendre le principe. Toutefois, ce renversement de notre pensée et ce travail d'enfantement toujours repris nous permettent ultimement de devenir conscients de la présence – incompréhensible – du principe ineffable. Et ce renversement constant est aussi la seule chose que nous pouvons dire du principe, à condition que le renversement ne s'arrête jamais à une expression quelconque, qui fixerait et déterminerait le principe.

> Et s'il y a, en effet, nécessité à suggérer quelque chose, il faut se servir des négations de ces prédicats, dire qu'il n'est même pas un ni non plus plusieurs, ni

1. *Cf.* D. O'Meara, « Notes on the Aporetics », art. cit., p. 106 : « Soul finds itself in a practice, or "training" (W. 82,10), of thinking which leads to a presence of the Absolute beyond thinking ».

> fécond, ni non plus infécond, ni causant ni non plus privé de causalité, et il faut cependant se servir de ces négations, alors que, je ne sais comment, elles se renversent totalement à l'infini[1].

Le renversement des négations est la seule manière adéquate de nous rapporter au principe absolu[2]. Seule une pensée renversée peut approcher le principe qui renverse toute pensée. Il faut remarquer que ces négations qui pourraient suggérer quelque chose sur le principe ne sont pas de simples négations niées, comme si Damascius changeait d'avis concernant l'impossibilité de déclarer la négation[3]. Au contraire, il propose que les négations soient renversées à l'infini. Il s'agit non pas de nier jusqu'à l'infini, ce qui est impossible, mais de savoir – avant même d'appliquer ces négations – comment et jusqu'où elles sont déjà renversées, totalement et à l'infini. En conséquence, on n'aboutit jamais à une négation proprement dite (car toute négation se nie et se supprime elle-même dans le cas de l'ineffable). En outre, ces négations infiniment renversées n'aboutissent jamais à un résultat, donc, elles ne nous fournissent aucun contenu concret de pensée.

Pourtant, même si le discours n'a plus de prise sur l'ineffable, cela ne signifie pas que ce discours engendre une série d'affirmations fausses[4]. En effet, ce que nous disons de l'ineffable n'entre plus dans la logique du vrai et du faux, parce que rien de ce que nous disons ne se réfère à lui. On n'a même pas un objet proprement dit, par rapport auquel on puisse décider de la vérité et de la fausseté de ce que l'on dit. Il est plus approprié de dire que les négations qui concernent le principe ineffable possèdent une valeur partielle : elles sont vraies au sens où elles corrigent – chacune à son tour – la négation antérieure. Plus précisément, chaque nouvelle négation intervient dans le discours afin d'éviter que la négation antérieure ne s'instaure en tant qu'affirmation ultime sur le principe et ne réduise l'ineffable à un objet proprement dit du discours, un objet de la négation. De la sorte, chaque négation serait fausse seulement dans la mesure où elle prétendrait devenir une affirmation vraie sur le principe ineffable. Le discours qui profère ces négations est donc un discours non pas faux, mais engagé dans un combat contre l'inadéquation et la fausseté qui pèsent sur la transformation de la négation en un contenu de sens affirmatif. Damascius veut surtout ne plus accepter de conclusions intermédiaires, incomplètement analysées dans leur fondement. Ce n'est ni un dogmatisme,

1. *De principiis*, W. I, 22. 15-19 ; R. I, 16. 11-14.

2. L. Lavaud (« L'ineffable et l'impossible », art. cit., p. 54) : « Toute thèse au sujet du principe, fût-elle négative, ne peut donc que se trouver immédiatement "renversée". Cependant, c'est dans cet incessant renversement que le discours peut mieux exprimer sa distance au principe. »

3. *De principiis*, W. I, 21. 18 ; R. I, 15. 22 : οὐδὲ ἀποφῆναι τὴν ἀπόφασιν δυνατόν.

4. C'est ce que laisse entendre S. Rappe (« Scepticism in the Sixth Century ? », art. cit., p. 344).

ni un anti-dogmatisme, mais une pensée qui ne se contente pas d'un dogmatisme non-critique[1].

En ce sens, le renversement (περιτροπή) consiste à mettre la pensée en garde sur ce qu'elle dit, afin qu'elle ne transforme pas ce qu'elle dit en une définition de l'ineffable, avec une indication précise de celui-ci[2]. La pensée est repoussée au moment même où elle veut se référer au principe, et cela justement pour que la pensée n'« engloutisse » pas le principe et pour ne pas le transformer en un objet proprement dit. Le renversement est comme un second geste qui accompagne toute pensée qui se dirige vers l'ineffable, ou bien comme un second acte de pensée, qui s'assure que le premier n'aboutit à s'objectiver et ne se transforme pas en une définition de l'ineffable. Le renversement doit être constant, parce que chaque autre acte de pensée (qui surgit du renversement même) tend à s'objectiver à la place de la pensée antérieure, qu'elle a renversée. De la sorte, le renversement maintient notre pensée dans un rapport non-objectivé et non-conceptuel. Il s'agit d'une pensée dans laquelle on a conscience d'une présence, plutôt qu'un accès direct, tandis que ce dernier est toujours remis à plus tard.

Damascius accentue l'impuissance à connaître le principe, même par la négation de la négation. Or, ce renversement constant de la pensée n'aboutit pas à un échec généralisé et dépourvu de toute perspective. Son effet est assez spectaculaire et inattendu : la conscience du renversement et même le renversement conscient de tout prédicat devient la seule méthode par laquelle notre pensée puisse adéquatement prendre conscience du principe. Même si on ne connait pas le principe comme tel, on a conscience de sa soustraction à tout discours[3]. La pensée s'installe ainsi dans la proximité du principe, en expérimentant l'affectation que nous éprouvons de la part du principe. Si pour Plotin l'accès au principe premier suppose un renoncement à la pensée même, une sortie de son cadre habituel – car la pensée n'a pas d'accès au principe, et ce qui a accès au principe n'est plus pensée, mais vision et contact unitif[4] – en revanche, Damascius montre comment on peut garder une conscience

1. S. Rappe (« Scepticism in the Sixth Century ? », art. cit., p. 349) affirme : « Damascius begins by invoking, as a counterpart to the Sceptical *epoche*, the principle of Ineffability that paradoxically becomes the foundation of the Neoplatonist doctrines we encounter in the *Doubts and Solutions*. Damascius then frames his own teaching as nondogmatic and thereby authors a philosophical system whose purpose is not simply to transmit doctrines, but to remove metaphysical doubts. »

2. *Cf.* S. Gersh « Damascius and Boethius », in *id.* (ed.), *Interpreting Proclus. From Antiquity to the Renaissance*, Cambridge, CUP, 2014, p. 125-134. Comme le remarque l'auteur : « all dogmatic assertions regarding first principles must, in a paradoxical manner, be held simultaneously in a state of suspension » (p. 129).

3. J. Combès (*Études*, *op. cit.*, p. 106) montre que ces négations absolues ne se transforment pas en affirmations, et qu'elles ne nient pas non plus l'existence du principe, mais elles le font sortir de tout discours possible.

4. Ph. Hoffmann (« L'expression de l'indicible », art. cit.) identifie quatre niveaux : le contact unitif ou la vision, l'intuition, la pensée discursive et le langage humain proféré.

adéquate du principe, dans les termes de la pensée même[1]. À cette fin, la pensée ne doit pas abandonner sa nature propre, mais elle doit subir un travail d'enfantement perpétuel. C'est d'ailleurs ce renversement qui permet de « s'arrêter à l'ineffable »[2], de sorte qu'il ne faut plus chercher encore un autre principe au-delà de l'ineffable. En effet, si le renversement était limité, il aboutirait à un résultat défini, à un attribut (aussi négatif qu'il puisse être). Mais cet attribut se constituerait dans une indication d'un principe déterminé, qu'il faudrait à son tour dépasser. Par contre, lorsque le renversement est infini, il n'aboutit jamais à un prédicat, donc, il n'arrive jamais à déterminer le principe. L'ineffable est la limite de la quête du principe, puisque cette limite n'est jamais déterminée et que le renversement infini la conserve hors de tout accès par la pensée.

LA PENSÉE À L'ENVERS

L'épreuve du sanctuaire

Quel est le sens de ce renversement de toute pensée et de toute connaissance ? Damascius, comme on l'a suggéré[3], s'approche-t-il du scepticisme et se contente-t-il de nous conduire vers la suppression de toute pensée ? Une comparaison s'impose entre les points de vue sceptiques et damasciens relatifs au fonctionnement du renversement, afin de montrer que, en dépit de la structure sceptique des arguments qu'il emploie, la pensée de Damascius n'est pas pour autant sceptique. Au contraire, cette pensée peut être tenue pour une réponse au scepticisme. Entre les deux perspectives, il y a une différence majeure en ce qui concerne le but du renversement, ainsi que la structure de la réalité dans laquelle celui-ci est éprouvé. En effet, dans le discours sceptique, il s'agit d'un jeu entre le discours et le métadiscours. Les sceptiques découvrent que le discours se retourne contre lui-même, en passant des choses dont on parle, aux affirmations qu'on en fait. Il y a un problème dans la gestion même des affirmations générales sur les choses, notamment celles qui concernent le fait de connaître. Par exemple, dans le cas des causes, on se rend compte que, la cause étant un terme relatif, on ne peut la concevoir que si l'on connaît les effets, tandis que les effets ne peuvent être conçus en tant que tels que lorsque l'on connaît la cause, ce qui nous fait tourner en rond et ce qui démontre l'inconsistance de l'idée de cause[4]. Les dogmatiques identifient le même

1. H. D. Saffrey (*Recherches*, *op. cit.*, p. 51-61) explique la présence du principe ineffable par l'entrée dans la philosophie de certains éléments extra-rationnels, de nature magico-religieuse. Cette perspective est critiquée par J. Dillon dans « Damascius on the Ineffable », art. cit, p. 120 ; *cf.* aussi F. Trabattoni, « Filosofia e dialettica », art. cit.

2. *De principiis*, W. I, 14. 18-19 ; R. I, 11. 15 : ἀνάγκη ἐν τῷ παντάπασιν ἀπορρήτῳ στῆναι.

3. *Cf.* S. Rappe, *Reading Neoplatonism*, *op. cit.*, p. 203.

4. Sextus Empiricus, *Esquisses pyrrhoniennes*, III, 21-22.

problème chez les sceptiques. Avec l'affirmation « je ne détermine rien », le discours se renverse, parce qu'il ne peut même pas déterminer l'absence de toute détermination[1]. De même, quand on dit « rien n'est vrai », cette affirmation se contredit elle-même, car elle ne peut non plus être vraie[2]. Le problème se situe au niveau de la pensée et plus exactement dans sa manière de gérer ces affirmations lorsqu'on les applique à elles-mêmes.

Mais, dans le cas de Damascius, on a affaire à trois niveaux inhérents au discours : à part le niveau des *choses* (donc, de l'objet de la pensée) et celui de la pensée elle-même (en tant qu'acte de penser), on a affaire à un autre niveau, qui désigne *la réalité* que la pensée ne peut plus comprendre, c'est-à-dire une réalité à laquelle renvoient tous les paradoxes et les apories au niveau du jeu entre les choses et les affirmations que l'on en fait. Pour les sceptiques, ce jeu et cette inadéquation qui renverse la pensée dit quelque chose de l'attitude que la pensée doit adopter en face des choses : il faut en conclure que les choses sont indéterminables par la pensée. La pensée doit donc renoncer à essayer de les déterminer, elle doit renoncer à toute exigence dogmatique. Quant à Damascius, ce jeu se répercute sur un inexprimable et un indéterminable qui ne se situe plus au niveau premier des choses (comprises dans le tout), mais au-delà du tout, hors de cette totalité enveloppante. L'essentiel pour lui consiste à montrer l'insuffisance de la totalité des choses, car cette totalité même montre vers un principe totalement différent, lui-même indéterminable. Le renversement se joue au niveau de la pensée, comme chez les sceptiques, mais il renvoie au-delà de celle-ci. Ce n'est plus un simple cas d'inadéquation de la pensée au principe, comme chez Plotin, par exemple. Le renversement damascien est un acte au sens non plus négatif, mais méthodologique, afin de connaître la nécessité du principe ineffable. C'est la réaction naturelle de la pensée en face du sanctuaire inaccessible. L'accès, ou la tentative d'y accéder, se termine par un rejet, parce que l'on ne peut pas vraiment accéder à l'inaccessible, tout en gardant sa condition inaccessible : soit on n'y accède pas, mais nous restons au-dehors, soit – si l'on tente d'entrer – on perd l'inaccessible en tant que tel, et, de nouveau, on n'y accède pas. Le renversement s'opère donc au seuil du sanctuaire, afin de reconnaître le sanctuaire et de le découvrir en tant qu'inaccessible.

Il y a dans le *De principiis* tout un jeu entre le sanctuaire et le vestibule du sanctuaire, donc, entre l'ineffable et tout ce que nous disons de lui, en essayant de suggérer ce caractère ineffable, qui reste en-deçà de l'ineffable même, arrêté sur le seuil du sanctuaire, comme dans un vestibule[3]. La pensée tente toujours d'entrer dans le sanctuaire, mais elle se retrouve à chaque fois en dehors :

1. Sextus Empiricus, *Esquisses pyrrhoniennes*, I, 197.

2. *Ibid.*, II, 188. 1-7.

3. Pour le vestibule (πρόθυρον), *cf.* Platon, *Philèbe*, 64c 1. Pour Plotin (*Ennéades*, V, 9, 2. 25), l'intellect divin est le vestibule du bien absolu, qui reste dans le sanctuaire, au-delà de tout discours.

> Or, si, en disant de lui justement ceci, à savoir qu'il est ineffable, qu'il est le sanctuaire inaccessible du tout, qu'il est incompréhensible, nous éprouvons le renversement de notre discours, il convient de savoir que ce sont là des noms et des concepts appartenant aux travaux d'enfantement de notre pensée, lesquels aussi nombreux qu'ils soient à avoir l'audace de le rechercher indiscrètement, se trouvent arrêtés sur le seuil du sanctuaire, sans rien annoncer de ce qui lui est propre [...] [1].

Comment comprendre ce jeu entre le vestibule et le sanctuaire ? D'un côté, tout ce que nous disons au sujet du sanctuaire nous ramène au niveau du vestibule ; la parole même n'est possible que dans le vestibule, tandis que le sanctuaire est le lieu du silence, ou bien plus, il est entouré par le silence (τὴν περὶ αὐτοῦ σιωπὴν) [2], étant donc encore davantage caché et plus intérieur que le silence même [3]. D'un autre côté, le fait même de revenir à chaque fois dans le vestibule nous montre que ce vestibule – donc le lieu de la parole et de la pensée – se définit par rapport au sanctuaire inaccessible, ce qui signifie que, même si l'on se retrouve toujours dans le vestibule, on est toujours obligé de se rapporter au sanctuaire, d'exprimer, d'une certaine façon, cette relation fondamentale qui nous lie à lui. La parole qui porte sur le sanctuaire se retrouve dans le vestibule, mais la parole qui se retrouve dans le vestibule indique le sanctuaire et elle est obligée de tenter de nouveau d'y entrer.

La solution du renversement

Y a-t-il une solution à ce renversement constant ? Et surtout, a-t-on besoin de sortir de ce jeu du sanctuaire, dans le sens où les sceptiques échappent au renversement [4] ? Force est de constater que, dans le contexte du *De principiis*, la question d'une résolution se pose d'une façon complètement différente par rapport au contexte sceptique. On pourrait même dire que Damascius n'a aucun intérêt à résoudre le renversement, à le dépasser complètement.

Proclus (*Théologie platonicienne*, III, 64. 11 ; *Commentaire sur la République*, I, 295. 19-24) parle des trois monades situées dans le vestibule du principe premier. *Cf.* Damascius, *Commentaire sur le Philèbe de Platon* (§ 245-246).

1. *De principiis*, W. I, 8. 12-17 ; R. I, 7. 2-6 (trad. Combès légèrement mod.).

2. *Ibid.*, W. I, 27. 9 ; R. I, 18. 22.

3. L. Lavaud (« L'ineffable et l'impossible », art. cit, p. 53) distingue le « silence extraordinaire » qui entoure le principe, par rapport au silence comme « simple double négatif du discours ». *Cf.* J. Combès, *Études*, *op. cit.*, p. 106.

4. S. Rappe (« Scepticism in the Sixth Century ? », art. cit., p. 346), suggère qu'il y a une similitude non seulement entre le renversement sceptique et le renversement chez Damascius, mais ainsi entre la solution sceptique du renversement et la solution qu'en donne Damascius. L'attitude sceptique envers la réalité – et la solution du renversement – consiste à suspendre tout jugement et à déclarer que l'on ne peut se prononcer sur aucun des sujets dont on parle (*cf.* Sextus Empiricus, *Esquisses pyrrhoniennes*, II, 197, 8-9). Or, comme le suggère S. Rappe, Damascius aussi montre que ce que nous disons sur l'ineffable ne concerne pas vraiment l'ineffable, mais plutôt notre état vis-à-vis de lui, notre travail d'enfantement en direction de l'ineffable.

Au contraire, il le garde et il le pousse jusqu'à l'extrême, car c'est par le renversement que l'on regarde au-delà du discours et de la pensée. En effet, pour les sceptiques, le renversement de la pensée affectait leur propre affirmation et donc, c'était une sorte de menace à l'adresse de ce qu'ils professaient (en particulier, relativement au rapport non-dogmatique qu'ils veulent entretenir avec la réalité). Damascius, quant à lui, ne voit plus la nécessité de s'arrêter à une affirmation quelconque sur l'ineffable (ni non plus à la simple affirmation de l'inconnaissance de l'ineffable), mais il propose de supprimer systématiquement toute affirmation au sujet de l'ineffable. Le renversement est perçu non plus comme une faiblesse de la pensée (qu'il faut immédiatement résoudre et dépasser), mais comme une méthode pour se situer par rapport au principe. Pour les sceptiques la solution envisagée pour ce type de renversement était la suspension (ἐποχή) de tout jugement. En ce qui concerne Damascius, la situation est complètement différente. Il essaie non pas de suspendre le jugement, mais de le prolonger justement dans cette condition contraignante du renversement. Pour lui, le renversement n'est pas le signe de l'inutilité d'un discours qui ne mène nulle part et qui ne peut rien dire sur la réalité, au contraire : c'est le signe le plus certain de ce qui dépasse le discours.

En ce sens, il y a une différence concernant la situation de la pensée par rapport aux choses. Chez les sceptiques, la pensée qui se déclare incapable de saisir les choses dans leur vraie nature se place hors des choses mêmes, et tous les ponts avec les choses sont coupés (ce qui impose la suspension de la pensée, l'ἐποχή), tandis que chez Damascius le *tout* dont on cherche le principe s'identifie à la pensée même, car c'est par la pensée que l'on comprend le tout, comme « ce que nous concevons de quelque manière que ce soit ». Par conséquent, la pensée ne se situe jamais hors des choses, pour dire qu'elle n'a pas d'accès aux choses, mais elle se situe dans le tout, pour remarquer ensuite qu'elle n'a pas d'accès au principe de ce tout, mais pour en déduire l'existence. La pensée est contrainte à se renverser, mais de la sorte elle découvre *autre chose*, qui ne lui est plus accessible. Chez les sceptiques, la pensée se retourne contre elle-même, en essayant de montrer qu'elle ne peut rien connaître. Damascius n'en reste pas à cette inadéquation de la pensée en elle-même. Il cherche à accéder à ce qui dépasse la pensée, en direction du principe qui correspond à cette impuissance de connaître. Le renversement relève de la découverte du principe et non pas de l'idée que rien ne peut être découvert. L'idée centrale du scepticisme est ainsi renversée. Il y a une similarité formelle entre Damascius et le scepticisme, qui consiste dans la découverte des apories de la pensée et de ses concepts. Toutefois, il y a une différence d'essence entre les deux modes de réflexion, qui consiste dans la manière d'interpréter ces apories, dans les conclusions que l'on en tire.

Cette similarité formelle peut être davantage développée, mais elle reste toujours une similarité renversée. Dans la pensée sceptique, on accepte que les choses possèdent une nature inconnaissable, pourtant, l'inconnaissance ne dit rien sur les choses elles-mêmes, qui ne transparaissent nullement dans ou par le renversement. Mais, chez Damascius, le renversement nous montre la nécessité de l'ineffable et nous maintient dans sa proximité ; il reçoit donc un sens actif, doté de vertus quasi-cognitives. Même sans connaître l'ineffable en tant que tel, dans sa nature propre, on en obtient une certaine « conscience » (συναίσθησις)[1] d'une réalité non-objectivable. Chez les sceptiques, le sens du renversement est lié à l'inconnaissance pure et simple, à l'impossibilité de connaître de manière raisonnable et cohérente. En revanche, le renversement damascien a le sens d'une connaissance par l'inconnaissance. Ainsi, de prime abord, on ne peut pas vraiment déterminer le principe, ni lui attribuer un prédicat ; dans un deuxième temps, c'est précisément par cette inadéquation de la pensée avec l'ineffable, que l'ineffable même se montre. Il s'agit donc d'une inconnaissance non pas en tant que défaut de fondement de la connaissance, mais en tant qu'elle fonde, au contraire, toute la connaissance. Inscrite dans notre être, dans notre âme, cette inconnaissance nous entraîne vers le référent de cette inconnaissance et nous pousse à l'avoir toujours en vue, à tel point que l'accent n'est plus mis sur l'impossibilité de connaître, mais sur la quasi-connaissance ou sur la conscience que l'inconnaissance engendre en nous.

1. *De principiis*, W. I, 6. 15 ; R. I, 5. 20.

Chapitre IX

LA HIÉRARCHIE DES PRINCIPES

L'ineffable et ses dérivés

Proclus considère qu'il ne peut y avoir une cause supérieure à l'un, parce qu'une telle cause ne pourrait rien donner à ses dérivés, car rien ne peut être supérieur à l'un et à l'unification[1]. Damascius semble accepter justement ce pari de montrer qu'il y a quelque chose d'encore plus haut que l'unité, quelque chose qu'un principe supérieur à l'un pourrait donner à ses dérivés :

> Est-ce donc que rien ne vient de l'ineffable dans les choses d'ici-bas ? Voilà, en effet, ce qu'il faut ensuite chercher. Et comment n'en viendrait-il rien, s'il est vrai que de lui le tout tient son existence, de quelque manière que ce soit ? [...] En effet, qu'est-ce donc qui empêchera l'ineffable de donner quelque chose de lui-même à ses procédants[2] ?

Dès le début, lorsqu'il se demandait quel besoin l'on a de ce principe, Damascius disait que l'ineffable produit tout de façon ineffable et non pas comme l'un, qui produit les choses plurielles, ni comme l'unifié qui produit les choses distinguées[3]. Il lance ainsi l'idée d'un principe encore au-delà de l'un. Il reconnaît que l'un est ce dont les choses plurielles ont besoin[4]. Toutefois, il démontre que cette cause finit par s'opposer aux choses plurielles qu'elle

1. Proclus, *Commentaire sur le Parménide de Platon*, 1143. 34-1144. 40. C'est aussi la perspective de Plotin, car, si l'un est identique au bien absolu, alors on ne peut pas imaginer quelque chose qui soit meilleur que le bien. Cf. *Ennéades*, VI, 7, 22. 19-21 ; VI, 8, 11. 8-9.

2. *De principiis*, W. I, 24. 11-18 ; R. I, 17. 13-19.

3. *Ibid.*, W. I, 8. 6-11 ; R. I, 6. 26-7. 2.

4. *Ibid.*, W. I, 5. 22-25 ; R. I, 5. 6-8. La même idée se retrouve chez Proclus (*Commentaire sur le Parménide de Platon*, 1143. 34-1144. 40).

explique. Le but du principe ineffable est à la fois de supprimer cette opposition entre le principe et la réalité, et de faire sortir le principe de la série des choses qui le suivent. L'ineffable produit tout, non pas de manière oppositive, mais de manière ineffable. Il produit les choses plurielles non pas en tant que non-pluriel, mais en tant qu'ineffable. En outre, il produit tout sans déterminer les choses, sans leur transmettre un caractère déterminé et sans entrer lui-même dans une série de choses qui ont un certain caractère commun :

> Peut-être donc faut-il dire également que cette nature, étant ineffable, communique à toutes les choses une participation ineffable, grâce à laquelle il y a aussi en chacune quelque chose d'ineffable; c'est ainsi que nous reconnaissons qu'il y a des choses par nature plus ineffables que d'autres, à savoir l'un plus que l'être, l'être plus que la vie, la vie plus que l'intellect, et ainsi de suite, selon le même rapport, ou plutôt selon le rapport inverse, en partant de la matière jusqu'à la substance rationnelle; les choses inférieures étant plus ineffables selon le pire et les choses supérieures selon le meilleur, s'il est permis de dire [1].

Par cette description, on introduit un élément commun soutenant toute la réalité, à partir de la matière [2] et jusqu'à l'être rationnel : chaque niveau de réalité porte la marque de l'ineffable [3] et s'explique par la façon dont il reflète l'ineffable [4]. À chaque niveau de notre pensée, nous faisons l'expérience du principe ineffable, l'expérience de la nécessité d'un principe qui ne se montre pas, mais qui reste caché. Proclus considérait déjà que le bien (identifié à l'un) possède une nature ineffable [5]. Pour Damascius, ce caractère ineffable est commun à toute la réalité et il est transmis par le principe antérieur : l'ineffable lui-même. En quoi consiste cet élément ineffable [6] ? L'ineffabilité ne se trouve pas strictement dans la limite de la pensée, elle réside dans ce que la pensée ne peut saisir dans la nature de chaque chose, ainsi que dans sa propre nature. On parle paradoxalement d'un élément commun, mais, en même temps, d'un élément qui n'est nulle part, qui ne peut être identifié en tant que tel, car il ne

1. *De principiis*, W. I, 25. 1-9 ; R. I, 17. 25-30.

2. En ce qui concerne le caractère ineffable de la matière, *cf.* Damascius, *Commentaire du Parménide de Platon*, W. IV, 69. 19-21 ; R. II, 28-29 et W. IV, 71. 5-6 ; R. II, 284. 26-27 : la matière est conçue comme étant « les autres ineffables de l'ineffable ». Damascius parle aussi d'un « diacosme négatif ineffable », que l'on peut contempler dans la matière (*ibid.*, W. IV, 73. 12 ; R. II, 286. 7).

3. *Cf.* Damascius, *Commentaire du Parménide de Platon*, W. IV, 117. 9-11 ; R. II, 311. 20-21 : « l'ineffable se trouve aussi en tout » (τὸ ἀπόρρητον ἐν πᾶσιν).

4. J. Dillon (« Damascius on the Ineffable », art. cit, p. 129) remarque : « Every level of reality [...] contains an element of ineffability, inasmuch as there is in each level, and in each individual within that level, an element which cannot be comprehended in a definition, but which makes that entity what it is ».

5. Proclus, *Théologie platonicienne*, II, 60. 4.

6. Selon S. Rappe (« Scepticism in the Sixth Century ? », art. cit., p. 344) : « virtually any subject of predication will be subject to contradictory predicates ; hence Damascius can say that the Ineffable imparts its ineffability to everything ».

consiste pas en quelque chose de déterminé. Dans le cas de l'un, quand on suppose qu'il est le principe de toute la réalité, l'élément qui traverse toute la réalité – telle une réflexion de ce principe – c'est l'unité, c'est-à-dire quelque chose de déterminé, bien qu'il s'agisse de quelque chose d'encore plus fondamental que l'être et que la pensée. Mais, dans le cas de l'ineffable, cet élément commun n'est plus déterminé. Afin de montrer que ce « quelque chose » commun est impossible à identifier et à concevoir en tant que tel, Damascius force encore une fois les limites de la pensée, poussant sa propre perspective dans ses derniers retranchements. Il remarque que, bien qu'il y ait une trace d'ineffable dans chaque chose, à chaque niveau de réalité, on ne peut jamais aboutir à une perspective objectivante sur cette présence ineffable. Celle-ci ne peut jamais être systématisée, unifiée et conceptualisée en tant que telle :

> [...] à supposer cela, on admettra qu'il y a aussi une procession de l'ineffable et, selon le degré d'ineffabilité, une certaine ordination des choses qui ont procédé, et [ainsi] tout ce qui est exprimable nous le rapporterons encore à l'ineffable, en tant qu'il est divisé, sous tous les rapports, de la même manière que l'exprimable ; et nous admettrons alors qu'il y a, non plus deux, mais trois monades et trois nombres, à savoir le substantiel, l'unitaire, l'ineffable ; et de cette façon nous poserons (ce que nous refusions auparavant) un et plusieurs dans l'ineffable, ainsi qu'un ordre de premiers, de moyens et de derniers, et, en outre, une manence, une procession, une conversion ; et, en un mot, nous mêlerons beaucoup d'exprimable à l'ineffable[1].

Il y a des traces de l'ineffable à chaque niveau de la réalité. Toutefois, en suivant cette idée, Damascius semble entrer de nouveau dans l'aporie et nier cette idée (de la présence de l'ineffable à chaque niveau). Car, même si l'ineffable est présent en chaque chose d'une manière ou d'une autre, on ne peut conclure que l'ineffable deviendrait un objet concret, selon une série d'ineffables, tous coordonnés les uns aux autres. La présence de l'ineffable est elle-même ineffable, par conséquent elle ne saurait être tenue pour un prédicat commun des choses. L'ineffable n'est donc pas présent en tant qu'attribut positif, ou que caractéristique objective. Mais il est présent comme ce qui nous échappe et que nous ne pouvons comprendre ni décrire. Si l'ineffable transmet quelque chose d'ineffable à ses dérivés, alors ce « quelque chose » d'ineffable ne peut plus être systématisé et quantifié dans des degrés d'ineffabilité, pour en faire une série proprement dite et pour ré-inclure le principe ineffable dans cette série. Bien qu'à chaque niveau de la réalité on reconnaisse un degré d'ineffable, le contraire n'est pas valable : il n'est pas possible de mettre ces traces ineffables dans les termes de l'exprimable, il n'est pas possible de les identifier en tant que degrés proprement dits et en tant que pluralité procédant

1. *De principiis*, W. I, 25. 9-18 ; R. I, 17. 30-18. 7.

d'une monade ineffable, car dans ces conditions, on laisse l'exprimable s'emparer de cet ineffable et on perd le sens même de l'ineffable :

> Mais si, comme nous le disions, on ne doit pas ajouter l'expression « celui-là » ou « ceux-là » à l'ineffable, que précisément nous voulons au-dessus de l'un et des choses plurielles, il s'ensuit que l'on ne doit pas poser des ineffables différents, un avant les choses plurielles, et un autre qui, dans sa participation par les choses plurielles, se trouverait divisé de la même manière [qu'eux]; alors, il n'est pas vrai [de dire] que l'ineffable se laisse participer, qu'il communique quelque chose de lui-même à ceux qui procèdent de lui, et que tout dieu est ineffable avant d'être un, comme il est un avant d'être substance[1].

On ne peut pas faire de l'ineffable un caractère positif, déterminé, parce qu'il est précisément l'indéterminable et l'incoordonné, qui nous oblige à penser sans détermination et sans taxinomie. En effet, la présence de l'ineffable empêche que la réalité soit à son tour une somme de choses ineffables, car on ne peut pas vraiment mettre de côté deux choses ineffables, si l'on ne parvient pas non plus à comprendre et indiquer l'ineffable d'une chose. Dès que l'on met l'ineffable dans le moule de notre pensée, qui structure et ordonne, l'ineffable (qui est hors de toute structure et ordre) disparaît, étant remplacé par l'exprimable. La pensée même qui essaye de systématiser la présence de l'ineffable dans la réalité se renverse :

> Peut-être donc que, là encore, par son renversement, le discours montre que celui-là [le principe] est ineffable, car, à partir de ce qui vient après lui, le discours a conçu de toutes les façons des arguments opposés; et qu'y a-t-il là d'étonnant, puisque, même au sujet de l'un, nous rencontrerons d'autres apories de ce genre, et sans doute au sujet encore du complètement unifié et de l'être[2].

La présence de l'ineffable dans toute la réalité ne peut plus être conçue conformément aux règles de la pensée, selon la logique de l'exprimable. Au contraire, la trace que nous avons de l'ineffable dans notre pensée (et qui nous permet de soupçonner sa présence en toute chose) consiste précisément dans le renversement que nous éprouvons lorsque nous essayons de concevoir jusqu'au bout la présence de l'ineffable. De cette façon, Damascius dépasse la conception traditionnelle de la réalité en tant que série descendante graduelle, en fonction de l'empreinte laissée par le principe. Pour ses prédécesseurs, la réalité était une série de niveaux d'unité, en revanche, lui-même n'accepte plus de penser la réalité comme une série d'ineffables. Au contraire, l'ineffable présent à chaque niveau de réalité est quelque chose qui ne peut jamais faire série, c'est ce qui, à chaque niveau de réalité, s'oppose à toute sérialisation, description, détermination ou intégration dans un genre commun, dans une pluralité de choses semblables.

1. *De principiis*, W. I, 25. 18-26. 2; R. I, 18. 7-12 (trad. Combès légèrement mod.).
2. *Ibid.*, W. I, 26. 3-7; R. I, 18. 12-15.

LE DÉDOUBLEMENT DU PRINCIPE PREMIER ?

Dès lors, un problème qui se pose est celui concernant la relation entre l'ineffable et l'un, parce que ce dernier était le principe premier de la tradition, mais, chez Damascius, il occupe une position seconde par rapport à l'ineffable. À première vue, le traité *De principiis* supplémente le système traditionnel des principes avec encore un niveau : l'ineffable, au-delà de l'un indicible. Il semblerait que pour lui le principe se dédouble, se sépare : d'une part, en tant que principe premier, absolument transcendant, d'autre part, en tant que principe qui produit le tout[1]. Or, Damascius rejette toute manière numérique de penser les principes[2]. Même s'il distingue plusieurs niveaux principiels, il se hâte de préciser que toutes ces distinctions sont dues à notre pensée titanique[3], qui fragmente toute chose, distinguant ce qui est en unité. Les principes ne sont distincts que dans l'ordre de notre discours. Plus exactement, ils apparaissent comme distincts parce qu'on ne peut pas les penser autrement. Penser c'est distinguer une chose d'une autre. Mais, en ce qui concerne les principes, les choses se présentent autrement. Ceux-ci ne sont pas distincts par nature, la distinction ne leur est pas propre.

L'un en tant que symbole

Comment comprendre que Damascius parle de plusieurs principes ? À ses yeux, le système des principes ne fonctionne que comme indication de la présence du principe premier, unique et ineffable. Quoique l'on parle de plusieurs principes, chaque principe en soi ne doit pas être compris comme isolé des autres. Il faut toujours garder en vue que chaque principe suggère le principe absolu, même si – ou plutôt justement parce que – celui-là reste inaccessible :

> Si l'on veut de quelque façon que ce soit nommer l'anonyme par nature, ou dire l'absolument indicible, ou signifier le non-signifiable, rien n'empêche de rapporter même au principe unique et ineffable (τῇ μιᾷ καὶ ἀπορρήτῳ ἀρχῇ) les

1. C'est l'interprétation proposée par É. Bréhier (« L'idée du néant », art. cit., p. 269-280). *Cf.* Ph. Hoffmann, « L'expression de l'indicible », art. cit., p. 376.

2. En effet, même au niveau de ce que l'on appelle « les deux principes », Damascius précise qu'il ne s'agit pas vraiment de *deux* au sens numérique (*De principiis*, W. II, 37. 2-3 ; R. I, 109. 7-8 et W. II, 37. 14-15 ; R. I, 109. 16). À plus forte raison, au niveau de l'ineffable et de l'un, il ne peut pas y avoir de nombre et de détermination.

3. Cf. *ibid.*, W. I, 66. 19 ; R. I, 44. 24-25 : « nous restons disloqués dans la guerre titanique ». Pour la guerre titanique cf. *Fragments orphiques*, fr. 34, 35, 210-235. L'image est assez souvent utilisée par les néoplatoniciens : Proclus, *Commentaire sur le Parménide de Platon*, 875. 26-28 ; Damascius, *In Phaedonem*, I, § 7-9. *Cf.* L. Brisson, « Le corps "dionysiaque". L'anthropologie décrite dans le *Commentaire sur le* Phédon *de Platon* (1, par. 3-6) attribué à Olympiodore est-elle orphique ? », *in* M. Goulet-Cazé, G. Madec, D. O'Brien (éd.), ΣΟΦΙΗΣ ΜΑΙΗΤΟΡΕΣ, « *Chercheurs de sagesse* », *Hommage à Jean Pépin*, Paris, Institut d'Études Augustiniennes, 1992, p. 481-499.

plus nobles des noms et des concepts comme des sortes de symboles (ὥσπερ σύμβολα) parmi les plus saints, et d'appeler un ce principe, selon la notion commune bien connue, qui veut que le principe du tout soit un ; pourtant, d'un point de vue plus rigoureux, il faut savoir que ce nom ne convient pas à l'ineffable[1].

L'un même, qui est le plus proche de l'ineffable, n'est finalement qu'un symbole de l'ineffable[2] : « Quant à cet un-là que Pythagore posait avant la monade, et Platon dans la première hypothèse, il est le symbole du principe indicible, que différents philosophes ont désigné de noms différents »[3]. En outre, pour Damascius, les principes identifiés par les philosophes avant lui ne sont que des manières symboliques d'indiquer le principe unique, que lui-même appelle « ineffable »[4] :

> J'ajouterai que, dans leur intention de suggérer le principe qui est au-delà de tout, les uns supposent de lui un signe, les autres un autre, ou plutôt un caractère [caché] ou, pour parler de la façon la plus exacte, ceux-ci [l'appelant] simplement l'Un, ceux-là simplement Dieu, d'autres le Temps ou l'Occasion ou le Bien[5].

Damascius comprend l'un de la première hypothèse platonicienne comme n'étant qu'un symbole du principe ineffable. Bien plus, il estime que, chez Platon, cette manière symbolique d'indiquer l'ineffable est discutable ou équivoque (ἀμφισβητήσιμος), car l'un apparaît tantôt comme connaissable, tantôt comme dépourvu d'être[6], tandis que l'indication proprement dite de l'ineffable n'apparaît qu'à la fin de la première hypothèse, notamment « par la négation complète » (διὰ τῆς παντελοῦς ἀποφάσεως)[7], qui consiste à nier de l'un le caractère même de l'un. Dans ces conditions, l'un symbolise l'ineffable, tout en restant dans une sorte d'inadéquation par rapport à l'ineffable[8], ainsi que par rapport à lui-même : l'un n'est même pas un (comme dans la conclusion de la première aporie du *Parménide*) parce qu'il est ineffable[9].

1. *De principiis*, W. II, 23. 7-15 ; R. I, 99. 27-100. 5.
2. *Ibid.*, W. II, 11. 14-25 ; R. I, 92. 9-17 : « au moyen de la négation parfaite et de l'exclusion de toute connaissance, Platon suggère l'ineffable ».
3. *Ibid.*, W. II, 11. 22-25 ; R, I, 92. 15-17.
4. *Cf.* G. Van Riel, « Damascius », art. cit., p. 673.
5. *De principiis*, W. II, 10. 24-11. 2 ; R. I, 91. 22-25.
6. Platon, *Parménide*, 141e-142a.
7. *De principiis*, W. I, 11. 17 ; R. I, 92. 11.
8. *Cf.* J. Combès, « Introduction », *in* Damascius, *Traité des premiers principes*, I, *op. cit.*, p. LIX.
9. *Cf.* Damascius, *Commentaire du Parménide de Platon*, W. IV, 70. 3-5 ; R. II, 284. 4-6 : « De même, en effet, dans le cas de la première hypothèse, [Parménide], on le sait, dit : "si l'un est" ; et cet un lui-même n'est pas ce qu'il est dit, car il est ineffable. »

Il y a un paradoxe : nous suggérons l'ineffable par l'un, mais en réalité l'un même n'est pas pensé en tant que tel. Le statut de l'un est paradoxal : il est un symbole qui est à son tour symbolisé par autre chose. L'un s'apparente à une approximation du principe ineffable, mais cette approximation en porte en elle-même la trace. En définitive, l'un est enraciné dans l'ineffable[1]. Il est décrit par son caractère ineffable : « l'un est toutes choses à la fois, selon un mode ineffable » (ἐκείνου δὲ πάντα ὁμοῦ ἀπορρήτως)[2]. Il y a, entre l'un et l'ineffable, une différence de nuance séparant deux manières de se rapporter à ce qui dépasse la pensée. Dans le cas de l'un, Damascius montre que nous n'avons pas vraiment accès à lui, on le pense moins qu'on ne le suggère par une dualité que l'on ne peut jamais dépasser[3]. L'ineffable est le même principe inaccessible, mais qui dit plus fortement ce que, dans le cas de l'un, la pensée avait tendance à remplacer par des suppositions, se figurant fallacieusement qu'elle avait accès à l'un.

Les néoplatoniciens avaient hiérarchisé les principes en fonction du critère de l'unité. Mais aux yeux de Damascius, le critère qui unifie ces niveaux principiels est l'indicibilité. Entre les divers niveaux, il y a une différence de degré d'indicibilité : depuis l'ineffable (au-delà de l'indicible), jusqu'au connaissable proprement dit, qui est déterminable en tant que tel[4]. Mais alors, l'un n'est pas autre chose par rapport à l'ineffable. Du point de vue du contenu, l'un et l'ineffable sont identiques. De même que l'un est décrit comme étant « tout avant le tout » (πάντα πρὸ πάντων)[5], de même, l'ineffable aussi est « à égalité tout avant le tout » (ἐπ' ἴσης πάντα πρὸ πάντων)[6], mais il l'est « de manière absolument indicible » (κατὰ τὸ πάντῃ ἄρρητον)[7], tandis que l'un implique déjà une sorte de penchant pour l'exprimable. Entre l'ineffable et l'un il y a une différence non pas comme entre deux niveaux distincts de réalité, mais comme entre deux façons de suggérer que le principe unique est « tout avant le tout » : l'un est une dernière supposition et une dernière image (elle-même lointaine et inadéquate) du principe qui ne peut être exprimé par aucune supposition. L'un est ce à quoi on a recours lorsque l'on essaie d'indiquer l'absolument ineffable[8]. L'un est le point ultime que notre pensée puisse atteindre, d'une manière ou d'une autre (à savoir par une dernière

1. Cf. *ibid.*, W. I, 60. 19-20 ; R. I, 41. 12-14 : l'un est « plus ineffable que le monde appelé caché [l'unifié] ». L'un est tellement proche de l'ineffable qu'il « demeure comme dans le sanctuaire inaccessible de ce silence extraordinaire » (*ibid.*, W. I, 84. 20-21 ; R. I, 56. 10).

2. *Ibid.*, W. I, 98. 26-27 ; R. I, 66. 2. *Cf.* aussi *ibid.*, W. I, 8. 11 ; R. I, 7. 2 : l'ineffable produit « tout ensemble, de manière ineffable ».

3. Cf. *ibid.*, W. I, 4. 1-12 ; R. I, 3. 13-4. 5.

4. *Ibid.*, W. I, 85. 18-86. 8 ; R. I, 57. 2-10.

5. *Ibid.*, W. I, 79. 9 ; R. I, 52. 23 et *ibid.*, W. I, 102. 13 ; R. I, 68. 8.

6. *Ibid.*, W. II, 12. 13 ; R. I, 93. 1.

7. *Ibid.*, W. II, 12. 14 ; R. I, 93. 2.

8. *Ibid.*, W. I, 62. 16-20 ; R. I, 42. 9-13.

supposition), il est le promontoire à partir duquel on contemple l'abîme absolument inconnaissable.

De la sorte, l'un joue un rôle médian entre l'ineffable et l'exprimable. En tant que tel, l'un même est inconnaissable et inexprimable, mais nous avons toutefois un moyen de le suggérer, grâce à deux concepts : l'un et le tout. De prime abord, il semblerait que l'un soit un autre principe, second par rapport à l'ineffable, mais il ne s'agit que de l'ultime approximation du principe. L'un est différent de l'ineffable uniquement dans l'ordre de notre pensée. Il est dicible parce que nous l'exprimons par cette dernière notion dont nous disposons, mais en lui-même il reste indicible. L'un n'est donc pas autre chose que l'ineffable, ou plutôt, il est un premier reflet de l'ineffable dans l'exprimable, un reflet qui n'est pas complètement exprimable, mais seulement approximable par d'autres modalités de la pensée, à savoir par ce que l'on appelle « les deux principes » : l'un et le tout, la simplicité et la totalité. Dans ces conditions, il y a tout un jeu entre l'un et l'ineffable, au niveau de la différence inadéquate que notre pensée introduit entre eux. Ainsi, Damascius admet que « l'un est sorti de l'ineffable »[1], car notre pensée perçoit l'un comme quelque chose de différent. Mais par suite, il corrige cette distinction :

> Si, en effet, en tant qu'un, il s'est abaissé par rapport à l'ineffable, cet abaissement n'est pas pour lui une procession, ou plutôt il ne saurait y avoir même un abaissement ; car l'un a la vertu d'unir toutes les autres choses les unes aux autres, aussi bien qu'à leur cause propre ; et en tant que cela dépend de l'un, toutes les choses ne feraient qu'un, de sorte que l'un ne s'est même pas séparé de l'indicible[2].

On refuse de penser les principes comme des *choses* distinctes. Il faut les comprendre comme un système qui, dans son ensemble, suggère le principe unique, qui est au-delà de toute détermination et de toute distinction[3]. Dans le sens ascendant de l'analyse, Damascius a dû insister sur les différences entre l'un et l'ineffable, justement afin de dépasser l'empreinte discursive imprimée sur l'un et afin d'aboutir à ce que l'un aussi suggère. Il a dû combattre et critiquer les nuances inadéquates introduites par la discursivité. Dans l'autre sens, en descendant de l'ineffable, il ne faut pas comprendre que l'un soit autre chose, au sens où l'un et l'ineffable seraient deux principes différents. La seule différence apparaît au niveau de la pensée, dans la manière avec laquelle notre pensée reflète et suggère le seul principe : l'ineffable.

1. Damascius, *Commentaire du Parménide de Platon*, W. I, 85. 6 ; R. I, 56. 14 : Καθόσον οὖν ἐξέβη τοῦ ἀπορρήτου.

2. *Ibid.*, W. II, 14. 1-7 ; R. I, 93. 23-27.

3. L'un ne se distingue pas même par rapport aux choses distinguées qui en procèdent et qui se distinguent par rapport à lui (*ibid.*, W. I, 76. 22-23 ; R. I, 51. 9-11), de sorte qu'il ne peut pas se distinguer du principe antérieur, qui dépasse toute distinction. Seule la pensée introduit la distinction.

Le déploiement des principes

Chaque niveau principiel entre en scène à cause du fait que notre pensée ne peut pas rester au niveau du principe ineffable, mais elle retombe dans des approximations successives. Ce déploiement des principes n'a donc pas un sens mécanique, de production de la pluralité à partir de l'unité originaire. Il manifeste l'expressivité du principe, qui reste en soi inexprimable, et dont tout le monde – et toute notre pensée – n'est finalement qu'une approximation inadéquate. L'ineffable est suggéré par l'un qui est indéterminé, qui n'incline ni vers l'unité, ni vers la totalité. Cependant, comme il nous est impossible de penser en tant que telle cette identité indéterminée et antérieure de l'un, on la suggère, à son tour, par les deux principes qui sont déjà déterminés : l'un inclinant vers l'unité et l'autre vers la totalité[1].

Ainsi, nous pensons l'un seulement dans une dualité inadéquate. Nous le pensons comme un-tout (comme un qui comprend tout) et comme tout-un (comme tout réduit à l'un)[2]. Ce sont « les deux principes »[3] (αἱ δύο ἀρχαί), que Platon nommait limite et illimité, les pythagoriciens nommaient monade et dyade, tandis que Damascius les appelle un-tout (ἓν πάντα) et tout-un (πάντα ἕν), ou plus simplement : un et tout[4]. Chacun d'eux exprime l'unité entre l'un et le tout, mais avec un accent supérieur soit sur l'un (dans le cas de l'un-tout, où l'un a prééminence sur le tout), soit sur le tout (dans le cas du tout-un). Cependant, même si ces deux principes veulent suggérer l'identité de l'un et du tout dans l'un pur, antérieur – celui qui était nommé *un-tout avant le tout* –, ils perdent l'unité absolue de l'un pur, du simple fait qu'ils soient deux. Même si nous le pensons dans la dualité des deux principes, nous savons que l'un pur est antérieur à la dualité. C'est la raison pour laquelle notre pensée passera ensuite à un autre principe, qui suggère que « les deux principes » sont effectivement en unité, ou qu'ils ont une unité antérieure. Cet autre principe sera l'unifié (τὸ ἡνωμένον)[5]. C'est ce que Platon avait nommé mixte

1. *Ibid.*, W. II, 5. 4-7 ; R. I, 88. 12-15.

2. *Cf.* J. Combès, « Introduction », *in* Damascius, *Traité des premiers principes*, I, *op. cit.*, p. LIX.

3. L'effort de la pensée pour passer des deux principes à l'un absolu est appelé par Damascius « axiome ineffable », reprenant une expression que Proclus aurait utilisée dans son *Monobiblos* (cf. *De principiis*, W. I, 86. 16-17 ; R. I, 57. 16) ; il s'agit d'un travail d'enfantement de la pensée qui, incapable de saisir l'un absolu, retombe dans ses dérivés. Chez Damascius, cet axiome ineffable est appliqué à chaque niveau de la réalité, car les niveaux principiels sont des approximations – de plus en plus éloignées – de l'ineffable.

4. C. Terezis (« L'"union" et la "distinction" chez Damascius », art. cit., p. 66) insiste sur la dynamique du monde métaphysique qui se déploie à partir de l'un absolu, sans affecter sa transcendance.

5. L'un même ne nous apparaît que sous la forme d'une triade : un-tout, tout-un, unifié. Ceux-ci sont des nuances ou des modalisations d'une même unité primordiale, dans laquelle tout est

(μικτόν)[1], l'être proprement dit (intelligible, véritable), la deuxième hypostase principielle du système de Plotin. L'unifié est le premier principe composé : il réunit l'unité et la pluralité, la simplicité et la totalité. C'est pourquoi il est identifié à l'être, lui-même composé. Ainsi, l'être même – que cette recherche radicale du principe veut expliquer et fonder – devient une approximation, une expression (inévitablement inadéquate) du principe au-delà du tout. L'unifié est l'être intelligible. Toutefois, nous ne pensons cet être que comme une pluralité de formes, tandis que leur unité antérieure nous ne pouvons pas la concevoir. L'unifié garde donc lui aussi une trace d'ineffable. Néanmoins, nous ne pensons pas même la forme en soi, mais nous la pensons en passant toujours d'un élément de la forme à un autre élément, comme le montre Platon[2]. Nous pensons une chose dans la mesure où elle participe d'une forme ou d'une autre, mais la forme même nous ne la pensons pas comme telle. Nous découvrons ainsi, même au niveau de la forme, une trace d'ineffable. Dans le troisième mode de remontée – celle des modes parfaits –, Damascius va jusqu'à dire que même le monde est une façon de montrer la perfection de l'ineffable[3].

De la sorte, les principes ne sont pas, à proprement parler, distincts, ils ne sont pas déterminés, différents entre eux, et l'on ne peut pas dire que chacun est un principe concret, en soi. Ce ne sont que des manières d'approximer le principe premier et unique, à la suite duquel nous pensons, mais qui est lui-même inaccessible. Tous ces principes sont autant de niveaux de la présence du principe unique, qui ne se donne jamais comme tel, concrètement, mais se dévoile seulement dans cet acte de se retirer de chaque niveau de la pensée. Ce qui se donne du principe ineffable est la trace de son retrait, de chaque niveau de la pensée. Même ce que nous nommons *principe ineffable* est en soi non pas un principe ineffable[4], mais un mode d'exprimer la complète impossibilité de notre pensée à concevoir le principe, autrement dit la totale soustraction du principe de la sphère de la pensée.

Nous aboutissons à un double paradoxe quant à la hiérarchie des principes développée par Damascius. Premièrement, il y a une condition essentielle à la base de cette hiérarchie : le principe absolu est ineffable, donc complètement soustrait à la pensée et à la réalité. Chaque nouveau principe qui veut suggérer l'ineffable reste alors inévitablement inadéquat par rapport à ce qu'il est censé exprimer. Deuxièmement, cette inadéquation nous pousse à clarifier notre

compris conformément à l'un. Puisque nous ne pouvons pas la penser comme telle, nous la déployons dans ces trois aspects successifs.

1. Platon, *Philèbe*, 23c 9-d 1 ; 25b 5-6 ; 27b 7-9.

2. *De principiis*, W. I, 66. 20-21 ; R. I, 45.1-2 ou W. I, 81. 20-82. 2 ; R. I, 54. 10-14. Platon lui-même nie la possibilité de comprendre rationnellement les formes (*République*, 506d-509b, *Timée*, 28c et *Lettre VII*, 341c-344b, *Parménide*, 133b 4-c 1).

3. *De principiis*, W. I, 57. 6-8 ; R. I, 39. 1-3.

4. Damascius a nié que celui-ci soit principe (*ibid.*, W. I, 4. 15 ; R. I, 4. 7) et qu'il soit ineffable (*ibid.*, W. I, 10. 23-24 ; R. I, 8. 23).

pensée du principe absolu et à corriger cette inadéquation ; mais chaque nouveau principe, qui veut supprimer la distance par rapport au principe, ne fait que l'augmenter. On obtient une hiérarchie de principes, mais elle est une hiérarchie renversée : même si elle tend vers le principe absolu, elle découle d'un mouvement d'éloignement vis-à-vis du principe. Les traces ou les marques de ce rapprochement – qui, en réalité, est un éloignement – sont justement les niveaux principiels postérieurs à l'ineffable. La pensée de Damascius est finalement une réécriture de la réalité dans les termes de l'ineffable. Cette approximation graduelle de l'ineffable nous amène de l'ineffable et de l'inexprimable absolu, à l'exprimable[1]. L'exprimable n'est qu'une dernière projection de l'ineffable, avant de tomber dans l'extrême opposé et inférieur de l'ineffable, à savoir dans le néant absolu[2]. Chez Damascius, l'exprimable parle de l'inexprimable, et cela en deux sens : d'une part, tout ce que l'on décrit après l'ineffable ne sont que des images et des symboles de l'ineffable, mais d'autre part, il y a toute une série de détails inadéquats introduits par l'exprimable, qui relèvent de déterminations et de distinctions, et qui doivent être surmontés et critiqués[3]. À son tour, l'ineffable dit l'exprimable, car cette quête de l'ineffable déploie et laisse apparaître l'exprimable, en même temps que l'ineffable même s'y soustrait. La hiérarchie de la réalité est donc constituée en tant qu'expression de l'ineffable. Pourtant, ce n'est pas une expression discursive. La réalité même suggère l'ineffable à chaque niveau, mais sans le déterminer, sans le dire directement.

En lieu et place d'une hiérarchie proprement dite, contenant un nombre déterminé de principes, nous avons une hiérarchie de reflets impropres du principe unique. Cette approche du principe ineffable – en descendant d'un niveau à un autre de la hiérarchie des principes, en identifiant des niveaux de la présence du principe – est nommée par Damascius projection (προβολή)[4]. En effet, l'un absolu – qui est un purement et simplement, ou qui est « l'un-tout avant le tout » – est le premier symbole de l'ineffable. Toutefois, pour l'admettre adéquatement, il faudrait renoncer à toute détermination en ce qui

1. *Cf.* Damascius, *Commentaire du Parménide de Platon*, W. IV, 17-18 ; R. II, 285. 6 : « dans les hénades aussi, l'ineffable est, comme on le sait, producteur des exprimables ». *Cf.* la note de J. Combès *ad loc.*

2. Pour Damascius, même le néant en-deçà de l'un relève de l'ineffable, bien que par défaut : cf. *De principiis*, W. I, 23. 17 ; R. I, 16. 26.

3. D'un côté, toute l'aporétique du principe a mis en cause le principe du tout, mais, d'un autre côté, la présence du principe ineffable met aussi en cause l'existence de toute chose et l'adéquation de toute chose par rapport au principe. En ce sens, J. Combès (*Études*, *op. cit.*, p. 136) affirme que « le procès que le langage fait à l'absolu n'est que l'envers du procès que l'absolu fait au langage ».

4. Proclus identifie la projection (προβολή) à la réminiscence (*Sur le premier Alcibiade de Platon*, 15. 12). Il montre que la maïeutique sert à « produire au jour (εἰς τὴν προβολήν) les raisons imperverties » (*ibid.*, 8. 16, trad. A.-Ph. Segonds).

le concerne. Il faut supprimer le « quelque chose » (τὸ τὶ [...] ἀφαιρετέον)[1], ainsi que l'« un » (καὶ τὸ ἓν ἀφαιρετέον), parce que l'un aussi est une détermination concrète qui fait partie du tout; finalement, il faut aussi supprimer « le tout ». Mais Damascius s'aperçoit que, dans la logique de notre pensée, il est difficile d'admettre quelque chose sans le déterminer aucunement. Car, lorsque l'on dit que l'un n'est ni « quelque chose », ni « un », ni « tout », on est tenté de demander encore : mais qu'est-il (τί ἂν εἴη)[2] ? Cette question nous empêche de connaître au-delà des choses déterminées et donc de regarder au-delà du tout. Alors, ce que Damascius propose – suivant la suggestion de Platon – c'est de suivre le travail d'enfantement afin de « retrancher l'obstacle qui se dresse contre une telle projection, et qui consiste dans la question "quelle sorte de chose est-ce donc ?" »[3]. Dans le cas de l'un, il s'agit déjà d'une projection. Mettre l'un après l'ineffable, comme un premier symbole, représente déjà une telle projection et, de plus, c'est une projection que nous ne pouvons pas réaliser à proprement parler, parce que nous déterminons l'un, en nous demandant à son sujet « ce qu'il est ». Retrancher l'obstacle qui se dresse contre la projection, c'est s'engager dans un travail d'enfantement de l'un, qui essaye de garder l'un non déterminé, c'est remonter la pente habituelle de notre pensée, qui, à propos de ce qui ne peut pas être « quelque chose », veut déterminer et trouver « ce que c'est ». Mais comment maintenir en tant que telle une telle projection ? Il est difficile d'arrêter notre pensée dans cette projection et de garder comme horizon ultime de la pensée cet « un » indéterminé. Au contraire, la projection tente de projeter encore et encore d'autres choses à sa suite :

> Et si l'on contraint cette projection à nous instruire sur lui, à la place d'elle-même elle projettera une conception du deuxième ou du troisième rang, laquelle, en énonçant comme distingués les prédicats qui sont ensemble, paraît l'énoncer, lui, [en disant] par exemple, que ce qui est absolument simple est le principe, de même, ce qui est premier, ce qui enveloppe tout, ce qui engendre tout, ce qui est désirable par tout et ce qui est le plus puissant de tout ; et on énumèrera à la suite ou bien toutes les choses dont est cause celui-là, ou bien les plus puissantes et les plus dignes de toutes, comme celles que nous avons évoquées, et surtout l'un et le tout [...][4].

On a ici l'explication la plus concrète du fait que, au lieu de penser l'un même, on l'approxime par ce que l'on appelle les deux principes : l'un et le tout. La pensée – qui veut s'arrêter dans cette projection de l'un indéterminé – entre dans une sorte de décadence, de déclin, tout en tombant d'une projection

1. *De principiis*, W. I, 87. 5 ; R. I, 58. 1.

2. *Ibid.*, W. I, 87. 9 ; R. I, 58. 4.

3. *Ibid.*, W. I, 88. 4-5 ; R. I, 58. 18-19 : ἐξαιρεῖ τὸ ἐμπόδιον εἰς τὴν τοιαύτην προβολὴν ἐνιστάμενον, ὅπερ ἐστὶ τὸ « ποῖόν τι μήν ».

4. *Ibid.*, W. I, 88. 7-15 ; R. I, 58. 19-25.

vers une autre, de plus en plus déterminée et multiple[1]. Dans son sens primordial, προβολή signifie mettre quelque chose en face d'une autre chose, afin de le défendre. Tous les niveaux principiels que nous pensons après l'ineffable ne sont que des manières de défendre l'ineffable même par rapport à l'intrusion de la pensée. Chez Platon, le secret philosophique se défendait par le silence[2]. Chez Damascius, il semble qu'un mode de défense du principe ineffable consiste à lui mettre en face ces modalités discursives, sachant que derrière elles se cache quelque chose d'inaccessible.

Face au principe absolument ineffable, notre pensée est renversée ; elle s'éloigne du principe et – impuissante à le comprendre – elle projette sur lui des modalités de plus en plus inadéquates, bien qu'elle essaye de corriger sa propre inadéquation par rapport à lui. Notamment, la principale projection est l'un même. À son tour, l'un n'est pas pensé adéquatement, mais à sa place nous projetons « les deux principes » et ensuite l'unifié, qui devrait corriger la distinction des deux principes et montrer qu'ils s'identifient dans l'un antérieur. Paradoxalement, l'un premier et les hénades (l'un-tout, le tout-un, l'unifié)[3] deviennent des modes d'approximation du principe ineffable, mais ils expriment en même temps l'éloignement de notre pensée par rapport au principe.

À chaque niveau ainsi distingué, Damascius s'efforce de montrer que chacun reste enraciné dans le principe ineffable, mais que nous pensons ce niveau-ci inadéquatement, introduisant une distinction là où il n'y en a aucune. Damascius veut restreindre la pluralité des représentations que le principe premier a reçues dans la tradition, à un principe absolument irreprésentable. Il cherche à montrer que la pluralité des niveaux ultérieurs – et des concepts correspondants – n'est qu'une série de représentations et d'approximations que nous avons du principe, dans notre éloignement vis-à-vis de celuici. En ce sens, non seulement l'ineffable n'est pas un dédoublement de l'un, mais de plus, l'un est un dédoublement de l'ineffable. Par la suite, chaque nouveau niveau principiel supplémentaire est un dédoublement du niveau antérieur, puisque tous correspondent à la tendance de notre pensée à se dédoubler et à se rendre plurielle[4].

De ce dédoublement de notre pensée découle la série d'apories qui composent le traité *De principiis*. Chaque niveau principiel que nous essayons de décrire est dédoublé et a en soi une inadéquation essentielle par rapport au niveau antérieur et finalement par rapport au principe absolu, ineffable. Cependant, cette inadéquation de notre pensée par rapport au principe ainsi

1. *Ibid.*, W. I, 125. 19-126. 1 ; R. I, 83. 6 : le deuxième principe après l'un projette en nous d'autres notions sur lui-même.

2. Platon, *Lettres*, II 312d 7-e 1, 314c 1-7 ; VII 341c 9-d 6.

3. *De principiis*, W. II, 39. 12-25 ; R. I, 110. 23-111. 2.

4. *Ibid.*, W. I, 4. 6-8 ; R. I, 4. 1-3.

que l'identification des apories permettent à Damascius de se forger une quasi-méthode pour garder le principe en vue, protégé de tout accès direct de la pensée. Au lieu d'une description des niveaux de la réalité, il procède à une critique de la manière dont on pense la hiérarchie de la réalité, afin de mettre en évidence le fait que tous les niveaux principiels ne font qu'indiquer le principe antérieur, sans le comprendre[1].

L'ineffable n'est pas un principe déterminé, auquel on donnerait un nom et qui pourrait être distingué des autres principes, des autres niveaux de réalité. En ce sens, Damascius dépasse la systématisation très stricte de Proclus concernant les principes[2]. Pour lui, nous n'avons pas un principe nommé *un*, puis un autre principe antérieur à l'un, nommé *ineffable*. Ni l'ineffable ni l'un-tout ne signifient quelque chose de déterminé, ce ne sont pas des principes distincts. Il n'y a qu'un seul et unique principe. Incapables de penser ce principe unique dans toute sa clarté, nous amenons sur lui les alluvions de notre pensée, ce qui nous incite à postuler plusieurs niveaux principiels. Damascius veut libérer le principe premier, unique, de ce que la systématisation trop stricte avait imposé sur lui, donnant l'impression que le principe serait quelque chose de déterminé. Nous n'avons donc pas affaire à un nombre déterminé de principes. Nous ne pouvons pas dire à juste titre que les principes sont deux (l'ineffable et l'un) ou trois (l'ineffable, l'un et l'unifié)[3]; à la limite, nous ne pouvons même pas dire que nous avons un seul principe, car le principe unique, ineffable, ne peut pas être identifié comme tel, comme un principe déterminé. Dire que nous avons deux ou trois principes est une façon de parler propre à notre pensée et aux exigences du discours, de l'analyse sur le principe, tandis que le principe lui-même reste antérieur à ces exigences et forcément antérieur au nombre. Apparemment, Damascius passe au-delà de l'un, vers un principe supérieur. Pourtant, l'ineffable n'est pas un *autre* principe et il n'est au-delà de l'un que dans la mesure où il est au-delà de toute tentative de la pensée de le fixer.

1. *Cf.* G. Van Riel, « Damascius », art. cit., p. 671.

2. Cf. *id.*, « "N'essayons pas de compter..." », art. cit., p. 202 et J. Combès, *Études*, *op. cit.*, p. 245-271.

3. En ce sens, M.-Cl. Galpérine affirme : « Les tout premiers principes ne sont pas des hypostases. Il n'y a plus là-bas d'ordre ni de nombre, plus rien de distinct » (« Introduction », *in* Damascius, *Des premiers principes. Apories et résolutions*, Lagrasse, Verdier, 1987, p. 9-97, ici p. 27). *Cf.* aussi G. Van Riel, « Damascius », art. cit., p. 677.

LE SUJET DE LA PREMIÈRE HYPOTHÈSE DU *PARMÉNIDE*

Comment, donc, Damascius lit-il l'exposition de la deuxième partie du *Parménide* et quel est, à ses yeux, le sujet de la première hypothèse[1] ? Selon J. Combès, dans son article sur la lecture damascienne des hypothèses, la première hypothèse aurait pour objet l'ineffable[2] et la deuxième se réfèrerait à l'un-être, l'un-pluriel, par conséquent à l'unifié ou à l'intellect[3]. Mais, si la première hypothèse concernait l'ineffable, l'un lui-même sortirait complètement du système des principes, parce qu'il ne resterait plus de place pour lui parmi les hypothèses. Il s'insinuerait d'une certaine façon entre l'inexprimable absolu de la première hypothèse et l'exprimable qui commence à s'esquisser avec l'unifié, dans la deuxième hypothèse. Nous risquerions de faire de l'un quelque chose de plus ineffable que l'ineffable même, puisque nous considérerions que de l'ineffable on peut toujours parler par hypothèse, alors qu'à l'un on n'accorde aucune hypothèse. Pour rendre justice à Damascius, il convient de nuancer cette interprétation. La première hypothèse est celle de l'un absolu. La seule indication de cette hypothèse qui correspond à l'ineffable est celle qui dit que « l'un n'est même pas un » (τὸ ἓν οὔτε ἕν ἐστιν)[4]. Par cette affirmation, la pensée supprime sa dernière supposition et elle est renversée. Ce renversement absolu de la pensée est l'unique moyen de pressentir la présence du principe ineffable. Au sujet du principe ineffable, la première hypothèse ne peut plus parler de manière directe, ni même par des négations. Elle n'est pas une description de ce principe, mais elle renvoie seulement à lui, par sa conclusion extrême, dans laquelle l'un même est supprimé.

Damascius[5] montre que l'un – sujet de la première hypothèse – est le principe du discours et de la connaissance, et c'est pourquoi Platon s'arrête à l'un et n'a plus besoin d'un autre principe du discours. À la différence des conceptions de l'auteur du *Parménide*, l'ineffable n'est plus principe du discours et de la connaissance, mais :

> [...] il l'est absolument de tout, et il est placé au-dessus de toute pensée. C'est pourquoi Platon n'a fait aucune suggestion au sujet de ce principe-là, mais à partir de l'un il a procédé aux négations de toutes les autres choses, à l'exception

1. Le sujet est incertain, car, dans le *Commentaire du Parménide* de Damascius, l'interprétation de la première hypothèse est absente, tandis que dans le *De principiis*, on ne trouve pas un commentaire suivi de cette hypothèse.

2. *Cf.* J. Combès, *Études*, *op. cit.*, p. 87.

3. La même lecture des hypothèses est reprise par W. Franke (« Of the Ineffable », art. cit., p. 22).

4. Platon, *Parménide*, 141e 12. Cf. *De principiis*, W. I, 9. 10-13 ; R. I, 7. 15-18.

5. *De principiis*, W. I, 55. 9-22 ; R. I, 37. 26-38. 10.

> de l'un lui-même ; en effet, en dernier lieu il a nié [de lui] le fait d'être un, mais non pas l'un […][1].

Autrement dit, ce n'est pas dans un discours qu'on atteint l'ineffable, mais par le dépassement de toute pensée, dans l'effort du renversement total. La première hypothèse est le discours dans lequel se montre ce principe du discours qui est l'un, tandis que l'ineffable n'est qu'indiqué par la suppression du principe du discours : l'un. Par l'ineffable, Damascius surmonte l'aporie de la tradition, qui affirme la transcendance du principe, mais qui, d'autre part, doit aussi admettre sa causalité par rapport au tout. L'aporie qui en résulte est double : d'une part, le principe est pensé en opposition avec la réalité, comme une transcendance extérieure, de l'*au-delà*, et d'autre part, le principe est pensé comme encore en relation et en coordination avec la réalité qu'il cause. Les deux variantes ont été critiquées par Damascius dans la première partie de son traité *De principiis*. Pour lui, le principe est ineffable et tous les niveaux ultérieurs sont des reflets de cette ineffabilité. Il y a des niveaux d'ineffabilité. En conséquence, l'aspect générateur du principe n'est plus distinct et ne s'oppose plus à l'aspect transcendant. Les niveaux ultérieurs à l'ineffable ne font que manifester l'ineffabilité du principe.

En tant que transcendant, le principe devrait se soustraire à toute chose, dans un *au-delà* de toute réalité, sans relation avec celle-ci. En tant que générateur et cause de la réalité, il devrait se réintégrer dans le tout de la réalité. Or, avec l'ineffable, Damascius échappe aux deux alternatives contradictoires. Ici, la transcendance n'exclut pas la causalité ; par contre, la transcendance est ressentie à tous les niveaux de réalité, qui sont autant d'indications de l'ineffable. D'autre part, la présence causale de l'ineffable à chaque niveau de la réalité ne supprime pas la transcendance du principe, ne l'inclut pas dans le tout, car la présence de l'ineffable dans la réalité est, effectivement, la présence d'une dérobade constante. L'ineffable n'est jamais identifiable comme une chose déterminée, intégrable dans le tout, même si nous ressentons sa présence à chaque niveau du tout. Même totalement transcendant, le principe soustrait à la pensée et à la réalité reste toujours la cause de toutes choses, cette présence incompréhensible, grâce à quoi toutes choses sont ce qu'elles sont, d'une manière ineffable. Dans ces conditions, l'établissement de la réalité n'est que le miroir renversé de la transcendance absolue de l'ineffable. La manière – même inadéquate – avec laquelle nous pensons le principe, en nous éloignant de lui, se superpose sur la manière avec laquelle toute la réalité se détache de ce principe premier, absolument ineffable. La réalité garde à chaque niveau quelque chose d'ineffable ; la pensée qui essaye de s'approcher du principe ineffable tombe en-deçà de lui, d'un niveau à l'autre d'ineffabilité, et elle refait le parcours ineffable de la réalité même, à partir du principe et jusqu'à l'être,

1. *De principiis*, W. I, 55. 11-17 ; R. I, 38. 1-5.

puis de l'être encore plus bas, jusqu'au pur non-être, qui est lui-même ineffable, en tant que manque absolu[1].

Si les négations produisent les affirmations, comme le veut Proclus[2], alors l'un même entre dans une certaine relation avec ces réalités affirmées et perd nécessairement son caractère complètement transcendant. Selon Damascius, ce qui vient après le principe est enraciné dans l'ineffabilité du principe. Tous ces niveaux ontologiques, jusqu'à celui du rien inférieur, sont eux aussi ineffables, dans un certain degré. Cette solution offre une dernière perspective herméneutique sur tous les niveaux de la réalité distingués par la pensée néoplatonicienne. Certes, nous avons la divination d'un principe incoordonné, néanmoins, sa nécessité et sa présence se font sentir non seulement au-delà de l'être et au-delà de notre dernière supposition, mais aussi à chaque niveau de la pensée et de la réalité : l'unifié, les formes, etc. Damascius redonne ainsi leur unité et leur systématicité aux hypothèses du *Parménide*, en les unifiant au moyen de l'ineffabilité.

Chez Proclus, le principe engendre les réalités dans la mesure où il s'en soustrait, de même que les affirmations de la deuxième hypothèse sont engendrées par les négations de la première hypothèse. Cette négativité du principe s'oppose à la réalité. Mais chez Damascius, parce que le principe ineffable produit la réalité de manière ineffable, l'opposition entre le principe et la réalité s'efface. De plus, cette ineffabilité qui caractérise aussi bien le principe que la réalité, abolissant par là leur opposition, ne risque pas de se transformer en une détermination concrète, dans un élément commun à la réalité et au principe, qui nous obligerait à trouver encore un principe antérieur, car l'ineffabilité est justement le manque de détermination, l'impossibilité d'une description. De la sorte, la causalité d'un tel principe ne risque pas de déterminer le principe et de le réintégrer dans les choses qu'il produit[3].

1. L'ineffable est à la fois ce qui produit l'exprimable et ce qui, dans sa variante par défaut, reçoit l'exprimable, tout en restant, dans les deux cas, inexprimable. *Cf.* Damascius, *Commentaire du Parménide de Platon*, W. IV, 17-19 ; R. II, 285. 6-7 ; W. IV, 97. 7-8 ; R. II, 299. 29-30.

2. *Cf.* Proclus, *Commentaire sur le Parménide de Platon*, 1075. 16-22.

3. Damascius essaye de trouver une sorte de causalité qui n'oppose plus le principe à ses dérivés et ne le détermine plus par rapport à eux. Il ne se contredit pas, comme le suggère L. Kolakowski (*Metaphysical horror, op. cit.*, p. 47-48).

Le mystère ineffable et la science des principes

Le fait que Damascius aboutisse à un principe ineffable – que la pensée comprend de loin mais auquel elle n'a plus d'accès proprement dit – pourrait sembler un échec, une expérience philosophique incapable d'atteindre son but. Le travail d'enfantement de notre pensée qui essaye de s'approcher du principe est toujours sur la route, sans jamais parvenir à un résultat, à l'exception de la prise de conscience qu'un tel résultat est impossible à atteindre. L'idée que le principe premier (ne) serait rien – sans même être le rien – et qu'il serait inaccessible, peut nous donner une fausse impression de scepticisme total, d'un nihilisme, où se dissout tout sens de la réalité. Cependant, le vrai enjeu de l'ineffable qui n'est rien – ou bien qui *est* rien – est totalement contraire à une attitude nihiliste. L'ineffable donne à toute la réalité la perspective d'une ouverture à un sens ultime qui n'est plus épuisable et qui ne peut jamais être réduit à un sens limité. Il s'agit non pas d'un éventail illimité de sens possibles, mais de la perspective du mystère qui se cache derrière chaque chose. Toute chose est ainsi remplie d'une intarissable richesse. La pensée – comprise dans la sphère du tout, dans cette totalité qui tend toujours à se fermer sur elle-même – s'ouvre dans l'ineffable à la perspective du totalement non-totalisable. La nouveauté toujours revitalisée et jamais fixée de ce principe incite constamment la pensée à sortir de ses limites ou, du moins, à ne pas se laisser encombrer par elles.

La découverte de ce rien est aussi la découverte de la profondeur ultime et intangible dans laquelle les choses sont enracinées. Au lieu d'être tout et rien de plus, la réalité se montre comme tout et encore plus, un *plus* à jamais inépuisable. Ce n'est pas un rien qui décourage toute quête de la pensée et l'enferme dans l'agnosticisme, mais bien un rien qui éveille la curiosité et qui l'empêche toujours de se réaliser, parce que l'objet recherché ne saurait se laisser « engloutir » dans le tout. Tous les néoplatoniciens antérieurs ont eux aussi orienté la pensée vers l'indicible, vers l'inexprimable splendeur et merveille (θαῦμα) qui dépassent la pensée. Damascius, quant à lui, met en évidence, dans les limites mêmes de la pensée, l'incessant tourment que suscite ou doit susciter en nous cet indicible. Chez lui, l'indicible parle par cette inquiétude qu'éveille en nous sa présence inconcevable, car d'un côté la pensée ne peut pas le comprendre, mais d'un autre côté la pensée ne peut se retenir d'essayer de le comprendre, ou, du moins, de comprendre à quel point il est incompréhensible.

Le tout est traversé par le mystère de l'ineffable, par sa présence discrète et en même temps incitative. En ce sens, loin de se contenter de la structure de l'être proprement dit – à l'instar de Proclus, par exemple, qui s'arrêtait après la cinquième hypothèse platonicienne, considérant que les hypothèses ultérieures ne sont que des démonstrations par réduction à l'absurde des niveaux antérieurs – Damascius complète la structure de la réalité avec les niveaux inférieurs, qui prennent l'aspect négatif de l'ineffabilité : les phénomènes, les simulacres, le néant absurde des autres et le néant absurde de l'un[1]. Même dans ce miroitement négatif, la présence de l'ineffable se fait sentir, en liant le principe absolu, ineffable par excès, au néant absolu, ineffable par défaut. On pourrait même dire en fin de compte que, pour Damascius, il n'y a pas un tout objectif, déterminé et déterminable dans toutes ses parties. Au contraire, il est constitué de parties qui ont des degrés d'ineffabilité et qui, de cette façon, gardent toujours un caractère de nouveauté indescriptible. Par ce *rien* qui sillonne le tout, le tout même reçoit la perspective de sa complétude : il comprend ce qui est, ce qui peut être conçu, mais il porte également la marque de l'ineffable qui surpasse l'être et la pensée. L'ineffable n'est même pas un « mur d'enceinte »[2] – non seulement dans le sens où l'on ne peut pas prédiquer une telle qualité à son propos, mais aussi dans le sens où sa fonction ne consiste pas à circonscrire et à enfermer le tout en lui-même. L'ineffable ne fixe pas de limites ; au contraire, il ouvre les limites de chaque chose au-delà de toute notion, de toute définition.

En effet, l'ineffable n'entre jamais sur le terrain des concepts, il ne possède pas la structure d'un concept proprement dit, il est maintenu dans cette extériorité par rapport à tout concept et il se précise en échappant constamment à toute conceptualisation. Il est au-delà de ce que l'on peut conceptualiser et il est un contre-concept, ou un concept à rebours. Il n'est pas à la base de la compréhension de tout le monde, mais il est le point inaccessible vers lequel se hâte notre pensée, qui ne peut jamais atteindre le but de ce qu'est une chose et de ce qu'est le tout ensemble. L'ineffable n'ouvre pas le champ de la compréhension – telle un axiome qui permet d'expliquer tout le reste –, mais plus exactement, en empêche définitivement la fermeture et l'exhaustivité.

Ce principe est un *outre* qui s'attache à chaque chose, un *davantage* que chaque chose[3]. De cette façon, il ouvre l'horizon de chaque chose de ce monde, dans le sens où chaque chose peut être parcourue par la pensée de manière illimitée, parce qu'aucune définition ne peut être exhaustive pour une chose, quelle qu'elle soit. L'ineffable ouvre davantage la perspective de la différence entre ce que nous disons d'une chose (ce que nous comprenons par la pensée) et ce qu'elle est, de sorte que, face à une chose, la pensée est toujours excédée : on peut parler d'une chose, mais toujours avec précaution, car chaque chose est plus que l'on en pense et que l'on en dit. L'ineffable n'explique pas forcément les choses du monde, mais il les préserve de la puissance totalisante de la

1. Damascius, *Commentaire du Parménide de Platon*, W. IV, 64-135 ; R. II, 281-322.

2. *De principiis*, W. I, 24. 8-9 ; R. I, 17. 12-13.

3. *Cf.* J. Dillon, « Damascius on the Ineffable », art. cit, p. 129 : « At any rate, however, this principle penetrates to the core of our world, and makes each of us what we are, an individual, with just that little touch of ineffability which differentiates us from everybody else ».

pensée, de même qu'il protège la pensée contre sa propre tendance à limiter le monde à ce qu'elle peut comprendre.

Damascius ouvre cette perspective inépuisable dans les choses, à partir justement de notre pensée, qui est insuffisante en elle-même et reste aporétique, incapable de s'expliquer avec cohérence jusqu'au bout. Il conclut une tradition qui a représenté l'avènement d'une grande provocation pour la pensée : celle d'un *au-delà*, qui n'est plus l'objet direct de la pensée, mais l'objet d'un travail d'enfantement supérieur à la pensée. Sa perspective est différente de celle des débuts du néoplatonisme. Pour Plotin, le discours philosophique est une tentative d'exprimer ou de suggérer, si possible, la vision du principe qui dépasse la pensée. Bien que Plotin reprenne l'intuition philosophique platonicienne de l'un qui est au-delà de l'être et qui, en tant que tel, n'est pas exprimable dans les termes de la pensée, cependant, l'un de Plotin n'est pas simplement un approfondissement philosophique de cette intuition platonicienne, ni une explication de ce que Platon a déjà dit, mais un exercice intérieur et un approfondissement de l'expérience intime de l'au-delà de la pensée et de l'être[1]. En conséquence, toute l'analyse philosophique de Plotin est centrée sur quelque chose qui nous échappe, à savoir : l'aveu d'une expérience personnelle de l'un inexprimable, d'un accès à ce que le discours essaye de décrire, tout en avouant l'impuissance à le décrire. Le discours se développe soit avant la vision, tel un guide de l'âme dans cet effort de tout retrancher et de devenir un, soit après la vision, tel un pâle récit de ce que l'on a vu. Les négations se réfèrent donc soit à quelque chose dont on n'a pas encore eu la vision, soit à quelque chose dont on a eu la vision, mais qu'on a déjà perdu. Il en résulte que le côté négatif du principe, c'est-à-dire les négations de la première hypothèse du *Parménide*, par exemple, et les autres négations proférées par Plotin lui-même, ont aussi un rôle à jouer, soit avant la vision, soit après, mais toujours en relation avec notre pensée, avec son impuissance à se rapporter directement au principe. En revanche, en lui-même, l'un n'est pas une négativité, mais une surabondance productrice de toutes choses, qu'aucune chose ne peut comprendre. Les négations sont ce que l'on peut dire de plus éminent, mais elles restent inadéquates en tant que telles; elles possèdent donc un rôle propédeutique, mais la vision de l'un n'est pas conforme à ces termes négatifs. Pour Plotin, la « science la plus haute »[2], qui inclut les négations et les analogies, doit être elle aussi abandonnée au moment de la vision de l'un. Ce n'est pas cette connaissance négative qui nous conduit à la vision, mais les purifications de l'âme[3].

1. *Cf.* É. Bréhier, « Le *Parménide* de Platon et la théologie négative de Plotin », in *Études de philosophie antique*, Paris, P.U.F., 1955, p. 232-236, notamment p. 233.

2. Platon, *République*, 505a 2.

3. Plotin, *Ennéades*, VI, 7, 36.

À la fin de la tradition néoplatonicienne, le cas de Damascius est assez surprenant, car il renverse l'ordre des choses, il place la raison et la pensée avant la vision inspirée, avant l'intuition mystique, non pas pour supprimer l'intuition mystique, mais pour lui donner un fondement rationnel. Il appartient à la réflexion philosophique d'opérer le passage vers l'intuition silencieuse. Nous voyons à l'œuvre un autre sens et un autre rôle du discours négatif, qui avoue l'impuissance de la pensée et de tout discours. En effet, Damascius ne commence pas sa démarche par l'aveu d'une expérience outrepassant la pensée. Au contraire, il inaugure sa réflexion avec une mise au point radicale sur l'impuissance même de penser le principe. Puis, il tente de sortir de l'aporie, avant d'y retomber plus profondément et de mesurer l'impuissance qu'il y a à parler d'un principe. Toute cette réflexion qui s'enfonce dans la négativité vise à éveiller en nous la conscience de la nécessité d'un principe absolument inexprimable. Ainsi, la négativité n'est pas un pis-aller, qui s'arrête sur le seuil de la vision, qui revient ensuite sur la pente descendante, une fois la vision finie, et qui parle d'une expérience déjà acquise, dans l'attente de son renouvellement. Les négations et les renversements de la pensée préparent en quelque sorte la conscience (συναίσθησις) du principe.

Damascius découvre le sceau de l'ineffable inscrit dans notre pensée même, comme le signe de l'impuissance à dire quelque chose qui la dépasse. Il y a en nous comme un vestige silencieux d'un principe au-delà. Tout l'effort de Damascius est de faire parler ce vestige, d'éveiller cette trace en nous de l'ineffable. Le discours impuissant, qui essaye de dire ce qui est impossible à dire, ne commence pas par une vision déjà accomplie, mais notre auteur nous met dès le début dans cette situation aporétique et il la suscite. C'est finalement de l'aporie même que surgissent la conscience et la quasi-connaissance du principe. Le discours ne s'installe pas après la vision et donc en son absence, mais il la provoque par un quasi court-circuit de la pensée, qui se voit acculée à une situation paradoxale : elle doit poursuivre sa quête, alors même qu'elle est complètement supprimée. Selon l'intuition fondamentale de Damascius, il y a quelque chose qui se tait en nous, mais nous ne le connaissons pas et nous ne savons pas comment faire pour écouter ce silence. Les apories constituent donc une véritable méthode pour faire résonner ce silence, pour faire entendre ce principe qui se cache subrepticement en nous, en silence.

Le discours qui porte sur le principe – pour en avouer l'impuissance – n'est pas ultérieur à une expérience du principe, qui n'est jamais actuelle. Au contraire, on peut parler d'une certaine concordance et concomitance entre le discours renversé, qui porte sur le principe, et l'intuition non-discursive de ce principe. On accède au principe justement dans l'espace de la pensée, dans l'exercice de cette suppression répétée de la pensée, par laquelle elle se restreint dans un moment de silence, qui nous fait remonter, contre le cours naturel de la pensée, vers l'intuition de l'origine inexprimable de tout ce que nous concevons. Toutefois, il ne s'agit pas d'une pensée suffisante pour soi-même, qui se réduirait à un rapport direct avec un objet. Au contraire, la découverte du principe dépend de la faiblesse de la raison, plutôt que de sa puissance. C'est une pensée faible, mais assez puissante pour tirer profit de sa faiblesse et l'interpréter. On a affaire à une logique de l'impuissance, de l'impossibilité qui nous est connaturelle. Damascius engage sa recherche avec cette impuissance, il l'expose dès le début. Son enquête suit cette impuissance toujours plus loin, jusqu'à sa racine la plus profonde, qui est elle-même impossible à dire. Ultimement, toute notre pensée n'est qu'un mode de saisir l'absence du principe, ainsi que sa nécessité. À la limite, on pourrait dire que ce que nous pensons à chaque niveau de la réalité est en effet la présence subtile et paradoxale du principe ineffable qui se soustrait à notre pensée.

CONCLUSION

Pourquoi parler d'un principe unique et absolu, dans un monde où tout semble se dissoudre en une myriade infinie de perspectives irréductibles et irréconciliables ? Que peut encore nous dire la pensée extrêmement critique de Damascius quant à la quête d'un principe de toutes les choses, malgré les innombrables difficultés qui s'érigent devant lui ? En définitive, ce qu'il nous transmet c'est précisément cette opiniâtreté à suivre jusqu'au bout les exigences de rationalité et d'unité de la pensée, et son infaillible conviction que, dans notre pensée même, réside le signe d'un dépassement, d'un au-delà qui est à la fois frontière, mais aussi fondement de tout ce que l'on peut penser. Damascius nous invite à franchir cette limite et à renouer avec une pensée qui n'est plus strictement confinée à ses objets immédiats, ni à la totalité de ce que l'on peut concevoir. C'est aspirer à une pensée qui apprend à regarder les choses en profondeur, parce qu'elle pense à la fois le dit et le non-dit de chaque chose. Et cette pensée découvre que le non-dit donne la consistance et l'intérêt final de tout ce que l'on dit. Voilà l'enjeu de ce principe paradoxal : l'ineffable.

Le *Traité des premiers principes* est un cas singulier, où le discours n'apporte pas de dévoilement direct. Au contraire, il cache ce qu'il cherche, ce qu'il veut montrer, car l'aporie dévoile seulement en voilant. Elle montre qu'il y a encore quelque chose au-delà de nos habitudes discursives, au-delà de tout ce qui se prête à la connaissance directe. L'aporie ne met pas à notre disposition son objet, mais au contraire, elle montre que nous sommes dans l'impossibilité essentielle de comprendre l'horizon ultime de toute connaissance. Elle nous fait voir que l'on ne peut pas voir au-delà, mais en outre, elle nous montre cet au-delà en tant qu'inaccessible. Ce livre s'est donné pour tâche de recueillir cette intuition philosophique fondamentale d'un au-delà absolu, en la démêlant des paradoxes et des apparentes contradictions qui la renforcent, mais qui semblent également la révoquer en doute.

À cette fin, il a fallu distinguer les différents niveaux de discursivité à l'œuvre dans la pensée damascienne : le niveau habituel dans lequel on s'exprime ; le niveau limite, lorsque Damascius identifie les difficultés maximales de la pensée et de toute expression ; puis un niveau où ces difficultés et apories deviennent elles-mêmes suggestives et indiquent ce qu'elles ne peuvent plus exprimer directement ; enfin, le niveau anti-discursif, qui concerne l'évocation du principe ineffable, en dépit de son caractère inaccessible. Dans la mesure où tous ces niveaux réflexifs s'entremêlent dans sa démarche, Damascius peut donner l'impression que sa pensée serait contradictoire et dépourvue de perspective cohérente sur le principe absolu. Mais dans le détail, sa pensée atteste au contraire un souci constant d'analyses rigoureuses, de distinctions fines de ces différents niveaux. Loin d'être une doctrine affirmée comme telle et exposée de manière linéaire, l'ineffable se révèle une expérience ultime de la pensée, dont le thème se construit en dépit de la pensée commune, de ses évidences, de ses habitudes. Le sujet qui prend conscience d'un tel thème pense désormais à l'encontre de lui-même. L'ineffable conduit à une pensée-limite, capable de se remettre en cause, de s'interroger sur ses propres possibilités et impossibilités, de se renverser elle-même, voire de s'annuler totalement.

La première partie de notre recherche a examiné comment le principe absolu (à savoir l'ineffable) résulte des apories de la pensée du principe, désireuse de connaître sa source et son fondement. L'aporie centrale du traité repose sur l'impossibilité de déterminer un rapport quelconque entre le tout et son principe unique. Cette aporie semble montrer que la pensée serait impossible – du moins la pensée philosophique, en quête du sens de tout ce qui existe et du principe qui fonde et explique l'existence de tout. Or, par sa radicalité, une telle aporie représente le moteur secret de toute la pensée de Damascius. Plus l'impossibilité qui résulte de l'aporie est insurmontable, plus elle stimule la pensée et l'incite à retourner au fond d'elle-même, afin de prendre conscience de ce qui lui échappe. Force est de constater que c'est par le fait même de penser le principe – par le fait de nous rapporter à lui – que l'on ne peut plus le penser adéquatement, ni le situer vraiment par rapport au tout. Dans la signification spéciale que Damascius lui accorde, le tout (τὰ πάντα) est constitué par la pensée ; il est la totalité de ce que l'on peut concevoir. Il réintégre en lui tout ce qu'on lui oppose, y compris le principe. La base de l'aporie repose, en fin de compte, sur cette caractéristique du tout – qui est le tout de la pensée. L'enjeu de Damascius consiste à dépasser la totalisation propre au tout et à trouver le principe, entendu comme ce qui ne peut plus être totalisé ou englobé dans le tout.

Nous avons essayé de cerner la genèse de la pensée damascienne, notamment dans son effort soutenu pour susciter l'aporie au-delà des solutions qu'elle a elle-même proposées, comme c'est le cas de « l'un-tout avant le tout », solution qui réengendre l'aporie. En ce sens, la réflexion de Damascius est essentiellement critique, non pas tant parce qu'il dépasse les solutions proposées par la tradition, mais parce qu'il critique ses propres solutions. Il montre à quel point il faut rejeter toute solution discursive, parce qu'elle garde en germe l'aporie et qu'elle menace toujours de totaliser le principe.

L'analyse balance entre ce que l'on dit (par exemple la solution philosophique au problème du principe) et ce que la pensée indique implicitement, à l'encontre de ce que l'on dit (en l'occurrence, lorsque cette solution philosophique n'échappe pas à l'aporie). Il y a donc, dans le dit, un non-dit plus puissant que le dit, qui finit par contredire le dit lui-même. Et parce que le principe ne relève plus de l'ordre du dit, il ne souffre aucune solution ou expression quelconque à son propos. Au contraire, la récurrence des apories nous affranchit des différentes représentations – inadéquates par nature – du principe, à l'instar de l'« un-tout avant le tout ». Ainsi, l'aporie éveille notre pensée à un sens plus profond du principe, au-delà de la plus rigoureuse des pensées discursives. En même temps, l'aporie est l'indice le plus important dont nous disposons pour retrouver la trace du principe. Deux conclusions s'imposent ici : d'un côté, il n'y a aucun accès direct au principe absolu, au moyen de la pensée discursive ; d'un autre côté, le seul accès possible nécessite de soustraire le principe à la sphère totalisante du tout.

La deuxième partie de notre investigation avait pour enjeu d'analyser en détail la voie para-discursive qu'emprunte Damascius. Le principe véritable doit rester absolument incoordonné au tout. La question qui se pose maintenant est celle de savoir comment atteindre un tel principe, alors que l'idée d'un principe unique s'est révélée inacceptable, au regard des apories insurmontables qu'elle soulève. Il appartient non pas à l'*antériorité*, mais à l'*incoordination* de nous mettre sur le chemin de l'ineffable. En effet, l'antériorité reste toujours en relation avec ce qu'elle dépasse, tandis que l'incoordination impose la suppression de tout point commun, de toute relation et, par suite, la suppression de toute manière de penser. Pour Damascius, l'essentiel est de trouver un principe non seulement au-delà du tout – comme l'un qui reste toujours peu ou prou lié à ses dérivés – mais un principe complètement non intégré dans la perspective totalisante du tout, incoordonné avec le tout et la pensée.

Or, faute d'approche directe d'un tel principe, Damascius envisage des phénomènes à la limite de la pensée comme autant de stratégies pour accéder au principe véritablement incoordonné. Il s'agit de la divination, de la suppression du discours, de l'avancée dans le vide et du travail d'enfantement de la pensée. La divination par les apories voit le signe du principe dans l'absence aporétique de celui-ci au niveau du discours. On a juste une divination et un pressentiment de sa présence nécessaire, à partir du fait que l'on ne peut pas vraiment le penser. L'exigence d'un principe absolument incoordonné, dont on a cette divination, impose la suppression du discours. Le principe ne peut être conçu, supposé et proclamé. Damascius supprime, à chaque fois, les derniers procédés capables d'indiquer l'un dans la tradition néoplatonicienne antérieure, en l'occurrence la supposition et l'hymne. La suppression du discours se traduit par une critique de l'un et par son dépassement, parce qu'il reste encore exprimable, d'une certaine manière.

Cette critique implicite prépare le pas le plus téméraire de Damascius, par lequel il outrepasse la tradition antérieure, qui interdit d'aller au-delà de l'un. Il transforme l'interdit de la tradition en une incitation à passer outre : pour la tradition, au-delà de l'un *il n'y a rien*, alors que pour Damascius, au-delà de l'un *il y a le rien*. Il se donne pour tâche essentielle de sonder ce rien. Le principe incoordonné – fruit de la divination par les apories – est un rien absolu, par supériorité. L'avancée vers le principe absolu ne peut avoir d'autre sens que celui d'une marche vers le rien absolu. Marcher dans le vide ou vers le rien, c'est aller contre le sens commun et le cours habituel de la pensée, tout en refusant de déterminer, de coordonner et de totaliser. Si la tradition voulait éviter d'affirmer que le principe absolu ne soit un rien négatif, inférieur à l'être, Damascius conçoit un « rien » (οὐδέν) qui dépasse l'un (οὐδὲ ἕν), afin de surmonter le dernier moyen de suggérer le principe, tel que l'un. C'est le dépassement d'une dernière idole qui obvie l'accès au principe ineffable. Ce rien est ce qu'indique toute négation et toute suppression du discours, sans pour autant le déterminer en tant que tel, mais en le laissant intact et en le préservant de toute déformation par la pensée. Ce rien polarise l'attraction fondamentale de la pensée, qui cherche son principe et qui ne peut arrêter sa quête à rien, si ce n'est au rien lui-même.

On peut se rapporter à un tel principe uniquement en maintenant notre pensée dans un état constant de travail d'enfantement, impuissant à porter ses fruits. Le travail d'enfantement relève d'une pensée paradoxale, dans laquelle il est impossible d'avancer – tout en déterminant un contenu quelconque de la pensée –, mais il est aussi impossible de refuser ou d'arrêter cette avancée – parce qu'il est nécessaire de maintenir la direction de cette pensée sans contenu déterminé. Chez Damascius, le travail d'enfantement se transforme en une indicible conscience du principe, qui abandonne toute connaissance déterminée. En même temps, ce travail s'appuie sur une critique de l'un, qui révèle que, jusqu'à un certain point, l'un reste en relation avec ce qui lui succède, bien que dans une relation d'opposition.

Dans la troisième partie de notre réflexion, nous avons mis en lumière l'intervention concrète de l'ineffable dans le *De principiis*, ainsi que la méthode particulière avec laquelle Damascius indique ce principe sans recourir à une grille de pensée totalisante. L'ineffable n'est pas un principe admis directement – telle une nouvelle solution pour résoudre le problème du principe au-delà de l'être – et ne constitue pas une simple donnée doctrinale argumentée. Il s'impose indirectement, par la suppression et par le renversement de toute pensée face au problème du principe absolu. Le renversement (περιτροπή) se constitue en même temps comme une méthode pour découvrir le principe et comme une expérience de l'ineffable. Le renversement constant du discours permet de prendre conscience de la présence du principe absolu, qui se soustrait à la pensée, mais qui se révèle à une pensée renversée. Notre analyse permet de dissiper les soupçons concernant les accusations de scepticisme qui planent sur la perspective damascienne. Chez Damascius, le sens du renversement s'oppose justement à la perspective sceptique. Son but est de produire en nous la conscience du principe de toute la pensée, et non pas d'établir l'impossibilité de tout connaître. L'ineffable (τὸ ἀπόρρητον) ne relève pas d'une simple impuissance à exprimer le principe dans notre langage habituel, mais il implique une expérience de la pensée, qui finalement découvre le principe sous le seuil de sa propre dissolution. La relation entre l'un et l'ineffable se voit tout autant remise en question. Nous l'avons vu, l'ineffable n'est pas un dédoublement du principe premier de la tradition (compris comme l'un absolu). Au contraire, il est le seul principe possible, par rapport auquel chaque autre principe admis par la tradition se révèle en être un dédoublement, parce que chaque autre principe est une approximation inadéquate de l'ineffable et une manière de le symboliser.

L'ineffable reste une notion paradoxale, qui entraîne sa propre suppression. Toutefois, il s'agit d'un thème qui ne manque pas de stimuler la pensée, sans jamais lui permettre de s'arrêter à ce qu'elle a déjà dit, et qui la pousse constamment vers ce qu'elle ne pourra jamais dire. En ce sens, il subsiste toujours une ambiguïté entre comment le principe doit être (en lui-même, par une nécessité interne) et comment on le pense (comment il se présente à la pensée, par une nécessité propre à celle-ci). C'est pourquoi Damascius ne parle jamais directement du principe absolu, mais il décrit à chaque fois comment l'exigence du principe s'impose à notre pensée. Le principe ne surgit jamais directement dans le discours, tel un objet quelconque, mais il apparaît toujours filtré par la trame des apories qu'il suscite dans notre pensée. Cette situation pourrait créer l'impression d'une subjectivité de la pensée, qui parle d'un principe premier, malgré l'avertissement des apories qui montrent qu'il est impossible d'en parler. Pourtant, c'est bien dans cette ambiguïté qu'il faut chercher le véritable enjeu de la pensée de Damascius. Ultimement, le portrait du principe découle de l'exigence que la pensée s'impose à elle-même, lorsqu'elle se propose de recouvrer sa propre source de rationalité et d'unité. On exige du tout – dans lequel fonctionne notre pensée – de posséder une unité et une structure propres, qu'il ne puisse jamais abandonner.

Une double tension s'insinue entre le principe et la pensée, qui ne peuvent rester ni séparés, ni ensemble. D'une part, le principe ne dépend pas de la pensée, dans le sens où la pensée l'imaginerait, telle une fiction ou un paradoxe de langage ; au contraire, la pensée ne peut guère imaginer et comprendre le principe. D'autre part, il n'y a pas de principe sans la pensée ou complètement hors de la pensée, tel un objet extérieur, qui aurait son propre mode objectif d'existence, indépendamment du fait que la pensée le cherche ou non. Le principe – qui est toujours principe du tout et de la pensée, ou simplement de « tout ce que l'on peut concevoir » – a une relation très étroite avec la pensée. Il est vrai que, d'un côté, Damascius déplore la nature titanesque de notre pensée, la division propre à la discursivité, qui serait incapable de saisir le principe. Cependant, d'un autre côté, le principe même ne peut apparaître que par l'intermédiaire de notre pensée. La pensée a deux penchants, qui s'affrontent dans l'écriture du traité *De principiis* : celui du déploiement discursif, qui suit la direction de la pluralité, et le penchant contraire, qui vise à retrouver l'unité à partir de laquelle la pensée se déploie dans une totalité structurée, qui ne se disperse jamais en une pluralité infinie et chaotique. Pour Damascius, les deux penchants sont toujours présents et superposés : d'un côté, il ne peut réaliser son analyse concernant les principes si ce n'est par la pensée plurielle, qui se déploie tout en multipliant ses apories ; d'un autre côté, il fait reposer sa recherche sur la finalité de l'autre penchant, à savoir sur l'exigence ultime d'unité et de rationalité de la pensée. Ainsi, la recherche de l'unité avance inévitablement sous la forme d'un morcèlement aporétique.

L'aporie est la seule trace – paradoxale – de cette exigence que cherche la pensée. L'impossibilité de retrouver l'unité (impossibilité exprimée par les apories) n'annule pas cette exigence même ; au contraire, elle la met négativement en évidence. Le principe est précisément ce que l'on ne peut pas penser, ce que les apories montrent en tant qu'inatteignable. Tout en parlant du principe, Damascius obtient l'effet contraire : la chute dans les apories. L'impossibilité de dire le principe nous indique néanmoins l'existence d'un principe incoordonné, complètement soustrait au tout. Ce principe incoordonné se révèle être non pas une chose déterminée, définie par une certaine expression ou notion adéquate, mais une présence manifestée par le constant renversement de la pensée, lorsqu'elle essaye de dire le principe. Le renversement aporétique, qui risque de détruire l'unité du tout, devient un renversement systématique, au moment où la pensée découvre en elle-même la trace de ce principe qui renverse toute forme de pensée, toute tentative de l'identifier et de l'englober dans le tout. L'aporie, qui semble un échec de la pensée en face du principe, se transforme en une conscience (sans connaissance) du principe. L'impossibilité d'exprimer le principe se fait méthode d'indication, d'attestation, de découverte de sa présence nécessaire pour la pensée. La pensée même nous révèle finalement son propre principe, qui se soustrait à toute tentative de le dire. Le principe impensable et incoordonné indiqué par l'aporie est justement celui que la pensée conserve impensé et incoordonné, par son propre renversement.

Par conséquent, les apories ne sauraient être de simples entraves sur le chemin de la pensée désireuse de saisir le principe. Bien au contraire, elles offrent à la pensée l'unique voie pour regagner sa source, son jaillissement, le point d'identité primaire avec elle-même. Les apories sont la manière grâce à laquelle la pensée se rappelle à chaque fois son passé absolu, sa source propre, dont elle s'éloigne constamment, et qu'elle ne peut qu'évoquer en tant qu'absente, en tant qu'irréalisable et qu'inaccessible dans l'acte présent de la pensée. Le discours de Damascius se scinde : d'un côté, il progresse tout en identifiant les apories ; d'un autre côté, les apories freinent le discours et le font revenir en arrière, afin de ressaisir la présence du principe qui a produit ces apories. La pensée perd discursivement son unité, afin de la retrouver consciemment. En disant tout, cette pensée arrive à ne dire rien, mais tout en (ne) disant rien, elle parvient à la conscience de ce qui, en elle-même, reste non-dit. Damascius fait le récit de la manière dont le principe se soustrait à toute tentative de le dire. C'est le récit de l'impossibilité ultime de la pensée, à savoir l'impossibilité de parler de son propre principe. Pourtant, c'est seulement dans ce récit que transparaît le principe ineffable de tout discours, de tout récit, de tout…

BIBLIOGRAPHIE

SOURCES ANTIQUES

ARISTOTE, *Categoriae et liber De Interpretatione*, ed. L. Minio-Paluello, Oxford, OUP, 1949.

- *Metaphysica*, ed. W. Jaeger, Oxford, OUP, 1957.
- *Ethica Nicomachea*, ed. I. Bywater, Oxford, Clarendon Press, 1962.
- *Physica*, ed. W. D. Ross, Oxford, Clarendon Press, 1966.
- *Métaphysique*, trad. et notes par J. Tricot, Paris, J. Vrin, 1991.
- *Physique*, introd., trad. et commentaires par L. Couloubaritsis, Paris, J. Vrin, 1991.
- *Éthique à Nicomaque*, trad., introd., notes et index par J. Tricot, Paris, J. Vrin, 1994.
- *Catégories. De l'interprétation*, trad. et notes par J. Tricot, Paris, J. Vrin, 2004.

DAMASCIUS, *Excerpta ex Damascii libro MS.* περὶ ἀρχῶν, éd. J. Chr. Wolf, in *Anecdota Graeca, sacra et profana*, Hamburg, Felginer, 1722-1724, vol. IV, p. 195-262.

- *Damascii philosophi platonici quaestiones de primis principiis*, éd. J. Kopp, Frankfurt am Main, Brönner, 1826.
- *Damascii successoris Dubitationes et solutiones de primis principiis, In Platonis Parmenidem*, éd. Ch.-E. Ruelle, vol. I et II, Paris, Klincksieck, 1889 et 1899 (réimpr. anastatique Bruxelles, 1964).
- *Problèmes et solutions touchant les premiers principes, avec le tableau sommaire des doctrines des Chaldéens de Michel Psellus*, trad. fr. A.-É. Chaignet, 3 vol., Paris, Ernest Leroux, 1898 (réimpr. anastatique, Bruxelles 1964).
- *La vie d'Isidore, ou Histoire de la philosophie*, trad. fr. A.-É. Chaignet, *in* Proclus. *Commentaire sur le Parménide*, vol. III, Paris, E. Leroux, 1903 (réimpr. Frankfurt am Main, Minerva, 1962).
- *Lectures on the Philebus wrongly attributed to Olympiodorus* [1959], éd. et trad. angl. L. G. Westerink, Amsterdam, North-Holland Publishing Company, 1982 (2 e éd.).
- *Vitae Isidori*, éd. C. Zintzen, Hildesheim, Olms, 1967.
- *Commentary on Plato's Phaedo* [*In Phaedonem*], in *The Greek Commentaries on Plato's Phaedo*, éd. et trad. angl. L. G. Westerink, Amsterdam, North Holland Publ. Comp., 1977.

- *Traité des premiers principes*, éd. L. G. Westerink, trad. fr. J. Combès, Paris, Les Belles Lettres (CUF), vol. I : *De l'ineffable et de l'un*, 1986 ; vol. II : *De la triade et de l'unifié*, 1989 ; vol. III : *De la procession*, 1991.
- *Des premiers principes. Apories et résolutions,* introd., notes et trad. M.-Cl. Galpérine, Lagrasse, Verdier, 1987.
- *Commentaire du Parménide de Platon*, éd. L. G. Westerink, trad. fr. J. Combès, 4 vol., Paris, Les Belles Lettres, 1995-2003.
- *The Philosophical History*, texte et trad. angl. P. Athanassiadi, Athens, Apamea Cultural Association, 1999.
- *Commentaire sur le Philèbe de Platon*, éd. et trad. fr. G. Van Riel, Paris, Les Belles Lettres, 2008.
- *Problems and Solutions Concerning First Principles*, trad. angl. S. Ahbel-Rappe, Oxford, OUP, 2010.

HÉRACLITE, *Allégories d'Homère*, trad. fr. F. Buffière, Paris, Les Belles Lettres, 1962.

JAMBLIQUE, *De vita pythagorica liber*, éd. L. Deubner, editionem addendis corrigendis adiunctis cura vit V. Klein, Stuttgart, Teubner, 1975.
- *Protreptique*, éd. et trad. fr. É. des Places, Paris, Les Belles Lettres, 1989.
- *Vie de Pythagore*, trad. fr. L. Brisson et A.-Ph. Segonds, Paris, Les Belles Lettres, 1996.
- *On the mysteries*, trad. angl. E. C. Clarke, J. M. Dillon et J. P. Hershbell, Atlanta, Society of Biblical Literature, 2003.
- *Réponse à Porphyre* [*De mysteriis*], éd. et trad. fr. H. D. Saffrey et A.-Ph. Segonds, Paris, Les Belles Lettres, 2013.

PLATON, *Œuvres complètes*, éd. et trad. fr. A. Diès, Paris, Les Belles Lettres, 1920-1964.
- *La République*, trad. fr. R. Baccou, Paris, Flammarion, 1966.
- *Platonis Opera*, éd. J. Burnet, 5 vol., Oxford, Clarendon Press, 1967.
- *Œuvres complètes*, dirigées par L. Brisson, Paris, Flammarion, 2011.

PLOTIN, *Opera*, éd. P. Henry et H. R. Schwyzer, 3 vol., Leiden, Brill, 1951-1973.
- *Enneads*, éd. et trad. angl. A. H. Armstrong, 7 vol., London, Harvard UP/The Loeb classical library, 1966-1988.
- *Ennéades*, trad. fr. É. Bréhier, 7 vol., Paris, Les Belles Lettres, 1989-1993.
- *Traités 1-54*, trad. fr. L. Brisson, J.-F. Pradeau *et al.*, Paris, Flammarion, 2002-2010.

PORPHYRE, *Commentaire sur le Parménide de Platon*, éd. et trad. fr. P. Hadot, in *Porphyre et Victorinus*, Paris, Institut d'Études Augustiniennes, 1968, vol. 2, p. 59-113.
- *Sententiae ad intelligibilia ducentes*, éd. E. Lamberz, Leipzig, Teubner, 1975.
- *Vie de Pythagore, Lettre à Marcella*, éd. et trad. fr. É. des Places, Paris, Les Belles Lettres, 1982.
- *Sentences*, éd. et trad. fr., commentaire par UPR 76, CNRS, avec une trad. angl. par J. Dillon, Paris, Vrin, 2005, vol. I et II, sous la dir. de L. Brisson.

PROCLUS, *In Platonis Timaeum*, éd. E. Diels, 3 vol., Leipzig, Teubner, 1903-1906.
- *In Rem Publicam Commentarii*, éd. W. Kroll, 2 vol., Leipzig, Teubner, 1903-1906, réimpr. 1965.
- *Parmenides usque ad finem primae hypothesis nec non Procli Commentarium in Parmenidem, pars ultima adhuc inedita interprete G. de Moerbeka*, éd. et trad. R. Klibansky et C. Labowsky, London, Warburg Institute, 1953, réimpr. Nendelm-Liechtenstein, Kraus Reprint, 1962.
- *Éléments de théologie*, trad. fr. J. Trouillard, Paris, Aubier, 1965.

– *Commentaire sur le Timée*, trad. et notes par A.-J. Festugière, 5 vol., Paris, Vrin, 1966-1968.
– *Théologie platonicienne*, éd. et trad. fr. H. D. Saffrey et L. G. Westerink, 6 vol., Paris, Les Belles Lettres, 1968-1997.
– *Commentaire sur la République*, trad. fr. A.-J. Festugière, 3 vol., Paris, Vrin, 1970.
– *Commentarium in Platonis Parmenidem*, éd. V. Cousin, Paris, Durand, 1864, réimpr. Hildesheim-New York, Olms, 1980.
– *Sur le premier Alcibiade de Platon*, éd. et trad. fr. A.-Ph. Segonds, 2 vol., Paris, Les Belles Lettres, 1985-1986.
– *Commentary on Plato's Parmenide*, trad. angl. G. R. Morrow et J. M. Dillon, Princeton-New Jersey, Princeton UP, 1992 (2 e éd.).
– *The Elements of Theology*, éd. et trad. angl. E. R. Dodds, Oxford, Clarendon Press, 1992.
– *In Platonis Parmenidem Commentaria*, éd. C. Steel, 3 vol., Oxford, Clarendon Press, 2007-2009.
– *Commentaire sur le Parménide de Platon*, éd. et trad. fr. C. Luna et A.-Ph. Segonds, 5 vol., Paris, Les Belles Lettres, 2007-2014.
SEXTUS EMPIRICUS, *Esquisses pyrrhoniennes*, trad. fr. P. Pellegrin, Paris, Seuil, 1997.
– *Contre les professeurs*, trad. fr. C. Dalimier, D. Delattre, J. Delattre et B. Pérez, sous la dir. de P. Pellegrin, Paris, Seuil, 2002.
– *Sexti Empirici Opera*, éd. H. Mutschmann, 2 vol., Leipzig, Teubner, 1958.
*** *Oracles Chaldaïques*, éd. et. trad. fr. É. des Places, Paris, Les Belles Lettres, 1971.
*** *Orphicorum Fragmenta*, éd. O. Kern, Berlin, Weidmann, 1922.
*** *Orphicorum et orphicis similium testimonia et fragmenta*, éd. A. Bernabé, 2. vol., München, Saur, 2004-2005.

LITTÉRATURE SECONDAIRE

ADAMSON P., KARFÍK F., « Proclus' Legacy », *in* P. d'Hoine, M. Martjin (eds.), *All From One. A Guide to Proclus*, Oxford, OUP, 2017, p. 290-321.
ALEKNIENE T., « Les dérivés préfixaux du verbe ἁπλόω dans les écrits de la tradition platonicienne après Plotin », *Philologus*, 157/1, 2013, p. 70-86.
ALIQUOT J., « Dans les pas de Damascius et des néoplatoniciens au Proche-Orient : cultes et légendes de la Damascène », *Revue des études anciennes*, 112/2, 2010, p. 363-374.
ANDRON C., « Damascius on Knowledge and its Object », *Rhizai*, 1, 2004, p. 107-124.
ANNAS J., BARNES J., *The Modes of Scepticism. Ancient Texts and Modern Interpretations*, Cambridge, CUP, 2003.
ARMSTRONG A. H., *The Architecture of the Intelligible Universe in the Philosophy of Plotinus*, Cambridge, CUP, 1940.
– « Plotinus' Doctrine of the Infinite and its Significance for Christian Thought », *Downside Review*, 73, 1955, p. 47-58.
– *Plotinian and Christian Studies*, London, Variorum reprints, 1979.
ATHANASSIADI P., « Persecution and Response in Late Paganism : the Evidence of Damascius », *Journal of Hellenic Studies*, 113, 1993, p. 1-29.

– « Dreams, Theurgy and Freelance Divination : The Testimony of Iamblichus », *The Journal of Roman Studies*, 83, 1993, p. 115-130.

– *La lutte pour l'orthodoxie dans le platonisme tardif de Numenius à Damascius*, Paris, Les Belles Lettres, 2006.

AUBENQUE P., « Les origines néoplatoniciennes de la doctrine de l'analogie de l'être », in *Néoplatonisme. Mélanges offerts à Jean Trouillard*, Paris, ENS, 1981, p. 63-76.

BALES E. F., « Plotinus' theory of the One », *in* R. B. Harris (ed.), *The Structure of Being. A Neoplatonic Approach*, Albany, University of New York Press, 1982, p. 40-50.

BALLÉRIAUX O., « Mantique et télestique dans le *Phèdre* de Platon », *Kernos*, 3, 1990, p. 35-43.

BALTES M., « Is the Idea of the Good in Plato's *Republic* beyond Being ? », *in* M. Joyal (ed.), *Studies in Plato and the Platonic Tradition. Essays presented to John Whittaker*, Aldershot, Ashgate, 1997, p. 3-23.

BÉGUIN V., « Ineffable et indicible chez Damascius », *Les Études Philosophiques*, 4, 2013, p. 553-569.

BEIERWALTES W., *Proklos, Grundzüge seiner Metaphysik*, Frankfurt am Main, Klostermann, 1979.

– « Image and Counterimage », *in* A. H. Armstrong, H. J. Blumenthal, R. A. Markus (eds.), *Neoplatonism and Early Christian Thought : Essays in Honour of A. H. Armstrong*, London, Variorum Publications, 1981, p. 236-248.

– *Denken des Einen : Studien zur neuplatonischen Philosophie und ihrer Wirkungsgeschichte*, Frankfurt am Main, Klostermann, 1985.

– *Selbsterkenntnis und Erfahrung der Einheit. Plotins Enneade V 3, Text, Übersetzung, Erläuterungen*, Frankfurt am Main, Klostermann, 1991.

BERG R. M. van den, « Towards the Paternal Harbour. Proclean Theurgy of the Forms », *in* A.-Ph. Segonds, C. Steel (éd.), *Proclus et la Théologie platonicienne. Actes du Colloque International de Louvain 13-16 mai, 1998*, Paris/Leuven, Les Belles Lettres/Leuven UP, 2000, p. 426-443.

BINAYEMOTTASH S., « De l'Un-un et de l'Un-étant du *Parménide* selon Damascius », *Kléos. Revista de filosofia antiga*, 2-3, 1998-1999, p. 134-143.

BLUMENTHAL H. J., « 529 and its Sequel : What Happened to the Academy ? », *Byzantion*, 48, 1978, p. 369-385.

BODÉÜS R., « "Je suis devin". *Phèdre*, 242 c », *Kernos*, 3, 1990, p. 35-43.

BOUCHÉ-LECLERCQ A., *Histoire de la divination dans l'Antiquité*, Grenoble, J. Millon, 2003

BRÉHIER É., « Le *Parménide* de Platon et la théologie négative de Plotin », in *Études de philosophie antique*, Paris, P.U.F., 1955, p. 232-236.

– « L'idée du néant et le problème de l'origine radicale dans le néoplatonisme grec », in *Études de philosophie antique*, Paris, P.U.F., 1955, p. 248-283.

BRETON S., « Actualité du néoplatonisme », *Revue de Théologie et de Philosophie*, 23, 1973, p. 184-200.

– « Le théorème de l'un dans les *Éléments de Théologie* de Proclus », *Revue des Sciences philosophiques et théologiques*, 58, 1974, p. 561-583.

– « Difficile néoplatonisme », in *Néoplatonisme. Mélanges offerts à Jean Trouillard*, Paris, ENS, 1981, p. 91-101.

– « L'un et l'être. Réflexions sur la différence méontologique », *Revue philosophique de Louvain*, 83, 1985, p. 5-23.

– « Négation et négativité proclusiennes dans l'œuvre de Jean Trouillard », *in* G. Boss, G. Steel (éd.), *Proclus et son influence. Actes du Colloque de Neuchâtel*, Paris, Gallimard, 1985.

– « Principe et totalité », *Futur antérieur* 1, 1990.

– *La pensée du rien*, Leuven, Peeters, 1992.

– « Superlatif et négation. Comment dire la Transcendance ? », *Revue des Sciences philosophiques et théologiques*, 78, 1994, p. 193-202.

BRISSON L., « Du bon usage du dérèglement », *in* J.-P. Vernant (éd.), *Divination et rationalité*, Paris, Seuil, 1974, p. 220-248.

– « Damascius et l'Orphisme », *in* P. Borgeaud (éd.), *Orphisme et Orphée*, Genève, Droz, 1991, p. 157-209.

– « De quelle façon Plotin interprète-t-il les cinq genres du *Sophiste* ? (*Ennéades*, VI, 2 [43], 8) », *in* P. Aubenque (éd.), *Études sur le* Sophiste *de Platon*, Napoli, Bibliopolis, 1991, p. 449-473.

– « Le corps "dionysiaque". L'anthropologie décrite dans le *Commentaire sur le* Phédon *de Platon* (1, par. 3-6) attribué à Olympiodore est-elle orphique ? », *in* M. Goulet-Cazé *et al.* (éd.), ΣΟΦΙΗΣ ΜΑΙΗΤΟΡΕΣ, « *Chercheurs de sagesse* ». *Hommage à Jean Pépin*, Paris, Institut d'Études Augustiniennes, 1992, p. 481-499.

– « Premises, consequences, and Legacy of an Esotericist Interpretation of Plato », *Ancient Philosophy*, 15, 1995, p. 117-134.

– « The Reception of the *Parmenides* before Proclus », *Zeitschrift für Antikes Christentum* 12, 2008, p. 99-113.

BUSSANICH J. R., « Plotinus on the Inner Life of the One », *Ancient Philosophy*, 7, 1987, p. 163-189.

– *The One and its Relation to Intellect in Plotinus. A Commentary on Selected Texts*, Philosophia antiqua 49, Leiden-Boston, Brill, 1988.

– « Plotinus' Metaphysics of the One », *in* L. P. Gerson (ed.), *The Cambridge Companion to Plotinus*, Cambridge, CUP, 1996, p. 38-65.

CAMERON A., « The Last Days of the Academy at Athens », *Proceedings of the Cambridge Philosophical Society*, 15, 1969, p. 7-29.

CHAIGNET A-É., « Damascius. Fragment de son commentaire sur la 3e hypothèse du *Parménide* », *Comptes rendus de l'Académie des sciences morales et politique*, 1897, p. 3-42.

– « Préface », in *Damascius le Diadoque. Problèmes et solutions touchant les premiers principes*, vol. I, Paris, Ernest Leroux, 1898, p. I-LIV.

CHARLES-SAGET A., *L'architecture du divin. Mathématique et philosophie chez Plotin et Proclus*, Paris, Les Belles Lettres, 1982.

– « La théurgie, nouvelle figure de *l'ergon* dans la vie philosophique », *in* H. J. Blumenthal, E. G. Clark (eds.), *The Divine Iamblichus. Philosopher and Man of Gods*, London, Bristol Classical Press, 1993, p. 107-115.

– (éd.), *Retour, repentir et constitution de soi*, Paris, Vrin, 1998.

CLARK D., « The Gods as Henads in Iamblichus », *The International Journal of the Platonic Tradition*, 4, 2010, p. 54-74.

CLEARY J. (ed.), *The Perennial Tradition of Neoplatonism*, Leuven, Leuven UP, 1997.

COHEN D., « L'assimilation par la connaissance dans le *De Principiis* de Damascius », *Laval Théologique et Philosophique*, 66/1, 2010, p. 61-83.

COLLINS R. J., « Plato's use of the word *manteyomai* », *The Classical Quarterly*, 2, 1962, p. 93-96.

COMBÈS J., « Introduction », *in* Damascius, *Traité des premiers principes*, Paris, Les Belles Lettres, vol. I, 1986, p. IX-LXXII, vol. II, 1989, p. IX-LXXII, vol. III, 1991, p. IX-LXVII.

- *Études néoplatoniciennes*, Grenoble, Millon, 1989.

- « La théorématique de la *Théologie platonicienne* de Proclus selon Damascius », *in* A.-Ph. Segonds, C. Steel (éd.), *Proclus et la Théologie platonicienne. Actes du Colloque International de Louvain 13-16 mai, 1998*, Paris/Leuven, Les Belles Lettres/Leuven UP, 2000, p. 445-458.

CORRIGAN K., « Essence and existence in the *Enneades* », *in* L. P. Gerson (ed.), *The Cambridge Companion to Plotinus*, Cambridge, CUP, 1996, p. 105-129.

- *Reading Plotinus : A Practical Introduction to Neoplatonism*, Indiana, Purdue UP, 2005.

COULOUBARITSIS L., « Le *logos* hénologique chez Plotin », *in* M. Goulet-Cazé, G. Madec, D. O'Brien (éd.), ΣΟΦΙΗΣ ΜΑΙΗΤΟΡΕΣ, « *Chercheurs de sagesse* ». *Hommage à Jean Pépin*, Paris, Institut d'Études Augustiniennes, 1992, p. 231-243.

CRYSTAL I., « Plotinus on the structure of self-intellection », *Phronesis*, 43/3, 1998, p. 264-286.

CURIELLO G., « Pseudo-Dionysius and Damascius, an Impossible Identification », *Dionysius*, 31/ 2013, p. 101-116.

DALSGAARD L. B., *Jamblique de Chalcis*, Aarhus, Universitetsforlaget, 1972.

D'ANCONA C., « Plotinus and later Platonic philosophers on the causality of the First Principle », *in* L. P. Gerson (ed.), *The Cambridge Companion to Plotinus*, Cambridge, CUP, 1996, p. 356-385.

- « Separation and the forms : a Plotinian approach », *American Catholic Philosophical Quarterly*, 71/3, 1997, p. 367-403.

- (ed.) *The Libraries of the Neoplatonists*, Leiden-Boston, Brill, 2007.

- « Modèles de causalité chez Plotin », *Les Études Philosophiques*, 3, 2009, p. 361-385.

DEMULDER B., VAN RIEL G., « "Nombreux sont les porteurs de thyrse, mais rares les Bacchants". Olympiodore et Damascius sur le *Phédon* », *in* S. Delcomminette, P. d'Hoine, M.-A. Gavray (eds.), *Ancient Readings of Plato's Phaedo*, Leiden, Brill, 2015, p. 270-292.

DES PLACES É., « La religion de Jamblique », in *De Jamblique à Proclus*, « Entretiens sur l'Antiquité classique » 21, Vandœuvres-Genève, Fondation Hardt, 1975, p. 69-101.

- « Damascius et les *Oracles Chaldaïques* », in *Méthexis. Études néoplatoniciennes présentées au Professeur Évanghélos A. Moutsopoulos*, Athènes, Centre International d'Études Platoniciennes et Aristotéliciennes, 1992, p. 182-192.

DILLON J., « Iamblichus and the Origin of the Doctrine of Henads », *Phronesis*, 17/2, 1972, p. 102-106.

- « Porphyry and Iamblichus in Proclus' *Commentary on the Parmenides* », *in* J. Duffy, J. Peradotto (eds.), *Gonimos. Neoplatonic and Byzantine Studies presented to L. G. Westerink*, Buffalo-New York, Arethusa, 1988, p. 21-48.

- « Philosophy and Theology in Proclus », *in* F. X. Martin, J. A. Richmond (eds.), *From Augustine to Eriugena*, Washington, Catholic University of America Press, 1991, p. 66-76.

– « Porphyry's Doctrine of the One », *in* M. Goulet-Cazé *et al.* (éd.), ΣΟΦΙΗΣ ΜΑΙΗΤΟΡΕΣ, « *Chercheurs de sagesse* » : *Hommage à Jean Pépin*, Paris, Institut d'Études Augustiniennes, 1992, p. 357-366.

– « Plotinus and the *Chaldean Oracles* », *in* S. Gersh, C. Kannengiesser (eds.), *Platonism in Late Antiquity*, Notre Dame University Press, 1992, p. 131-140.

– « Iamblichus and Henads again », *in* H. J. Blumenthal, E. G. Clark (eds.), *The Divine Iamblichus. Philosopher and Man of Gods*, London, Bristol Classical Press, 1993, p. 48-54.

– « Damascius on the Ineffable », *Archiv für Geschichte der Philosophie*, 78, 1996, p. 120-129.

– « Some aspects of Damascius'treatment of the concept of dymanis », *in* F. Romano, L. Cardullo (éd.), *Dunamis nel Neoplatonismo*, Florence, La nuova Italia, 1996, p. 139-148.

– « Damascius », *in* E. Craig (ed.), *Routledge Encyclopedia of Philosophy*, vol. II, London-New York, Routledge, 1998, p. 771-772.

– « Damascius on Procession and Return », *in* A. Charles-Saget (éd.), *Retour, repentir et constitution de soi*, Paris, Vrin, 1998, p. 176-188.

– « What Price the Father of the Noetic Triad ? Some Thoughts on Porphyry's Doctrine of the First Principle », *in* G. Karamanolis, A. Sheppard (eds.), *Studies on Porphyry*, London, Institute of Classical Studies, 2007, p. 51-59.

– « Intellect and the One in Porphyry's *Sententiae* », *The International Journal of the Platonic Tradition*, 4, 2010, p. 27-35.

DIRK C., *Henologie und Ontologie : die metaphysische Prinzipienlehre des späten Neuplatonismus*, Würzburg, Königshausen & Neumann, 2007.

DODDS E. R., « The *Parmenides* of Plato and the Origin of the Neoplatonic One », *The Classical Quarterly*, 22/3-4, 1928, p. 129-142.

– « Theurgy and its Relationship to Neoplatonism », *Journal of Roman Studies* 37, 1947, p. 55-69.

– « Introduction », *in* Proclus, *The Elements of Theology*, Oxford, Clarendon Press, 1963.

– *The Greeks and the Irrational*, Berkeley-Los Angeles, University of California Press, 2004.

DORRIE H., « HYPOSTASIS, Wort und Bedeutungsgeschichte », *Nachrichten von der Akademie der Wissenschaften in Göttingen*, 1, 1955, p. 35-92.

DUMÉRY H., « Le néant d'être », *Les Études Philosophiques*, 3, 1973, p. 315-327.

EDWARDS M. J., « Porphyry and the Intelligible Triad », *The Journal of Hellenic Studies*, 110, 1990, p. 14-25.

EMILSSON E. K., « Plotinus on the objects of thought », *Archiv für Geschichte der Philosophie*, 77/1, 1995, p. 21-41.

– « Cognition and its object », *in* L. P. Gerson (ed.), *The Cambridge Companion to Plotinus*, Cambridge, CUP, 1996, p. 217-249.

– « Soul and *Merismos* », *in* R. Chiaradonna (éd.), *Studi sull'anima in Plotino*, Napoli, Bibliopolis, 2005, p. 79-93.

FAGGIN G., LINGUITI A., « Damascio », in *Enciclopedia filosofica*, vol. III, Milano, Bompiani, 2006, p. 2512-2513.

FATTAL M. (éd.), *Études sur Plotin*, Paris, L'Harmattan, 2000.

FESTUGIÈRE A.-J., *Études de philosophie grecque*, Paris, Vrin, 1971.

FOWDEN G., « The Pagan Holy Man in Late Antique Society », *The Journal of Hellenic Studies*, 102, 1982, p. 33-59.

FRANKE W., « Of the Ineffable : Aporetics of the Notion of an Absolute Principle », *Arion*, 12/1, 2004, p. 19-39.

– « Apophasis and the Turn of Philosophy to Religion : From Neoplatonic Negative Theology to Postmodern Negation of Theology », *International Journal for Philosophy of Religion*, 60/1, 2006, p. 61-76.

GALPÉRINE M.-Cl., « Damascius et la théologie négative », in *Le Néoplatonisme*, Paris, CNRS, 1971, p. 261-263.

– « Le temps intégral selon Damascius », *Les Études Philosophiques*, 3, 1980, p. 325-341.

– « Introduction », *in* Damascius, *Des premiers principes. Apories et résolutions*, Lagrasse, Verdier, 1987, p. 9-97.

– « Damascius entre Porphyre et Jamblique », *Philosophie*, 26, 1990, p. 41-58.

GERSH S., *From Iamblichus to Eriugena. An Investigation of the Prehistory and Evolution of the Pseudo-Dionysian Tradition*, Leiden, Brill, 1978.

– (ed.), *Platonism in Late Antiquity*, Notre Dame, University Notre Dame Press, 1992.

– *Being Different. More Neoplatonism after Derrida*, Leiden-Boston, Brill, 2014.

– « Damascius and Boethius », *in* S. Gersh (ed.), *Interpreting Proclus. From Antiquity to the Renaissance*, Cambridge, CUP, 2014, p. 125-134.

GERSON L. P., *Plotinus*, London, Routledge, 1994.

– « Plotinus and the rejection of Aristotelian metaphysics », *in* L. P. Schrenk (ed.), *Aristotle in Late Antiquity*, Washington, Catholic University of America Press, 1994, p. 3-21.

– (ed.), *The Cambridge Companion to Plotinus*, Cambridge-New York, CUP, 1996.

– « Introspection, Self-Reflexivity, and the Essence of Thinking According to Plotinus », *in* J. Cleary (ed.), *The Perennial Tradition of Neoplatonism*, Leuven, Leuven UP, 1997, p. 153-173.

– *Aristotle and Other Platonists*, Ithaca-London, Cornell UP, 2006.

– (ed.), *The Cambridge History of Philosophy in Late Antiquity*, Cambridge, CUP, 2010.

GERTZ S., « Knowledge, Intellect and Being in Damascius' *Doubts and Solutions Concerning First Principles* », *Ancient Philosophy*, 36/2, 2016, p. 479-494.

GOULET-CAZÉ M., MADEC G., O'BRIEN D. (éd.), ΣΟΦΙΗΣ ΜΑΙΗΤΟΡΕΣ, « *Chercheurs de sagesse* ». *Hommage à Jean Pépin*, Paris, Institut d'Études Augustiniennes, 1992.

GRIFFITH R., « Neo-Platonism and Christianity : Pseudo-Dionysius and Damascius », *in* E. A. Livingstone (ed.), *Studia patristica* XXIX, Leuven, Peeters, 1997, p. 238-243.

GURTLER G. M., « Plotinus and the Platonic *Parmenides* », *International Philosophical Quarterly*, 32/4, 1992, p. 443-457.

HADOT I., *Le problème du néoplatonisme alexandrin. Hiéroclès et Simplicius*, Paris, Institut d'Études Augustiniennes, 1978.

– (éd.), *Simplicius. Sa vie, son œuvre, sa survie*, Berlin, W. de Gruyter, 1987.

HADOT P., « Être, vie, pensée chez Plotin et avant Plotin », in *Les sources de Plotin*, « Entretiens sur l'Antiquité classique » 5, Vandœuvres-Genève, Fondation Hardt, 1960, p. 105-157.

– « La métaphysique de Porphyre », in *Porphyre*, « Entretiens sur l'Antiquité classique » 12, Vandœuvres-Genève, Fondation Hardt, 1965, p. 125-163.

– *Porphyre et Victorinus*, 2 vol., Paris, Institut d'Études Augustiniennes, 1968.

– « Ein, Einheit », in *Historisches Wörterbuch der Philosophie*, vol. II, Basel/Stuttgart, Schwabe Verlag, 1972, col. 361-367.

– « Ouranos, Kronos and Zeus in Plotinus' Treatise against the Gnostics », *in* H. J. Blumenthal, R. A. Markus (eds.), *Neoplatonism and Early Christian Thought. Festschrift A. H. Armstrong*, London, Variorum Reprints, 1981, p. 124-137.

– *Plotin, Porphyre. Études néoplatoniciennes*, Paris, Les Belles Lettres, 1999.

– « Apophatisme et théologie négative », in *Exercices spirituels et philosophie antique*, Paris, Albin Michel, 2002, p. 239-252.

HALFWASSEN J., « Henologie bei Platon und Plotin », *Bochumer Philosophisches Jahrbuch für Antike und Mittelalter*, 8, 2003, p. 21-41.

HANCOCK C. L., « Negative Theology in Gnosticism and Neoplatonism », *in* R. T. Wallis (ed.), *Neoplatonism and Gnosticism*, Albany, State University of New York Press, 1992, p. 167-186.

HEISER J. H., « Plotinus and the *apeiron* of Plato's *Parmenides* », *Thomist*, 55/1, 1991, p. 53-81.

HEINZEN S., *Initiation aporétique à l'ineffable dans le* Traité des premiers principes *de Damascius*, thèse de doctorat soutenue à l'Université de Fribourg, 2009.

HEITZ E., « Der Philosoph Damascius », *Straßburger Abhandlungen zur Philosophie. Eduard Zeller zu seinem siebenzigsten Geburtstage*, Freiburg-Tübingen, Mohr, 1884, p. 1-24.

HOFFMANN Ph., « Jamblique exégète du pythagoricien Archytas : trois originalités d'une doctrine du temps », *Les Études Philosophiques*, 3, 1980, p. 307-323.

– « Damascius », *in* R. Goulet (éd.), *Dictionnaire des Philosophes Antiques*, vol. II, Paris, CNRS, 1994, p. 541-593.

– « L'expression de l'indicible dans le néoplatonisme grec de Plotin à Damascius », *in* C. Lévy, L. Pernot (éd.), *Dire l'évidence*, Paris, L'Harmattan, 1997, p. 335-390.

– *La fonction des prologues exégétiques dans la pensée pédagogique néoplatonicienne, in* J. D. Dubois, B. Roussel (éd.), *Entrer en matière. Les prologues*, Paris, Cerf, 1998, p. 209-245.

– « La triade chaldaïque *eros, aletheia, pistis* », *in* A.-Ph. Segonds et C. Steel (éd.), *Proclus et la Théologie platonicienne. Actes du Colloque International de Louvain 13-16 mai, 1998*, Paris/Leuven, Les Belles Lettres/Leuven UP, 2000.

– « Les bibliothèques philosophiques d'après le témoignage de la littérature néoplatonicienne des Ve et VIe siècles », *in* C. D'Ancona, (ed.) *The Libraries of the Neoplatonists*, Leiden-Boston, Brill, 2007, p. 135-153.

– « Le rituel théurgique de l'ensevelissement et le *Phèdre* de Platon. À propos de Proclus, *Théologie Platonicienne*, IV, 9 », *in* A. Kerchove, L. Soares (éd.), *Gnose et manichéisme. Entre les oasis d'Égypte et la Route de la Soie. Hommage à Jean-Daniel Dubois*, Turnhout, Brepols, 2017, p. 859-914.

JOHNSTON S., *Ancient Greek Divination*, Malden, Blackwell, 2008.

— et STRUCK P. (eds.), *Mantikê. Studies in Ancient Divination*, Leiden-Boston, Brill, 2005.

KALOGIRATOU A., « Damascius and the Practice of the Philosophical Life : On the Impossibility of Communication About and Communion with the First Principles », *Schole*, 8/1, 2014, p. 34-49.

KARFÍK F., « Par rapport à soi-même et par rapport aux autres. Une distinction clef dans le *Parménide* de Platon », *in* F. Karfík, A. Havlícek (eds.), *Plato's* Parmenides. *Proceedings of the Fourth Symposium Platonicum Pragense*, Prague, Oikumene, 2005, p. 141-164.

KOLAKOWSKI L., *Metaphysical horror*, Oxford, Blackwell, 1988.

KROLL W., « Damaskios », in *Paulys Realencyclopädie der classischen Altertumswissenschaft*, IV/2, 1901, col. 2039-2040.

LAMBERTON R., *Homer the Theologian. Neoplatonist Allegorical Reading and the Growth of the Epic Tradition*, Berkeley-Los Angeles-London, University of California Press, 1989.

LAVAUD L., « L'ineffable et l'impossible : Damascius au regard de la déconstruction », *Philosophie*, 96, 2007, p. 46-66.

– « Plotin », *in* J. Laurent (éd.), *Le Néant*, Paris, P.U.F., 2011, p. 119-140.

Le Néoplatonisme. Actes du colloque international du Centre National de la Recherche Scientifique, Royaumont, 9-13 juin 1969, Paris, CNRS, 1971.

Les Cahiers Philosophiques de Strasbourg, « Plotin, des principes », Strasbourg, 1999.

LILLA S., « Pseudo-Denys l'Aréopagite, Porphyre et Damascius », *in* Y de Andia (éd.), *Denys l'Aréopagite et sa postériorité en Orient et en Occident. Actes du Colloque International Paris, 21-24 septembre 1994*, Paris, Institut d'Études Augustiniennes, 1997, p. 117-152.

LINGUITI A., « Giamblico, Proclo e Damascio sul Principio anteriore all'uno », *Elenchos*, 9, 1988, p. 95-106.

– *L'Ultimo Platonismo greco. Principi e conoscenza*, Florence, Olschki, 1990, p. 68-73.

LLOYD A. C., « The Later Neoplatonists », *in* A. H. Armstrong (ed.), *The Cambridge History of Later Greek and Early Medieval Philosophy*, Cambridge, CUP, 1967, p. 269-325.

– *The Anatomy of Neoplatonism*, Oxford, Clarendon Press, 1998.

MARTIN F. X., RICHMOND J. A. (eds.), *From Augustine to Eriugena : Essays on Neoplatonism and Christianity in Honor of John O'Meara*, Washington, Catholic University of America Press, 1991.

MAZZUCCHI C. M., « Damascio, autore del *Corpus Dionysiacum* e il dialogo Περὶ πολιτικῆς ἐπιστήμης », *Aevum*, 80, 2006, p. 299-334.

MEIJER P. A., « Proclus' Introduction of the One in his *Theologia Platonica* : Some Unorthodox Views on the Nature of the One », *Ancient Philosophy*, 23/2, 2003, p. 395-414.

MIKALSON J., *Greek Popular Religion in Greek Philosophy*, Oxford, OUP, 2010.

MORTLEY R., *From Word to Silence. II. The Way of Negation, Christian and Greek*, Bonn, Hanstein, 1986.

MOTTE A., RUTTEN C., (éd.), *Aporia dans la philosophie grecque des origines à Aristote : travaux du Centre d'études aristotéliciennes de l'Université de Liège*, Leuven, Peeters, 2001.

NAPOLI V., « Conoscibilità e inconoscibilità dell'Uno nella lettura di Damascio della *Repubblica* di Platone », *Pan*, 23, 2005, p. 183-208.

– *Ἐπέκεινα τοῦ ἑνός. Il principio totalmente ineffabile tra dialettica ed esegesi in Damascio*, Catania, Officina di Studi Medievali, 2008.

NARBONNE J.-M., *Plotin. Les deux matières [Ennéade II, 4 (12)]*, introd., texte grec, trad. et commentaire, Paris, Vrin, 1993.

– *La métaphysique de Plotin*, suivi de *Henosis et Ereignis : remarques sur une interprétation heideggérienne de l'Un plotinien*, Paris, Vrin, 2001.

– « The Origin, Significance and Bearing of the ἐπέκεινα Motif in Plotinus and the Neoplatonic Tradition » *in* J. Cleary, G. M. Gurtler (eds.), *Proceedings of the Boston Area Colloquium in Ancient Philosophy*, vol. 17, Leiden-Boston-Köln, Brill, 2001, p. 185-206.

O'BRIEN D., « Le non-être dans la philosophie grecque : Parménide, Platon, Plotin », *in* P. Aubenque (éd.), *Études sur le* Sophiste *de Platon*, Naples, Bibliopolis, 1991, p. 317-364.

O'MEARA D., *Structures hiérarchiques dans la pensée de Plotin. Étude historique et interprétative*, Leiden-Boston, Brill, 1975.

– (éd.), *Neoplatonism and Christian Thought*, Albany, State University of New York Press, 1982.

– « Le problème du discours sur l'indicible chez Plotin », *Revue de Théologie et de Philosophie*, 122, 1990, p. 145-156.

– « Vie politique et divinisation dans la philosophie néoplatonicienne », *in* M. Goulet-Cazé *et al.* (éd.), ΣΟΦΙΗΣ ΜΑΙΗΤΟΡΕΣ, « *Chercheurs de sagesse* » : *Hommage à Jean Pépin*, Paris, Institut d'Études Augustiniennes, 1992, p. 421-431 et p. 501-510.

– « The Hierarchical Ordering of Reality in Plotinus », *in* L. P. Gerson (ed.), *The Cambridge Companion to Plotinus*, Cambridge, CUP, 1996, p. 66-81.

– « Scepticism and Ineffability in Plotinus », *Phronesis*, 45/3, 2000, p. 240-251.

– « Intentional Objects in Later Neoplatonism », *in* D. Perler (ed.), *Ancient and Medieval Theories of Intentionality*, Leiden, Brill, 2001, p. 115-125.

– « Les apories de l'un dans la philosophie néoplatonicienne », *in* P. Gisel, G. Emery (éd.), *Le christianisme est-il un monothéisme ?*, Genève, Labor et Fides, 2001, p. 184-191.

– « Notes on the Aporetics of the One in Greek Neoplatonism », *in* J.-M. Narbonne, A. Reckermann (éd.), *Pensées de l'* « *Un* » *dans l'histoire de la philosophie. Études en hommage au professeur Werner Beierwaltes*, Québec/Paris, Presses de l'Université Laval/Vrin, 2004, p. 98-107.

– *Plotinus : an Introduction to the Enneads*, Oxford, Clarendon Press, 2005.

– « Patterns of Perfection in Damascius' *Life of Isidore* », *Phronesis* 51/1, 2006, p. 74-90.

OPSOMER J., « Syrianus, Proclus, and Damascius », *in* J. Warren, F. Sheffield (eds.), *The Routledge Companion to Ancient Philosophy*, London, Routledge, 2014, p. 1479-1518.

PELEGRINIS T. N., « Damascius : Symmetry as a Means towards Man's Perfection », *Diotima*, 7, 1979, p. 147-151.

PÉPIN J., *Mythe et allégorie. Les origines grecques et les contestations judéo-chrétiennes*, Paris, Aubier, 1958.

– « Le plaisir du mythe. Damascius, *In Phaedonem* I, 525-526 ; II, 129-130 », in *Néoplatonisme. Mélanges offerts à Jean Trouillard*, Paris, ENS, 1981, p. 275-290.

– (éd.), *Proclus, lecteur et interprète des anciens*, Paris, CNRS, 1987.

PERL E., « The power of all things : the One as pure giving in Plotinus », *American Catholic Philosophical Quarterly*, 71/3, 1997, p. 301-313.

RAPPE S., « Scepticism in the Sixth Century? Damascius' *Doubts and Solutions Concerning First Principles* », *Journal of the History of Philosophy* 36, 1998, p. 337-363.

– « Damascius' Skeptical Affiliations », *The Ancient World*, 29, 1998, p. 111-125.

– *Reading Neoplatonism : Non-Discursive Thinking in the Texts of Plotinus, Proclus and Damascius*, Cambridge, CUP, 2000.

– « Damascius on the Third Hypothesis of the *Parmenides* », *in* J. D. Turner, K. Corrigan (eds.), *Plato's* Parmenides *and Its Heritage*, Atlanta, Society of Biblical Literature, vol. 2, 2010, p. 143-156.

– « Metaphysics : the origin of becoming and the resolution of ignorance », *in* P. Remes, S. Slaveva-Griffin (eds.), *The Routledge Handbook of Neoplatonism*, London-New York, Routledge, 2014 p. 166-181.

REMES P., SLAVEVA-GRIFFIN S. (eds.), *The Routledge Handbook of Neoplatonism*, London/New York, Routledge, 2014.

RIST J. M., « The Neoplatonic One and Plato's *Parmenides* », *Transactions and Proceedings of the American Philological Association* 93, 1962, p. 389-401.

– « The "Parmenides" Again », *Phoenix*, 16/1, 1962, p. 1-14.

ROMANO F., TAORMINA D. P. (ed.), *Hyparxis e Hypostasis nel neoplatonismo.* Atti del l. colloquio internazionale del Centro di ricerca sul neoplatonismo (Catania, 1-3 ottobre 1992), Florence, Leo S. Olschki, 1994.

ROUX S., *La recherche du principe chez Platon, Aristote et Plotin*, Paris, Vrin, 2004.

RUELLE Ch.-E., « Le philosophe Damascius. Étude archéologique et historique sur sa vie et ses ouvrages, suivie de neuf morceaux inédits extraits du *Traité des Premiers Principes* et traduits en latin », *Revue Archéologique*, 3, 1861, p. 145-163.

– « Notice du Codex Marcianus 246 contenant le Traité du philosophe Damascius sur les premiers principes », in *Mélanges Graux*, Paris, E. Thorin, 1884, p. 547-552.

– « Notice des manuscrits de Damascius Περὶ ἀρχῶν », *Revue de philologie, de littérature et d'histoire anciennes*, 14, 1890, p. 135-145.

– « Damascius. Son traité des premiers principes », *Archiv für Geschichte der Philosophie*, 3, 1890, p. 379-388 et p. 559-567.

SAFFREY H. D., « Neoplatonist Spirituality, II : From Iamblichus to Proclus and Damascius », *in* A. H. Armstrong (ed.), *Classical Mediterranean Spirituality. Egyptian, Greek, Roman*, London, 1986, p. 250-265.

– *Recherches sur le néoplatonisme après Plotin*, Paris, Vrin, 1990.

– « Le thème du malheur des temps chez les derniers philosophes néoplatoniciens », *in* M. Goulet-Cazé *et al.* (éd.), ΣΟΦΙΗΣ ΜΑΙΗΤΟΡΕΣ, « *Chercheurs de sagesse* » : *Hommage à Jean Pépin*, Paris, Institut d'Études Augustiniennes, 1992, p. 421-431.

– « Accorder entre elles les traditions théologiques : une caractéristique du néoplatonisme athénien », *in* E. P. Bos, P. A. Meijer (eds.), *On Proclus and his Influence in Medieval Philosophy*, Leiden-New York-Köln, Brill, 1992, p. 35-50.

– *Le néoplatonisme après Plotin*, Paris, Vrin, 2000.

SAMBURSKY S., *The Concept of Time in Late Neoplatonism*, Jerusalem, Israel Academy, 1971.

– *The Concept of Place in Late Neoplatonism*, Jerusalem, Israel Academy, 1982.

SCHRENK L. P. (ed.), *Aristotle in Late Antiquity*, Washington, The Catholic University of America Press, 1994.

SCHRODER F. M., « The Platonic Parmenides and imitation in Plotinus », *Dionysius*, 2, 1978, p. 51-73.

– *Form and Transformation. A Study in the Philosophy of Plotinus*, Montréal, McGill Queen's UP, 1992.

SEGONDS A.-Ph., STEEL C. (éd.), *Proclus et la Théologie platonicienne. Actes du Colloque International de Louvain (13-16 mai 1998)*, Paris/Leuven, Les Belles Lettres/Leuven UP, 2000.

SEGUY-DUCLOT A., *Le* Parménide *de Platon ou le jeu des hypothèses*, Paris, Belin, 1998.

SHEPPARD A., *Studies on the 5th and 6th Essays of Proclus' Commentary on the Republic*, Göttingen, Vandenhoeck & Ruprecht, 1980.

– « Proclus' Attitude to Theurgy », *The Classical Quarterly*, 32/1, 1982, p. 212-224.

SMITH A., *Porphyry's Place in the Neoplatonic Tradition*, The Hague, M. Nijhoff, 1974.

– « Iamblichus' View on the Relationship of Philosophy to Religion in *De Mysteriis* », *in* J. Blumenthal, E. G. Clark (eds.), *The Divine Iamblichus. Philosopher and Man of Gods*, London, Bristol Classical Press, 1993, p. 74-86.

STEEL C., *The Changing Self. A Study on the Soul in Later Neoplatonism : Iamblichus, Damascius and Priscianus*, Bruxelles, Verhandelingen van de Koninklijke Academie voor Wetenschappen, 1978.

– « L'Un et le Bien : les raisons d'une identification dans la tradition platonicienne », *Revue des sciences philosophiques et théologiques*, 73, 1989, p. 69-84.

– « Conversion vers soi et constitution de soi selon Proclus », *in* A. Charles-Saget (éd.), *Retour, repentir et constitution de soi*, Paris, Vrin, 1998, p. 161-175.

– « "Negatio negationis". Proclus on the Final Lemma of the First Hypothesis of the *Parmenides* », *in* J. J. Cleary (ed.), *Traditions of Platonism. Essays in Honour of John Dillon*, Aldershot, Ashgate 1999, p. 351-368.

– « Proclus », *in* L. P. Gerson (ed.), *Cambridge History of Philosophy in Late Antiquity*, vol. II, Cambridge, CUP, 2010, p. 630-653.

STRÖMBERG R., « Damascius. His personality and significance », *Eranos*, 44, 1946, p. 175-192.

TAORMINA D., *Jamblique critique de Plotin et de Porphyre*, Paris, Vrin, 1999.

TARAN L., *Speusippus of Athens : A Critical Study with a Collection of the Related Texts and Commentary*, Leiden, Brill, 1981.

TARDIEU M., *Les paysages reliques. Routes et haltes syriennes d'Isidore à Simplicius*, Leuven, Peeters, 1990.

TEREZIS C., « The Ontological Relation "One-Many" according to the Neoplatonist Damascius », *Bochumer Philosophisches Jahrbuch*, 1, 1996, p. 23-37.

– « L' "union" et la "distinction" chez Damascius », *Revista Portuguesa de Filosofia*, 64/1, 2008, p. 165-176.

— et TEMPELIS E., « The History of the Theory of the Platonic Ideas in Damascius as an Expression of the Relation between the One and the Manifold », *Bochumer Philosophisches Jahrbuch für Antike und Mittelalter*, 13, 2008, p. 107-122.

TRABATTONI F., « Per una biografia di Damascio », *Rivista di storia della filosofia*, 40, 1985, p. 179-201.

– « Filosofia e dialettica in Damascio », *in* M. Barbanti et G. Giardina (éd.), *Unione e amicizia. Omaggio a Francesco Romano*, Catania, CUECM, 2002, p. 477-494.

– « Le "silence de Platon", ou le renversement du discours dialectique chez Damascius », *in* A. Longo et D. Del Forno (eds.), *Argument from Hypothesis in Ancient Philosophy*, Naples, Bibliopolis, 2011, p. 413-435.

Tresson C., Metry A., « Damaskios' New Conception of Metaphysics », *in* J. Berchman et J. Finamore (eds.), *History of Platonism : Plato Redivivus*, New Orleans, UP of the South, 2005, p. 215-236.

Tresson-Metry C., *L'aporie ou l'expérience des limites de la pensée dans le* Péri Archôn *de Damaskios*, Leiden, Brill, 2012.

– « Comment l'âme peut saisir l'un : L'anagogie damascienne comme transgression de l'*apophasis* », *Chora. Revue d'études anciennes et médiévales : philosophie, théologie, sciences*, 14, 2016, p. 195-221.

Trouillard J., « L'âme du *Timée* et l'un du *Parménide* dans la perspective néoplatonicienne », *Revue internationale de Philosophie*, 92, 1970, p. 236-251.

– « Rencontre du néoplatonisme », *Revue de Théologie et de Philosophie*, 22, 1972, p. 1-13.

– « La notion de *dunamis* chez Damascius », *Revue des études grecques*, 85, 1972, p. 353-363.

– « Le *Parménide* de Platon et son interprétation néoplatonicienne », *Revue de Théologie et de Philosophie*, 23, 1973, p. 83-100.

– *La mystagogie de Proclos*, Paris, Les Belles Lettres, 1982.

Van Riel G., *Pleasure and the Good Life : Plato, Aristotle and the Neoplatonists*, Leiden-Boston, Brill, 2000.

– « "N'essayons pas de compter l'intelligible sur les doigts". Damascius et les principes de la limite et de l'illimité », *Philosophie antique*, 2, 2002, p. 199-219.

– « Damascius », *in* L. P. Gerson (ed.), *The Cambridge History of Philosophy in Late Antiquity*, vol. II, Cambridge, CUP, 2010, p. 667-696.

– « Damascius on the Contemplative Life », *in* T. Bénatouïl et M. Bonazzi (eds.), Theoria, Praxis *and the Contemplative Life after Plato and Aristotle*, Leiden-Boston, Brill, 2012, p. 199-214.

Vasiliu A., « La contemplation selon Plutarque et Plotin (retour sur le lien invisible) », *in* C. Trottmann (éd.), *Vie active et vie contemplative au Moyen Age et au seuil de la Renaissance*, Rome, École française de Rome, 2009, p. 43-65.

– « Toucher par la vue. Plotin en dialogue avec Aristote sur la sensorialité de l'incorporel », *Les Études Philosophiques*, 4, 2015, p. 555-580.

– « Penser l'Un ou la limite de la médiation selon Plotin », *Chora. Revue d'études anciennes et médiévales : philosophie, théologie, sciences*, 14, 2016, p. 59-88.

Viau M., « La théologie pratique peut-elle être apophatique ? », *Laval Théologique et Philosophique*, 60/2, 2004, p. 283-299.

Vicaire P., « Platon et la divination », *Revue des Études Grecques*, 83, 1970, p. 333-350.

Vlad M., « *De principiis* : de l'aporétique de l'Un à l'aporétique de l'Ineffable », *Chora. Revue d'études anciennes et médiévales : philosophie, théologie, sciences*, 2, 2004 p. 125-148.

– « Damascius et la divination du principe incoordonné », *Revue Philosophique de Louvain*, 111/3, 2013, p. 469-490.

– « Defying Words : Damascius and the Travail of the Unsayable », *Chora. Revue d'études anciennes et médiévales : philosophie, théologie, sciences*, 14, 2016, p. 223-250.

– « Stepping into the Void : Proclus and Damascius on Approaching the First Principle », *International Journal of the Platonic Tradition*, 11/1, 2017, p. 44-68.

VOGEL C. J., « On the Neoplatonic Character of Platonism and the Platonic Character of Neoplatonism », *Mind*, 62, 1953, p. 43-64.

WALLIS R. T., *Neoplatonism*, London, Duckworth, 1972.

– « Skepticism and Neoplatonism », *Aufstieg und Niedergang der Römischen Welt*, II 36, 2, 1987, p. 911-954.

WATTS E. J., *City and School in Late Antique Athens and Alexandria*, Berkeley-Los Angeles-London, University of California Press, 2008.

WESTERINK L. G., « Damascius, commentateur de Platon », in *Le Néoplatonisme*, Paris, CNRS, 1971, p. 253-260.

– « Introduction », in *The Greek Commentaries on Plato's Phaedo*, vol. II : *Damascius*, Amsterdam, North Holland, 1973.

– « Le texte du *Traité des premiers principes* », *in* Damascius, *Traité des premiers principes*, vol. I, trad. fr. J. Combès, Paris, Les Belles Lettres, 1986, p. LXXIII-CXIV.

WHITTAKER J., « Ἐπέκεινα νοῦ καὶ οὐσίας », *Vigiliae Christianae*, 23, 1969, p. 91-104.

– « Philological Comments on the Neoplatonic Notion of Infinity », *in* R. B. Harris (ed.), *The Significance of Neoplatonism*, Norfolk, International Society for Neoplatonic Studies, 1976, p. 155-172.

ZELLER E., *Die Philosophie der Griechen in ihrer geschichtlichen Entwicklung*, vol. II, Leipzig, Reisland, 1922.

NOTE BIBLIOGRAPHIQUE

Quelques sections de notre présente étude ont connu une version préalable, au sein de revues ou d'ouvrages collectifs. Une partie du premier chapitre a été publiée dans *Synthesis philosophica*, 27, 2012, tandis que le quatrième chapitre est paru dans la *Revue Philosophique de Louvain*, 111, 2013. Certains fragments du cinquième chapitre ont été publiés dans *Historia philosophica*, 10, 2012, et dans Luciana Soares Santoprete et Philippe Hoffmann (dir.), *Langage des dieux, langage des démons, langage des hommes dans l'Antiquité*, Turnhout, Brepols, 2017. Je remercie les éditeurs de m'avoir autorisée à reprendre ces différents textes.

TABLE DES MATIÈRES

Achevé d'imprimer en octobre 2019 par *La Manufacture - Imprimeur* – 52200 Langres
Imprimé en France – N° d'imprimeur : 191402 – Dépôt légal : octobre 2019